SCIENCE of STRETCH

REACH YOUR FLEXIBLE POTENTIAL, STAY ACTIVE, MAXIMIZE MOBILITY

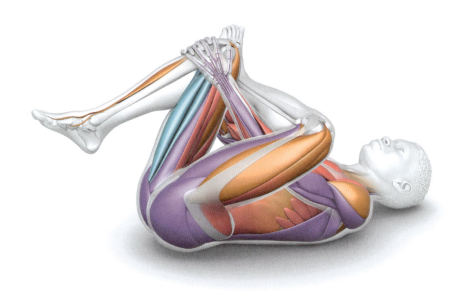

西東社

SCIENCE of STRETCH

REACH YOUR FLEXIBLE POTENTIAL, STAY ACTIVE, MAXIMIZE MOBILITY

リーダ・マレック 著

早稲田大学スポーツ科学学術院 教授
川上泰雄 監修

CONTENTS

はじめに	6
イントロダクション	8

ストレッチの生理学 10

動作の解剖学	12
運動の種類	14
筋系	16
筋連鎖と分類	18
筋肉がはたらくしくみ	20
骨格系	24
関節	28
神経系	30
痛みの性質と理論	32
動作と脳の向上	34
可動域と柔軟性	36
ストレッチの種類	40
ストレッチの効果と利点	44
ストレッチと健康維持	48
傷害からの回復と疼痛緩和のためのストレッチ	50
ストレッチと、健康に年を重ねる方法	54
ストレッチをすべきでない場合	58

ストレッチエクササイズ 60

ストレッチ入門	62

首・脊柱のストレッチ 64

首・脊柱の概要	66
肩甲挙筋ストレッチ	68
手を使った後頭下部ストレッチ	69
胸鎖乳突筋ストレッチ	70

斜角筋ストレッチ	72
猫と牛のポーズ	74
腰方形筋ストレッチ	76
子どものポーズ	78
コブラのポーズ	80
バリエーション（手を遠くにつく／肘をつけたまま）	82
壁を使った胸部伸展ストレッチ	84
バリエーション（椅子に腕をのせる／子犬のポーズ）	86
片膝立ち胸部回旋ストレッチ	88
バリエーション（立って行う／プレッツェル・ストレッチ）	90
立って行うハーフムーン	92
糸通しのストレッチ	94
バリエーション（手を頭の後ろに当てる／糸通しの内転筋ストレッチ／人魚のストレッチ）	96

肩・腕・手のストレッチ 98

肩・腕・手の概要	100
ドア枠を使った胸筋ストレッチ	102
バリエーション（小胸筋ストレッチ／クロスボディ・アームストレッチ）	104
フロア・エンジェル	106
手首の伸展ストレッチ	108
手首の屈曲ストレッチ	108
バリエーション（床を使った手首の伸展／床を使った手首の屈曲）	110
虫様筋ストレッチ	112

股関節のストレッチ 114

股関節の概要	116
四つんばいで行うロックバック	118
バリエーション（内転筋ロックバック／ハムストリング・ロックバック／フロッグ・ロックバック）	120

片膝立ち股関節ロック	122
バリエーション（斜めに傾ける／横に傾ける）	124
ガーランド・スクワット	126
4の字ストレッチ	128
クロスボディ殿筋ストレッチ	130
4の字股関節内旋ストレッチ	132
片膝立ち股関節ストレッチ	134
バリエーション（立って行う／椅子を使って行う）	136
ピジョンストレッチ	138
ワールドグレイテストストレッチ	140
パンケーキストレッチ	142
ハッピーベイビーのポーズ	144
座って行うバタフライストレッチ	146
立って行うヒップサークル	148
バリエーション（四つんばいで行う／横向きに寝て行う）	
	150

脚・足のストレッチ 152

脚・足の概要	154
立って行う四頭筋ストレッチ	156
バリエーション（足を上げたまま行う／片膝立ちで椅子を使って行う）	158
静的ハムストリングストレッチ	160
バリエーション（座って行う／動的ハムストリング・ローワーズ）	162
腓腹筋ステップストレッチ	164
腓腹筋ウォールストレッチ	166
バリエーション（膝を曲げるカーフストレッチ／交互に膝を曲げるダウンドッグ／足首背屈ストレッチ）	168
膝をついて行う足指屈筋ストレッチ	170
バリエーション（壁を使って行う／膝を曲げる）	172

神経可動性ストレッチ 174

神経可動性の概要	176
橈骨神経ナーブグライド	178
バリエーション（正中神経／尺骨神経）	180
坐骨神経ナーブグライド	182
バリエーション（脛骨神経／腓骨神経／腓腹神経）	184
大腿神経ナーブグライド	186

ストレッチルーチン 188

ルーチンを行う前に	190
首と肩のルーチン	192
脊柱のルーチン	193
股関節と膝関節のルーチン	194
足と足関節のルーチン	195
全身のルーチン	196
デスクワーカー向けのルーチン	198
高齢者向けのルーチン	199
ウォーキングのためのルーチン	200
ランニングのためのルーチン	201
サイクリングのためのルーチン	202
水泳のためのルーチン	203
筋力トレーニングのためのルーチン	204
アスリート向けのルーチン	205
頭上動作を伴う／ラケットを使う	
スポーツのためのルーチン	206
格闘技のためのルーチン	207
用語集	208
索引	210
引用文献	218
謝辞	223

はじめに

世界で暮らす人々は身体活動のパラドクスの中で生活しています。近代化により生活が便利になり、運動不足の人の割合が増加していますが、その一方で、もっと体を動かし、自分自身の体について理解を深めることが盛んに提唱されています。

さまざまな形で体を動かすことは、健康的なライフスタイルの土台であり、疾病のリスクを管理し、軽減するための方策でもあります。運動は生活の質を高め、目的意識を定着させ、痛み対策のための薬物（特に強い鎮痛剤）への依存を減らす可能性もあります。不安やストレス、うつなどの症状の軽減から、心臓の健康や骨強度の改善、長寿まで、運動が心身の健康に及ぼす影響は計りしれません。

私たちは快適に暮らすために日々体に負担をかけることや、必要となる筋力や柔軟性があることを当たり前であると思い込み、ケガや加齢によってそれらを失うまで気づきません。痛みで思うように動けない、あるいは社会が描く運動のイメージに圧倒され、及び腰になってしまう場合もあるでしょう。理学療法士の私はよく「ストレッチはどうですか？」と聞かれます。

この質問への回答は相手およびその人の目標によって異なることが多いのですが、この本では、解剖学と生理学の複雑さに配慮しつつ、包括的な説明をしています。人間の体は非常に興味深いものであり、理解を深めれば、体を肯定的に信じられるようになり、ケガの予後も改善

し、ひいては健康で活動的な生活が送れるようになると、私は信じています。

本書は以下のことを目標としています。

1. **解剖学と動作の科学を紹介すること**
2. **運動に対する抵抗感を軽減すること**
3. **さまざまなライフステージと活動に適した柔軟運動を一冊にまとめて提供すること**
4. **体の適応能力に合った健康的なライフスタイルを推奨すること**

ストレッチや運動にかかわる科学や議論は時代とともに進化してきましたし、現在進行中の研究により、今後も進化しつづけるでしょう。本書が目指しているのはストレッチについてわかりやすく解説し、柔軟性を高める幅広いテクニックに注目し、最新の科学的エビデンスをまとめることで、読者のみなさんがそれぞれのストレッチの旅について、情報を得た上で決断できるように手助けをすることです。

ストレッチの旅において、私が特にお願いしたいのは、忍耐強さと積極性、そしてなにより、みなさんが自分自身をいたわることです。私たちの体は一人ひとり違うので、上達の仕方もそれぞれ違って見えるでしょう。重要なのは、体の声を聞き、そのニーズに注意して、1つひとつの小さな勝利をお祝いしながら進むことです。なんと言っても、目標は人体について、そして今だけではなく生涯にわたり活動的でいるために必要なものについて

> 柔軟性トレーニングは可動性を向上させ、
> 活動的なライフスタイルへの入口となり、
> 体とそれが持つ能力への感謝の気持ちを育む。

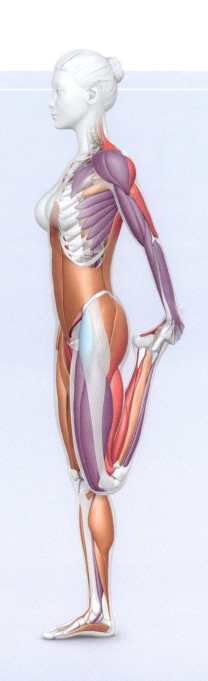

深く理解することなのですから。

　この本を執筆することで、私が情熱を注いでいる、人体と動作についてほかの人々に伝えるまたとない機会を得ることができました。そして、自分自身の先入観を見直し、最も正確な情報を探しあてることもできました。本書は受動的な静的ストレッチにとどまらず、体の動きを探究するためのガイドであり、人体およびその美しく複雑な動きへの賛歌でもあります。

　みなさんがより活動的で健康的なライフスタイルに近づくための資料として本書が役に立てるよう心から願っています。本書のページをめくるたびに、みなさんに力とインスピレーションが生まれ、みなさんがエクササイズを優先し、有意義な運動により、それぞれに合った固有の方法で人生を豊かにできますように。そして、私が自分の体を愛しているのと同じくらい、みなさんもご自身の体を愛せるようになることを願っています！

リーダ・マレック
(Leada Malek)
理学療法士、理学療法博士
認定ストレングス＆コンディショニングスペシャリスト
スポーツ理学療法認定臨床スペシャリスト

イントロダクション

古代文明において、たとえばインドのヨガや中国の気功など、ストレッチは何世紀にもわたって行われてきました。ところが西洋においてストレッチがフィットネスとして流行して人気を博し、柔軟性が重視されるようになったのは、1940年代に入ってからでした。以来、ストレッチへの理解は大きく進歩しています。

❝❞

さまざまなストレッチの
種類や継続時間、
強さを試してみながら、
動作を探求しよう。
最終的に
どのストレッチを選ぶかは、
みなさんの
運動目標による。

本書について

フィットネスの世界において、ストレッチの役割と影響を理解するのは難しい場合もあります。個人的経験や年齢、どの程度情報に接しているかによって、考え方はさまざまだからです。この本は最新のエビデンスをまとめ、みなさんが十分な情報に基づいて自分の身体的健康について判断できるようにしています。

私たちは小さいころから学校でストレッチを教わってきました。ところが、ストレッチには当初考えられていたよりも微妙な違いがあることが研究により明らかになりました。たとえばストレッチの種類やどのような方法でいつ行ったかによって、体に及ぼす効果は変わってきます。また、ストレッチは日常動作を向上させ、スポーツ活動をサポートするのにも役立ちます。

本書は人体解剖学と生理学、さらには神経系および痛みの科学を理解することで、それぞれのストレッチの適性と効果を学べるようにしています。また、みなさんが行う身体活動を補完するためのルーチンとあわせて、あらゆるレベルに対応したさまざまなストレッチを紹介します。

生活の中にストレッチを組み込むには努力が必要です。柔軟性トレーニングは非常に大きな効果をもたらしますが、ウェルビーイング（身体的、精神的、社会的に良好な状態にあること）にはストレッチだけでなく、定期的な運動や前向きな考え方、十分に体を回復させることも欠かせません。自分の体は唯一無二のもので

あり、科学的エビデンスは進化するということ、そして、最適な成果を上げるには自分に合ったアプローチが何よりも重要であることを忘れないでください。

動作を探究する旅に出る際には、この本をお供にしてください。みなさんはいつでもこの旅をスタートできます。年を取りすぎていることも、若すぎることもありません。身体活動の新しい側面を探究し、みなさん独自の体について複雑な細かい部分まで理解することをぜひ楽しんでください。

用語について

本書では以下の定義を採用しています。
可動域（ROM）＝関節における動きの度合い。
ストレッチ＝可動域を広げるために外部または内部の力によって加えられる動き。
柔軟性＝筋肉が伸びて関節が可動域を広げる能力。
可動性＝関節の十分な柔軟性と安定性を保ち、運動制御を行いながら、あるいは運動パターンに従いながら効率的に動く能力。

思い込みを解消する

このセクションではストレッチにまつわる一般的な思い込みを解消し、誤解を明らかにすることで、広く話題になっていながら、誤解されがちなこのトピックについて、必ず押さえておくべき微妙な違いを説明します。

思い込み

真実

> ストレッチをすれば
> どんな傷害も避けられる

**あらゆる原因の傷害を予防するには
ストレッチだけでは不十分である**

ストレッチが筋肉と腱の損傷や肉ばなれのリスクを軽減するのに役立つことは研究により裏付けられているが、すべての原因による損傷を予防できるという結論には至っていない。受傷リスク軽減のためのトレーニングには、個別のアプローチも含める必要がある(→P50)。

> ストレッチをすれば
> 筋肉痛をなくすことができる

**ストレッチは遅発性筋肉痛(DOMS)に
大きな影響を与えない**

遅発性筋肉痛に対するストレッチは、運動後72時間までの筋肉痛にごくわずかな変化しか及ぼさない。

> ストレッチはどれも同じである

**ストレッチには多くの種類があり、
それぞれ異なる特徴がある**

「ストレッチ」と聞くと静的で受動的な種類のストレッチを思い浮かべる人が多いと思うが、ほかにも多くの種類のストレッチがあり、能動的ストレッチ、動的ストレッチなどさまざまな分類がある(→P40)。

> 運動前にストレッチすると
> パフォーマンスに悪影響が及ぶ

**静的ストレッチはパフォーマンスを
低下させる可能性もあるが、
動的ストレッチはよい影響を与えることもある**

非常に広い可動域が求められるスポーツ(体操や格闘技など)の場合、練習の前に動的ストレッチをすると柔軟性が高まるため、パフォーマンスも向上する可能性がある(→P43)。

> ストレッチは神経系にのみ
> 変化を及ぼす

**ストレッチをすると神経性変化と
構造性変化の両方が起きる**

ストレッチをすると神経性変化に加え、生体細胞レベルでも変化が起きる。ストレッチに伴い、たとえば筋肉と腱の組織の硬さや筋束長、さらには小血管の構造の変化などが起こることもある(→P44)。

ストレッチの生理学

人体解剖学と生理学の知識は、

動作の仕組みと運動を生涯続ける重要性を十分理解するのに欠かせません。

この章では、適応力の高い人体、筋骨格系、神経系、

痛みの科学、脳について探究します。

本章全般にわたり、ストレッチそのものと、

各年齢におけるストレッチの利点にも注目していきます。

動作の解剖学

身体活動やエクササイズには意識的な動きが必要です。意識的な動きを行うには、神経系が筋を収縮させることで生じた動きを通じて、体が環境にはたらきかける必要があります。

脳は随意運動（自らの意思によって動かす運動）を管理しています。前頭葉のすぐ後ろに位置する運動野が脳と脊髄（せきずい）を通じて信号を送り、運動ニューロンが骨格筋細胞（筋線維）に指令を送って収縮させるのです。呼吸器系および心血管系は活動中の組織に絶え間なく酸素を送り、神経筋活動を支えています。また、固有受容器や感覚受容器を介したフィードバックにより、体は環境または体の状態の変化に応じて動くことができます。

四肢
ターゲットまたは目標の位置まで動く

視覚系
光刺激を検知し、解釈して、体の動きに合わせて前庭系（下記参照）とともに作用する

運動野
脳内の運動野は命令を受けた筋肉へのメッセージを作成して送る

前庭系
前庭系はバランスを保つために使われる。三半規管は頭の回転を検知し、角加速度（回転運動の速度の変化）に敏感である。耳石器は重力を検知し、並進加速度（直線運動の速度の変化）に敏感である。この感覚情報はバランスおよび頭の位置を察知し、視覚を安定させるために使われる。

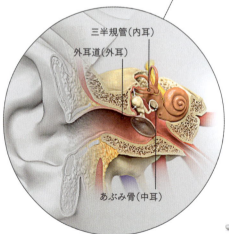

三半規管（内耳）
外耳道（外耳）
あぶみ骨（中耳）

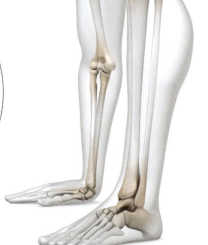

ストレッチの生理学

ストレッチをすると何が起こるのか

ストレッチは動作から始まります。脳は筋肉を協調させて随意運動を行い、標的となる筋肉あるいは筋肉群に伸長（引っ張る力）を与えるような体位にします。さまざまな種類のストレッチを見ればわかるように、この動作は能動的にも受動的にも行うことができます。現在では、これにより骨格筋内で神経系の適応と非神経性の適応の両方が起こり、柔軟性のレベルと関節可動域が向上することが科学的に証明されています。まだわかっていないことも多いですが、新たに登場した分野であるメカノバイオロジーで、細胞や組織が物理的な力にどのように反応するか研究が続けられています。

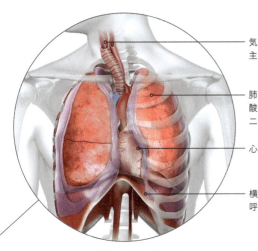

- 気管は気道の主要な部分を占めている
- 肺は血液に酸素を供給し、二酸化炭素を排出する
- 心臓は全身に血液を送る
- 横隔膜は収縮して呼吸を助ける

心血管系と呼吸器系
心血管系は血液を組織に届け、必要な栄養を細胞に供給し、細胞から老廃物を除去する。呼吸器系は環境と人体細胞のあいだで（エネルギーのために必要な）酸素と（エネルギーを生産した際に生じる老廃物である）二酸化炭素を交換する。運動中、呼吸器系と循環器系の活動は体のニーズに合わせて増加する。

組織への影響
ストレッチは筋束長を伸ばし、伸長への耐性を高め、緊張性反射活動を減らすことで、可動域を広げることができる。また、一部の研究から、ストレッチは筋横断面積を増加させ、筋線維の羽状角を変えることがわかっている。

- 筋核
- 骨格筋は複数の核を持つ長い線維からできている

筋力
筋肉の緊張状態の維持を助け、関節角度を維持できるようにする

伸長性
筋肉を収縮させることでコントロールされる

空間における運動
固有受容器を介したフィードバックは空間における体の位置を中枢神経系に伝えるのに役立つ。これにより動きを補正し、姿勢の安定性と空間認識を保つことができる。

ワールドグレイテストストレッチ（→P140）

運動の種類

人体はいくつかの運動面に沿って動きます。
運動にかかわる基本的な専門用語に慣れるには、運動や関節の位置を
説明する言葉および本書で紹介しているエクササイズとのかかわりを
理解しておくことが重要です。

解剖学的正位(右)は科学で標準的に使われている人体の基準となる体位です。この定義によって、身体構造の位置を明確かつ一貫性を持って表現できます。この姿勢はつま先を前に向けて両足を平行にし、両手は横に下げ、手のひらは前に向けて立っている状態を指します。この解剖学的正位に沿って3つの運動面があり、運動と方向を表すのに使われます。

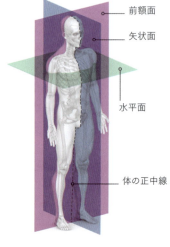

運動面
運動は1つまたは複数の運動面に沿って行うことができる。前額面と矢状面は体を前後、左右に分ける。回転運動は水平面に沿って行われる。

脊柱
脊柱は負荷を全身に伝えるのを助ける。
脊柱全体として、以下のそれぞれの動きができる。

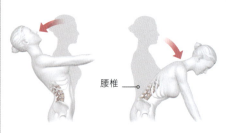

伸展
脊柱を後方に伸ばして
後方に反る

屈曲
脊柱を曲げて胴体を
前方に動かす

肘関節
肘は肩と手のあいだにある接合部位である。
肘は腕と手を使うエクササイズにかかわっている。

伸展
前腕を下げて
腕を伸ばす

屈曲
前腕を上げて
腕を曲げる

位置を表す
内側と外側は正中線に対する向きを表している。前と後ろはそれぞれ前方、後方と呼ぶ。近位と遠位は起点に近い、または起点から遠いことを意味する。

股関節
この球関節(ボールとソケットの関節)は体重を支え、体を安定させられるようにできている。動作を組み合わせて行ったり、単独で行ったりできる。

   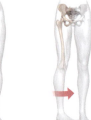

内転
大腿を内側に動かし、
正中線に近づける

外転
大腿を外側に動かし、
正中線から遠ざける

外旋
大腿を外方向へ
回旋させる

内旋
大腿を内方向へ
回旋させる

ストレッチの生理学

肩関節
上肢帯は肩甲上腕関節、肩鎖関節、胸鎖関節、肩甲胸郭関節からできている。
体の中で最も可動性の高い関節の1つであり、さまざまな動きができる。

屈曲 肩を使って腕を前方に動かす

伸展 肩を使って腕を後方へ動かす

内転 腕を正中線に近づけるように動かす

外転 腕を正中線から離すように動かす

外旋 腕を肩から外向きにひねる

内旋 腕を肩から内向きにひねる

回旋 正中線を軸に体幹を右または左へひねる

側屈 体幹を正中線から右または左へ傾ける

手首（手関節）
手首は屈曲、伸展、および内側と外側へ側屈する。手の回外と回内は前腕で起こる。

回外 手のひらが上を向くように前腕を回旋させる

回内 手のひらが下を向くように前腕を回旋させる

膝関節
膝は脛骨大腿関節と膝蓋大腿関節からできていて、体内で最大の滑膜性関節である（→P28）。膝は細かい動きもできるが、主に屈曲と伸展をし、体重を支えることにも大きく関わっている。

屈曲 膝を曲げて足を大腿に近づける

伸展 膝を伸ばして足を前方に動かす

伸展 大腿を後方に伸ばし、膝が骨盤より後ろにくるようにする

屈曲 大腿を前方に動かし、膝が骨盤より前にくるようにする

足首（足関節）
足首は移動にかかわり、足と関節でつながり、内がえしと外がえしなど、多くの動きを行う。

背屈 足とつま先を上に向ける

底屈 足とつま先を下に向ける

15

筋系

筋系には心筋と平滑筋も含まれますが、体の筋組織の大部分は骨格筋です。骨格筋は腱を介して骨に付着し、骨を引っ張って動かします。

筋肉の名称は多くの場合、その筋肉の形や位置、付着部、線維の向きに由来しています。骨格筋は主に随意的な刺激に反応して収縮します。ストレッチなどの負荷がかかった状態での骨格筋の活動に貢献する4つの筋肉特性は、伸長性、弾性、収縮性、興奮性です（→ P20）。個々の筋線維は生理学的特徴と構造的特徴が異なり、それによって機能的能力が決まります。

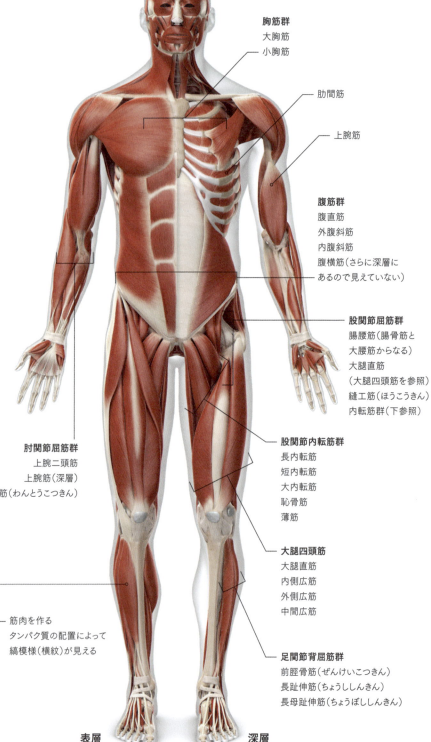

胸筋群
- 大胸筋
- 小胸筋
- 肋間筋
- 上腕筋

腹筋群
- 腹直筋
- 外腹斜筋
- 内腹斜筋
- 腹横筋（さらに深層にあるので見えていない）

股関節屈筋群
- 腸腰筋（腸骨筋と大腰筋からなる）
- 大腿直筋（大腿四頭筋を参照）
- 縫工筋（ほうこうきん）
- 内転筋群（下参照）

肘関節屈筋群
- 上腕二頭筋
- 上腕筋（深層）
- 腕橈骨筋（わんとうこつきん）

股関節内転筋群
- 長内転筋
- 短内転筋
- 大内転筋
- 恥骨筋
- 薄筋

大腿四頭筋
- 大腿直筋
- 内側広筋
- 外側広筋
- 中間広筋

足関節背屈筋群
- 前脛骨筋（ぜんけいこつきん）
- 長趾伸筋（ちょうししんきん）
- 長母趾伸筋（ちょうぼししんきん）

表層　深層

拡大図を見ると筋原線維が互いに並んでいるのがわかる

筋肉を作るタンパク質の配置によって縞模様（横紋）が見える

骨格筋線維
これらの筋線維は何千もの筋原線維でできた、長く、多くの核を持つ円柱細胞からなり、筋収縮を可能にするタンパク質を含んでいる。

ストレッチの生理学

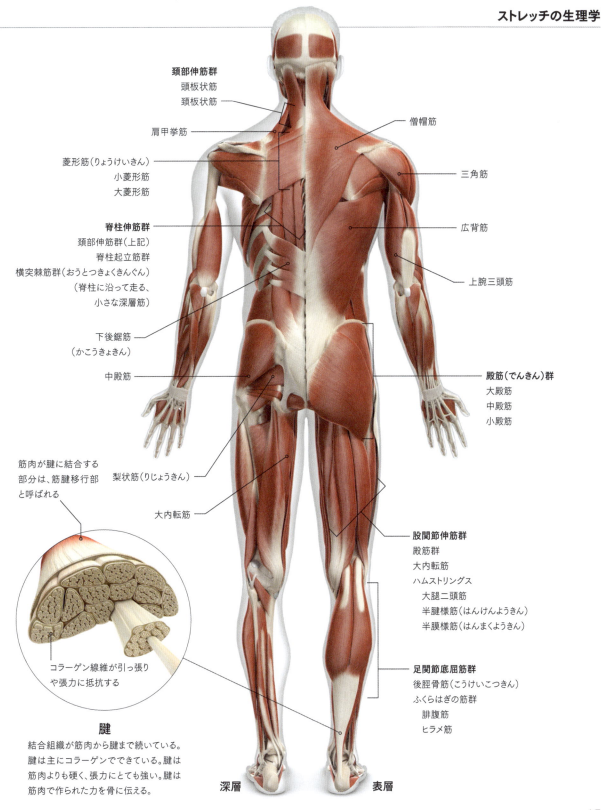

筋連鎖と分類

筋肉は体がさまざまな運動面で動くことを可能にするためにシステムとして機能します。バイオメカニクスと解剖学に基づき、筋肉を分類し、筋肉が動くしくみを概念化しようとする数々の理論が提案されてきました。

個々の筋肉の機能に注目するよりも、動かす関節に近い筋肉の位置を理解するほうが役に立つかもしれません。「コア」には腹部から脊柱、骨盤、殿部にかけてのグローバル筋、ローカル筋および隣接する筋肉と関節が含まれています。こうした筋肉は連動して、力を生み出し、体中にその力を伝えます。

グローバル筋

グローバル筋はローカル筋よりも表層（表面に近いところ）にあり、より大きく、付着した関節により大きな力を加えることができます。グローバル筋はローカル筋と連動して、上肢と下肢のあいだで負荷を伝えるのを助けます。グローバル筋とローカル筋のそれぞれまたは両方に注目したコアトレーニングプログラムおよび全身運動は、腰痛の管理に役立ちます。

グローバル筋は腰方形筋と大腰筋、外腹斜筋、内腹斜筋、腹直筋、中殿筋およびすべての股関節内転筋群（大内転筋、長内転筋、短内転筋、薄筋、恥骨筋）からできています。

ローカル筋

ローカル筋は体の深層にあり、1つまたは数個の椎骨に付着しています。ローカル筋はその位置と関節への近さにより、通常、これらの骨の制御よりも小さな動きに影響を与えますが、パワフルで大きい動きは生み出せません。体幹のローカル筋には横隔膜、多裂筋、腹横筋、骨盤底筋群が含まれます。この筋群の活動が適切に協調すれば、腹腔内圧を調整し、背中の凝りや脊柱の動き、呼吸、排泄機能によい影響を及ぼすことができます。

運動系

ローカル筋とグローバル筋は、さらに広背筋、股関節屈筋群、大腿四頭筋などの筋肉と連動して動きを生み出します。体内で動きが筋群から別の筋群へ伝えられるしくみについては、たとえば筋肉の「スリング（筋連鎖）」など諸説あります。筋膜（ファシア）などの結合組織は全身に存在し、構造的な支えとなっているため、筋肉で作られた力を骨に伝えることができます。体幹あるいはその近くで筋肉が連動するしくみがわかれば、目標とする特定の動きを習得するのに適したエクササイズを選ぶのに役立つでしょう。

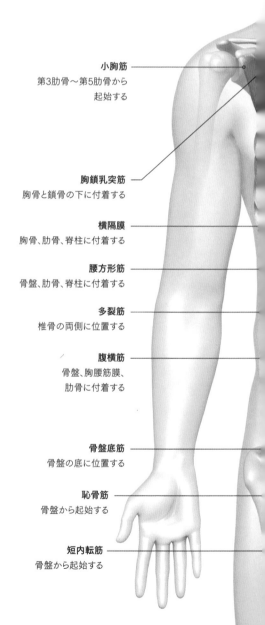

小胸筋
第3肋骨〜第5肋骨から起始する

胸鎖乳突筋
胸骨と鎖骨の下に付着する

横隔膜
胸骨、肋骨、脊柱に付着する

腰方形筋
骨盤、肋骨、脊柱に付着する

多裂筋
椎骨の両側に位置する

腹横筋
骨盤、胸腰筋膜、肋骨に付着する

骨盤底筋
骨盤の底に位置する

恥骨筋
骨盤から起始する

短内転筋
骨盤から起始する

ストレッチの生理学

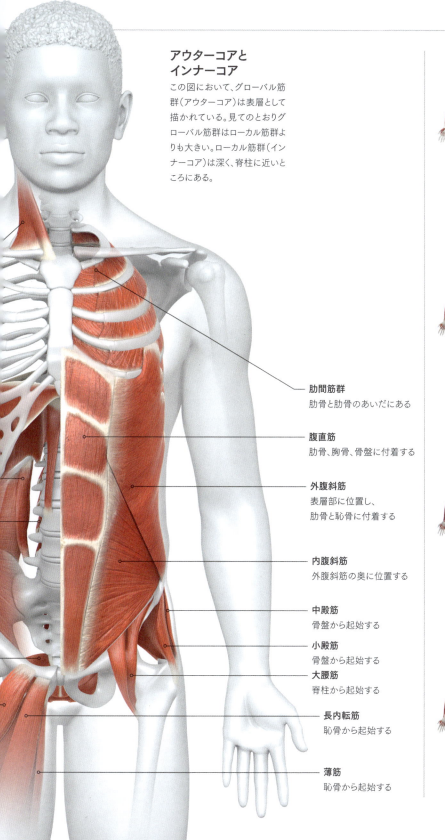

アウターコアとインナーコア
この図において、グローバル筋群（アウターコア）は表層として描かれている。見てのとおりグローバル筋群はローカル筋群よりも大きい。ローカル筋群（インナーコア）は深く、脊柱に近いところにある。

肋間筋群
肋骨と肋骨のあいだにある

腹直筋
肋骨、胸骨、骨盤に付着する

外腹斜筋
表層部に位置し、肋骨と恥骨に付着する

内腹斜筋
外腹斜筋の奥に位置する

中殿筋
骨盤から起始する

小殿筋
骨盤から起始する

大腰筋
脊柱から起始する

長内転筋
恥骨から起始する

薄筋
恥骨から起始する

前斜走スリング
外腹斜筋と内腹斜筋および体の反対側にある内転筋群が含まれる。股関節と骨盤を安定させ、スポーツ中の加速、回転、減速、方向転換を補助する。

後斜走スリング
広背筋、大殿筋、胸腰筋膜からなる。たとえば歩行周期の立脚期や推進（前進）の際に体幹と骨盤を支える。

深部縦走スリング
このスリングは脊柱起立筋、多裂筋、仙結節靱帯、胸腰筋膜、大腿二頭筋を含む。前後の動きと体を直立した状態に保つ補助をする。

外側スリング
外側スリングは中殿筋、小殿筋、大腿筋膜張筋、腸脛靱帯からなる。このグループは前面の動きを助け、片足立ちの活動中に股関節と骨盤を安定させる。

筋肉がはたらくしくみ

筋肉は腱を介して骨とつながっています。神経系は神経に信号を送り、筋肉をさまざまな方法で収縮させて随意運動を行います。
腱は筋肉で作られた力を骨に伝え、関節を動かせるようにします。

伸張性収縮（エキセントリック収縮）と短縮性収縮（コンセントリック収縮）は等張性収縮（アイソトニック収縮）であり、筋肉の長さが変化します。等尺性収縮（アイソメトリック収縮）では活動している筋肉の長さが変わらないため、関節の角度は一定に保たれます。筋肉にはパフォーマンスに影響する4つの特性があります。伸長性は筋肉が外部からの力を使って伸びる性質を意味します。弾性は安静位に戻る力であり、収縮性は能動的張力を生みだす能力、興奮性は筋肉が刺激にどれだけよく反応するかを意味しています。

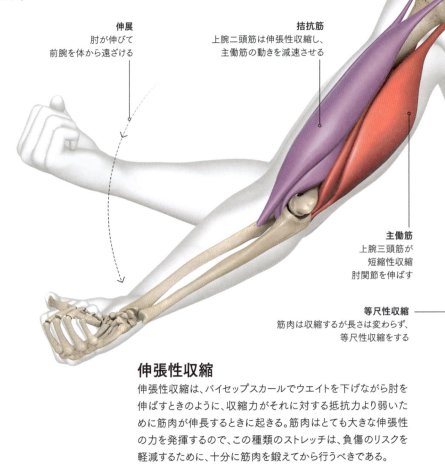

伸展
肘が伸びて前腕を体から遠ざける

拮抗筋
上腕二頭筋は伸張性収縮し、主働筋の動きを減速させる

主働筋
上腕三頭筋が短縮性収縮
肘関節を伸ばす

等尺性収縮
筋肉は収縮するが長さは変わらず、等尺性収縮をする

伸張性収縮

伸張性収縮は、バイセップスカールでウエイトを下げながら肘を伸ばすときのように、収縮力がそれに対する抵抗力より弱いために筋肉が伸長するときに起きる。筋肉はとても大きな伸張性の力を発揮するので、この種類のストレッチは、負傷のリスクを軽減するために、十分に筋肉を鍛えてから行うべきである。

ストレッチの生理学

筋肉が協調してはたらくしくみ

主に動きを生みだす筋肉は主働筋、動きを間接的に補佐する筋肉は協働筋と呼ばれています。主働筋と反対の動きをする、または速度を遅らせる筋肉は拮抗筋です。筋肉は引っ張るだけで押すことはできないため、どんな動きをするときも、これらのグループは一定の張力を発揮します。

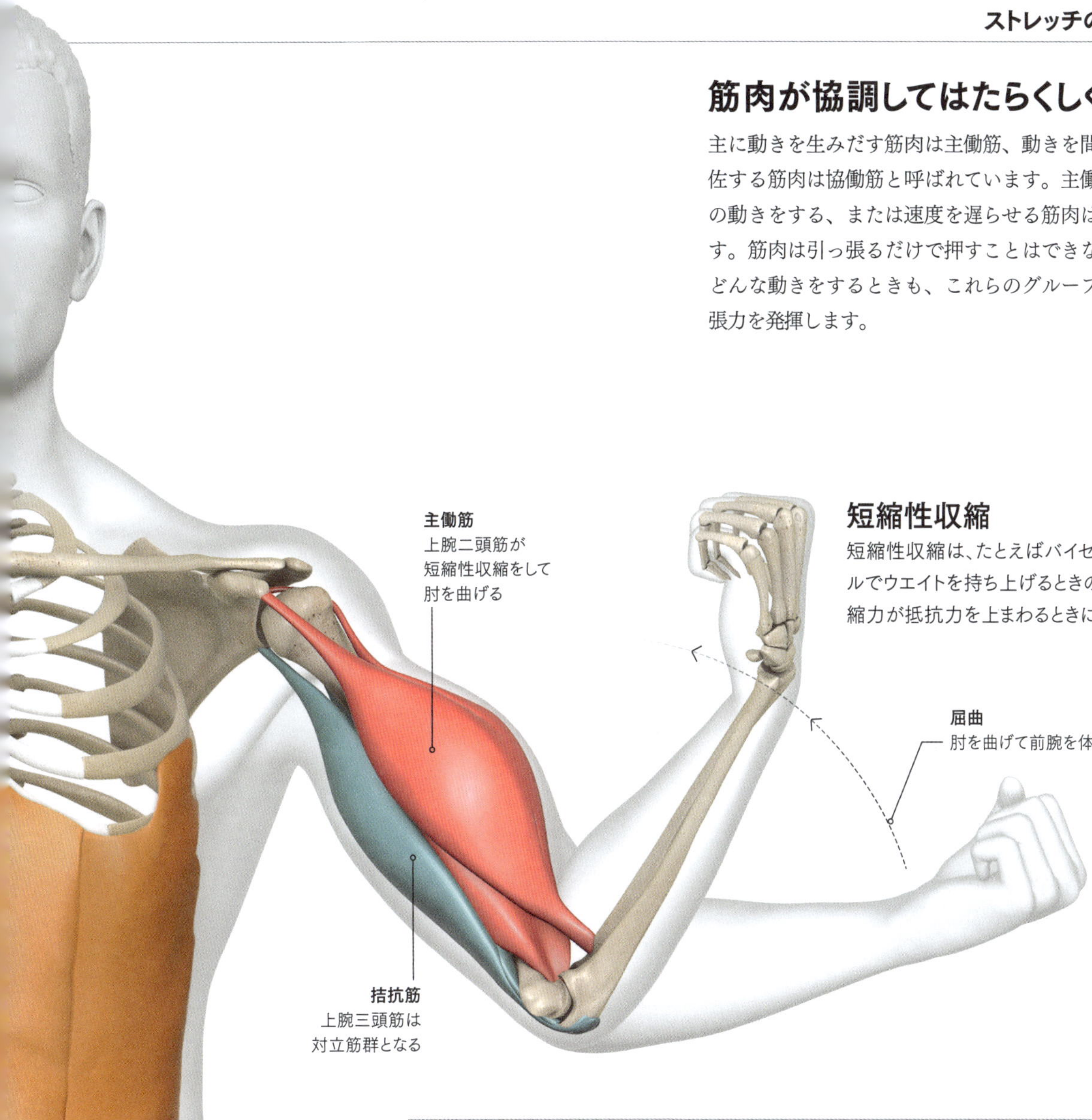

主働筋
上腕二頭筋が
短縮性収縮をして
肘を曲げる

拮抗筋
上腕三頭筋は
対立筋群となる

短縮性収縮

短縮性収縮は、たとえばバイセップスカールでウエイトを持ち上げるときのように、収縮力が抵抗力を上まわるときに起こる

屈曲
肘を曲げて前腕を体に近づける

筋収縮

能動的張力はミオシン（太い）フィラメントとアクチン（細い）フィラメントが筋肉のサルコメア内でお互いのあいだに滑り込むときに生まれる力で、この力は静止長（筋収縮が起きていない静止状態での長さ）のときに最大になる。受動的張力は主働筋が活動しているか否かにかかわらず拮抗筋が伸張するときに起こる。筋肉が長くなるに伴い受動的組織が最大長に達し、それ以上長くならないよう抵抗する。ほとんどのストレッチ・エクササイズはこの抵抗を減らし、柔軟性を高めることを目的としている。

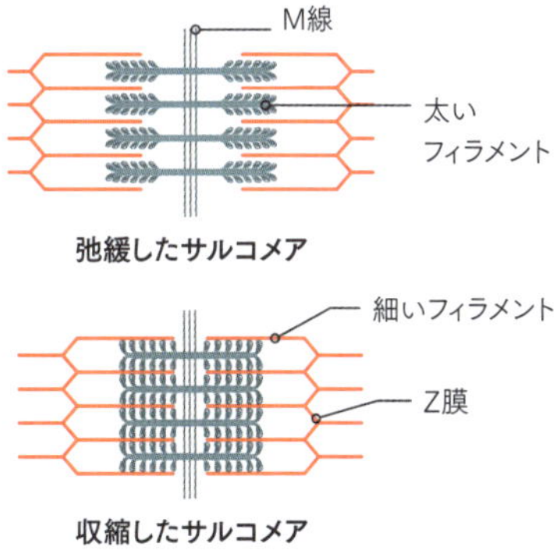

M線

太いフィラメント

弛緩したサルコメア

細いフィラメント

Z膜

収縮したサルコメア

筋肉の解剖学

骨格筋は筋原線維と呼ばれる細い線維からなる長い円柱状の束です。筋原線維はアクチンフィラメントとミオシンフィラメントからできていて、この2つがお互いのあいだに滑り込むことで筋肉が収縮します。筋肉細胞内にはエネルギーを生産するミトコンドリアと膜系、筋小胞体があり、カルシウムイオンを貯蔵し、放出して、筋収縮を始めます。

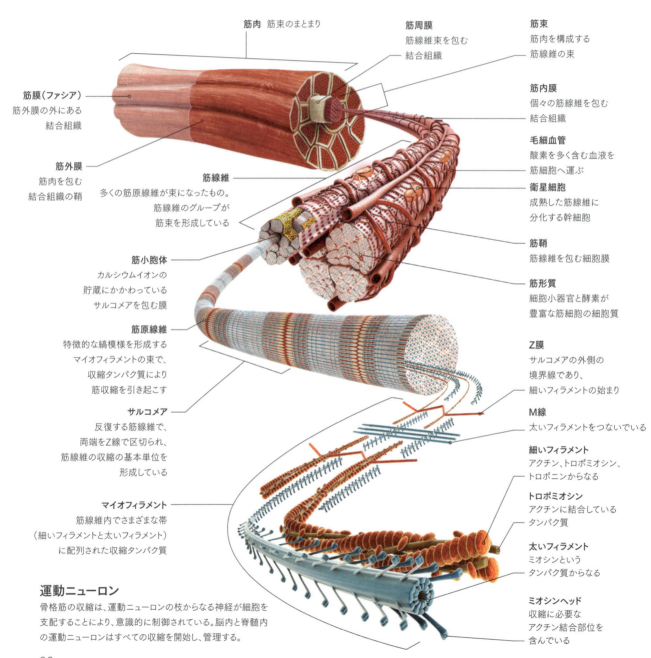

筋肉 筋束のまとまり

筋周膜
筋線維束を包む
結合組織

筋束
筋肉を構成する
筋線維の束

筋膜（ファシア）
筋外膜の外にある
結合組織

筋内膜
個々の筋線維を包む
結合組織

筋外膜
筋肉を包む
結合組織の鞘

毛細血管
酸素を多く含む血液を
筋細胞へ運ぶ

筋線維
多くの筋原線維が束になったもの。
筋線維のグループが
筋束を形成している

衛星細胞
成熟した筋線維に
分化する幹細胞

筋鞘
筋線維を包む細胞膜

筋小胞体
カルシウムイオンの
貯蔵にかかわっている
サルコメアを包む膜

筋形質
細胞小器官と酵素が
豊富な筋細胞の細胞質

筋原線維
特徴的な縞模様を形成する
マイオフィラメントの束で、
収縮タンパク質により
筋収縮を引き起こす

Z膜
サルコメアの外側の
境界線であり、
細いフィラメントの始まり

サルコメア
反復する筋線維で、
両端をZ線で区切られ、
筋線維の収縮の基本単位を
形成している

M線
太いフィラメントをつないでいる

細いフィラメント
アクチン、トロポミオシン、
トロポニンからなる

マイオフィラメント
筋線維内でさまざまな帯
（細いフィラメントと太いフィラメント）
に配列された収縮タンパク質

トロポミオシン
アクチンに結合している
タンパク質

太いフィラメント
ミオシンという
タンパク質からなる

ミオシンヘッド
収縮に必要な
アクチン結合部位を
含んでいる

運動ニューロン
骨格筋の収縮は、運動ニューロンの枝からなる神経が細胞を支配することにより、意識的に制御されている。脳内と脊髄内の運動ニューロンはすべての収縮を開始し、管理する。

筋長と張力の関係

このグラフは筋肉がそれぞれの長さにおいて発揮できる張力と力を表す基本的フレームワークである。一般に筋肉は短いと大きな張力を生み出し、長いと張力と力は減り、このとき(つまりストレッチの終わり頃)、受動的張力が増える。

図中の記号の意味
― 全張力
‥‥ 能動的張力
― 受動的張力

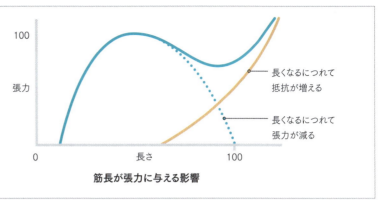

ミクロのレベルで見た筋収縮

骨格筋の短縮性収縮と伸張性収縮は複雑なプロセスで、さまざまなタンパク質や化学的シグナルの相互作用がかかわっている。1つの運動ニューロンとそのニューロンが神経支配する筋線維群が1つの運動単位となる。運動ニューロンから筋線維へインパルスを送り、アクチンフィラメントがサルコメアの中央に繰り返し引っ張られるようにして、張力を引き起こす。

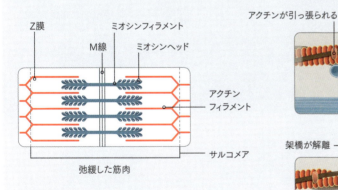

弛緩した筋肉

架橋(クロスブリッジ)が形成され、アクチンフィラメントを引き込むことで、張力を発生させ、筋肉が収縮する。

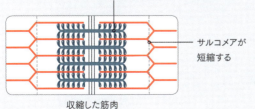

収縮した筋肉

クロスブリッジサイクル

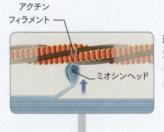

結合
活性化されたミオシンヘッドがアクチンと結合してフィラメント間に「クロスブリッジ(架橋)」を形成する。

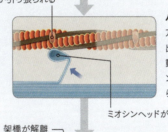

パワーストローク
アデノシン二リン酸とリン酸塩が放出される。ミオシンヘッドが首振り運動をし、折れ曲がり、アクチンフィラメントを引っ張って、M線のほうへ滑らせる。

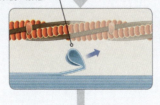

解離
アデノシン三リン酸分子(化学エネルギーを保持している)がミオシンに結合し、アクチンとミオシン間の結合を緩め、ミオシンヘッドが離れる。

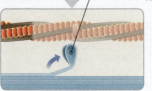

エネルギーによる再活性
アデノシン三リン酸がエネルギーを放出する。これによりミオシンヘッドはまっすぐになり、エネルギーを得て、次のサイクルに適した位置に戻る。

骨格系

成人の骨格は軟骨と骨でできています。
骨格は体を支え、重要な臓器を保護し、
体が動けるようにしています。
骨は非常に特殊な、生きている結合組織です。

骨にはかかってくる負荷によって作り変えられる能力があるため、生涯にわたって生まれ変わりつづけます。骨は必要なミネラルと骨髄を貯蔵するという役割を果たしており、赤血球を作るという非常に重要な仕事もしています。骨は体の部位によって、大きさも形も強さもさまざまです。

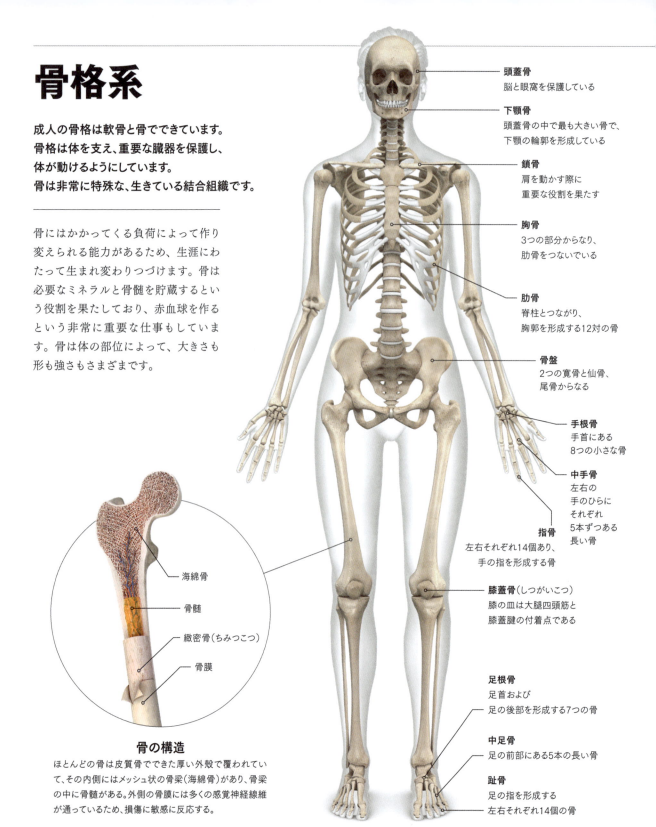

骨の構造
ほとんどの骨は皮質骨でできた厚い外殻で覆われていて、その内側にはメッシュ状の骨梁（海綿骨）があり、骨梁の中に骨髄がある。外側の骨膜には多くの感覚神経線維が通っているため、損傷に敏感に反応する。

頭蓋骨
脳と眼窩を保護している

下顎骨
頭蓋骨の中で最も大きい骨で、下顎の輪郭を形成している

鎖骨
肩を動かす際に重要な役割を果たす

胸骨
3つの部分からなり、肋骨をつないでいる

肋骨
脊柱とつながり、胸郭を形成する12対の骨

骨盤
2つの寛骨と仙骨、尾骨からなる

手根骨
手首にある8つの小さな骨

中手骨
左右の手のひらにそれぞれ5本ずつある長い骨

指骨
左右それぞれ14個あり、手の指を形成する骨

膝蓋骨（しつがいこつ）
膝の皿は大腿四頭筋と膝蓋腱の付着点である

足根骨
足首および足の後部を形成する7つの骨

中足骨
足の前部にある5本の長い骨

趾骨
足の指を形成する
左右それぞれ14個の骨

ストレッチの生理学

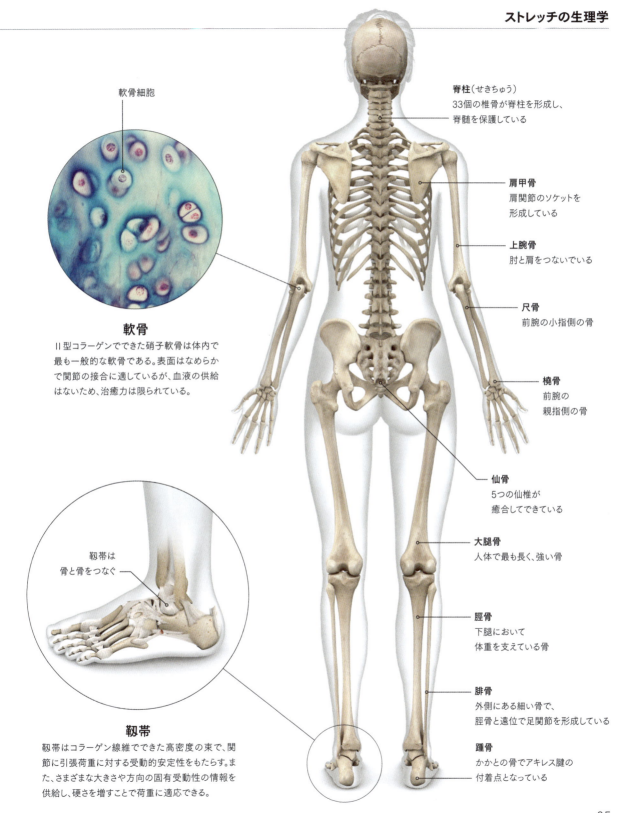

軟骨細胞

軟骨
II型コラーゲンでできた硝子軟骨は体内で最も一般的な軟骨である。表面はなめらかで関節の接合に適しているが、血液の供給はないため、治癒力は限られている。

靱帯は骨と骨をつなぐ

靱帯
靱帯はコラーゲン線維でできた高密度の束で、関節に引張荷重に対する受動的安定性をもたらす。また、さまざまな大きさや方向の固有受動性の情報を供給し、硬さを増すことで荷重に適応できる。

脊柱（せきちゅう）
33個の椎骨が脊柱を形成し、脊髄を保護している

肩甲骨
肩関節のソケットを形成している

上腕骨
肘と肩をつないでいる

尺骨
前腕の小指側の骨

橈骨
前腕の親指側の骨

仙骨
5つの仙椎が癒合してできている

大腿骨
人体で最も長く、強い骨

脛骨
下腿において体重を支えている骨

腓骨
外側にある細い骨で、脛骨と遠位で足関節を形成している

踵骨
かかとの骨でアキレス腱の付着点となっている

脊柱

脊柱は通常33個の椎骨が重なり合ってできています。椎体は支える重量に合わせて、下へ行くほど大きくなります。脊柱が内側と外側の両方に自然にカーブしているのは、頭と体が矢状面において力学的に均衡を保つためです。先天的あるいは外的要因によって弯曲異常が起こることもあります。

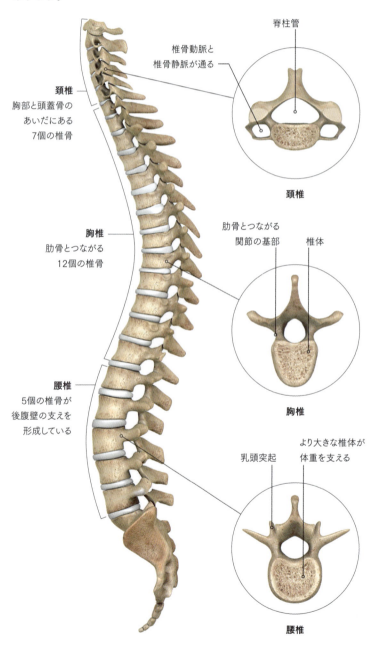

頚椎
胸部と頭蓋骨のあいだにある7個の椎骨

椎骨動脈と椎骨静脈が通る

脊柱管

頚椎

胸椎
肋骨とつながる12個の椎骨

肋骨とつながる関節の基部

椎体

胸椎

腰椎
5個の椎骨が後腹壁の支えを形成している

乳頭突起

より大きな椎体が体重を支える

腰椎

姿勢と解剖学的構造

姿勢は適応反応であり、たとえば重力や気分、動きの癖、解剖学的構造などさまざまなものに影響される。腰痛と首の痛みに関しては、すべての人にとって「最適な」姿勢は存在しない。個々の体にとって最適あるいはニュートラルな姿勢は、筋力にかかる負荷が一番少ない姿勢である。以下はよくある弯曲の例である。

リラックスした直立姿勢

ニュートラルな脊柱
頭部と脊柱、骨盤がほぼ一直線に並んでいて、効率的な姿勢と考えられている。この姿勢はそれぞれの人にかかる抵抗が最も少ない。

胸椎の弯曲が増大

胸椎後弯
胸椎の弯曲が50度以上増大している。弯曲の増大は骨粗しょう症ではよく見られる。

腰椎の弯曲が増大

腰椎前弯
反り腰の姿勢や妊娠中には体の重心が変わるため腰椎の弯曲が増大することもある。

ストレッチの生理学

骨盤

骨盤には寛骨が2個と仙骨、尾骨があります。骨盤は軸骨格と下半身の接合部という役割と腰とコアをコントロールする強力な筋肉の付着点という役割を果たしています。骨盤腔は腹腔とつながっており、骨盤底に支えられています。

上前腸骨棘(こつきょく)
骨盤前部にあり、触知できる「ヒップポイント」

仙腸関節
通常は最低限しか動かない滑膜性関節

寛骨臼
大腿骨がはまり込む股関節のソケット

尾骨
4個の尾椎が癒合してできた骨で、「尾てい骨」とも呼ばれる

女性の骨盤

恥骨結合
この関節は椎間板と同じく線維軟骨でできている

骨盤腔
腹部と骨盤腔のあいだにある、構造物が通過するための開口部

坐骨結節
骨盤の底部にあり、座るときに体重を支える骨

腰椎骨盤の意識

筋緊張、痛み、骨の形態が骨盤の位置や傾きに影響を及ぼすこともある。理想的な姿勢は骨盤がニュートラルな状態だが、骨盤の傾斜は一人ひとり大きく異なる。腰椎と骨盤の動きを理解していれば、特定のエクササイズをする際、コアと骨盤の位置をコントロールするのに役立つだろう。

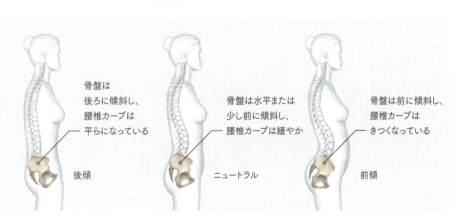

骨盤は後ろに傾斜し、腰椎カーブは平らになっている — 後傾

骨盤は水平または少し前に傾斜し、腰椎カーブは緩やか — ニュートラル

骨盤は前に傾斜し、腰椎カーブはきつくなっている — 前傾

関節

関節は2つの骨が接触する部分です。関節には、線維性、軟骨性、滑膜性の3種類の連結があります。線維性関節はたとえば頭蓋骨の縫合のように固定されています。軟骨性関節は軟骨を含んでいて、恥骨結合などがあります。

滑膜性関節は体内の主要な可動関節で自由に動きます。滑膜性関節には、主に屈曲と伸展をする肘関節や膝関節などの蝶番関節があり、股関節や肩関節などの球関節は外転や内転、回旋ができます。

運動の種類	
屈曲	関節角度は一般的に小さくなる
伸展	関節角度は一般的に大きくなる
外転	手足が正中線あるいは体から離れる
内転	手足が正中線あるいは体に近づく
外旋	手足が体から離れるように回転する
内旋	手足が体に近づくように内側に回転する
軸回旋	脊柱(せきちゅう)を軸にねじる
底屈	つま先を体から離れたほうに向ける
背屈	つま先を上に曲げて体のほうに向ける

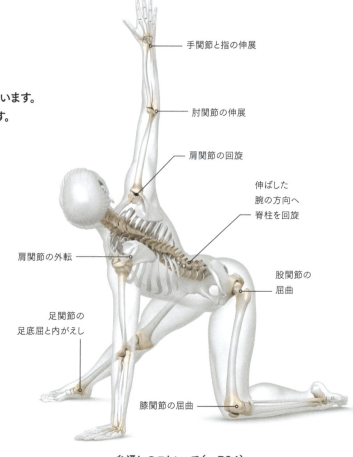

糸通しのストレッチ(→P94)

関節の中

滑膜性関節の特徴は関節腔と可動性があることだ。特殊な結合組織である滑膜は滑液を産生し、滑液は関節面を滑りやすくし、栄養を供給する。滑膜と関節包内に生じる脂肪体は運動により関節が変化するたびにその部位に自由に出入りし、骨と骨のあいだのクッションの役割をする。

滑膜性関節

特別な種類の結合組織である関節軟骨は関節内の各骨の関節面を覆っている。軟骨は構造的支えとクッション、滑りをよくする役割を果たしている。

ストレッチの生理学

可動域

たとえば膝を屈曲させるとふくらはぎと大腿が接するように、関節がどこまで動くかは、筋肉、骨の構造、軟部組織、靱帯、そのまわりの骨などさまざまな要素に左右される。

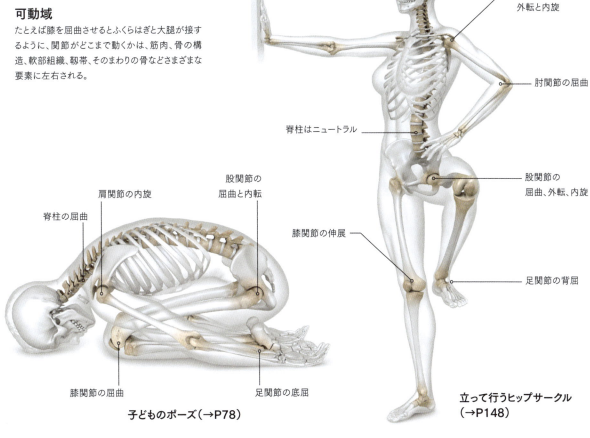

子どものポーズ（→P78）

立って行うヒップサークル（→P148）

関節炎

変形性関節症（OA）は関節組織の整合性が変化する炎症性疾患である。時には症状が現れないこともあるが、変形性関節症の初期症状として、痛みや関節のこわばりを経験する。変形性関節症の主な病理学的変化には、関節軟骨、滑膜、軟骨下骨の異常などがある。ストレッチをすると可動性を維持し、変形性関節症を管理するのに役立つ。

症状の進行

変形性関節症が進行すると骨の腫脹、関節包の肥厚、滑液の浸出、骨棘（こつきょく）（骨の突起）形成が起こり、関節の可動域と機能に影響を及ぼす。

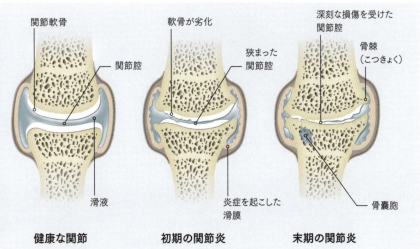

健康な関節　　初期の関節炎　　末期の関節炎

神経系

神経系は細胞と組織、器官からなるネットワークで、内的刺激と外的刺激に対する体の反応を管理し、調整しています。神経系は中枢神経系（CNS）と末梢神経系（PNS）に分けられます。

中枢神経系には脳と脊髄が含まれ、末梢神経から送られてくるデータを処理して解釈し、反応します。末梢神経系は随意運動と感覚を管理する体性神経系と心拍や呼吸などの不随意機能を制御する自律神経系（ANS）に分けられます。自律神経系はさらに交感神経系と副交感神経系に分かれます。神経系はストレッチ中の手足の位置などの体の感覚情報を受け取り、この情報を使って動きを調節し、改善します。

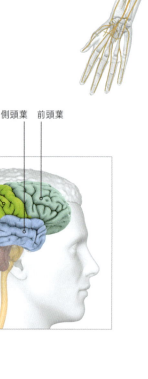

頭頂葉
後頭葉
側頭葉
前頭葉

大脳皮質
これは脳の主要な部位、大脳の外側にあるしわの寄った層である。前頭葉と頭頂葉のあいだにある溝は運動制御と感覚制御を司る主要な領域を分けている。

末梢神経
これらの感覚神経、運動神経、自律神経は脳と脊髄の外にあり、体のほかの部分とつながっている。体と中枢神経系とのあいだで情報を伝達することで、動きを制御している。

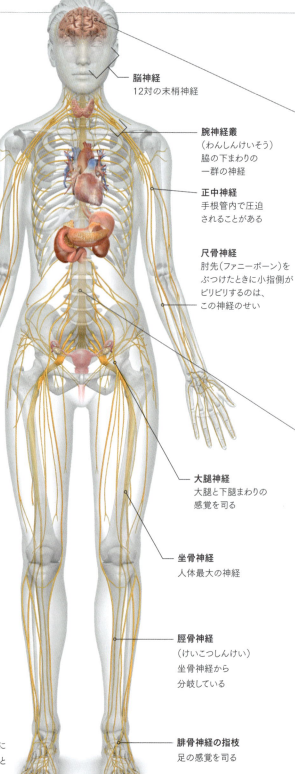

脳神経
12対の末梢神経

腕神経叢
（わんしんけいそう）
脇の下まわりの一群の神経

正中神経
手根管内で圧迫されることがある

尺骨神経
肘先（ファニーボーン）をぶつけたときに小指側がピリピリするのは、この神経のせい

大腿神経
大腿と下腿まわりの感覚を司る

坐骨神経
人体最大の神経

脛骨神経
（けいこつしんけい）
坐骨神経から分岐している

腓骨神経の指枝
足の感覚を司る

ストレッチの生理学

神経ダイナミクス

神経は全身に伸びていて、動きによるさまざまな負荷に適応できなければなりません。筋骨格系は神経を含む「インタフェース」の役割を果たしています。これには筋膜（ファシア）、皮膚、骨、筋肉さらには血管も含まれます。ケガや運動不足の場合、神経は通常のストレスを経験せずとも、痛みを伴う症状が現れることもあります。神経ダイナミクスの手法を使って体を動かせば、神経関連の痛みを軽減できるでしょう。

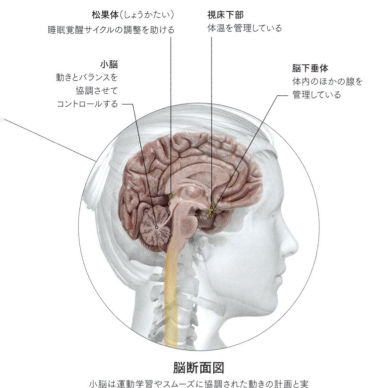

松果体（しょうかたい）
睡眠覚醒サイクルの調整を助ける

視床下部
体温を管理している

小脳
動きとバランスを協調させてコントロールする

脳下垂体
体内のほかの腺を管理している

脳断面図
小脳は運動学習やスムーズに協調された動きの計画と実行を助けている。脳内の重要な腺はホルモンを血液中に分泌することでさまざまな身体機能を管理している。ホルモンは器官や筋肉、その他の組織にメッセージを届ける。

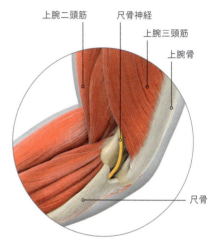

上腕二頭筋／尺骨神経／上腕三頭筋／上腕骨／尺骨

筋骨格系インタフェース
筋肉内や骨のまわりに伸びる神経は、伸長したり、圧迫されたり、滑走したりすることもある。上の健常な腕の図に示したように、力学的インタフェースを通じた神経組織の健全な動きは、胴体および四肢内でのスムーズな動きを助ける。

脊髄
体と脳の通信信号を伝達している

脊髄神経
身体部位の知覚と動きを管理している

椎骨
脊髄を包み、保護している

脊髄
この椎骨の上面図は脊髄が骨でできた脊柱に包まれていることを示している。情報はこの脊髄を通って、脳とその他の身体部位間でやりとりされる。脊髄神経は椎骨と椎骨のあいだにある両端の小さい開口部から外に出ている。

痛みの性質と理論

痛みの感じ方は、生物学的、心理的、社会的要因によって人それぞれ異なります。
痛みにおける神経系の役割を理解することは、効果的な痛みへの対策を立てる上で重要です。

痛みとは何か?

国際疼痛学会（IASP）は痛みを「組織損傷が実際に起こったとき、あるいは起こりそうなときに付随して起こる不快な感覚および情動体験、あるいはそれに似た不快な感覚および情動体験」と定義しています。痛みは、熱いストーブにさわるなど、体が危険にさらされたときや骨折するなど、何か問題が起こったときに体に警告を発します。

痛みの強さや質、継続時間は人によって大幅に異なります。痛みがあっても必ずしも組織が損傷を受けているとは限らず、また痛みの強さが常に潜在的脅威のレベルと比例しているわけでもありません。たとえば紙で切った小さな傷はとても痛く感じるかもしれませんが、手術が必要なほどではないでしょう。

IASPによると痛みは「常に個人的経験であり」、感覚神経だけでなく「生物学的、心理的、社会的要因からさまざまな度合いの影響を受ける」ものです。痛みは、特定の損傷による一時的な感覚で根底にある原因が解消すれば治まる場合もあれば、慢性的で何週間あるいは何年も続き、生活の質に大きな影響を及ぼす場合もあります。

また、痛みには複数の原因があるため、疼痛管理には投薬だけでなく理学療法といった、その他の治療法など、さまざまな選択肢があります。

ストレッチとエクササイズは気分を高揚させ、慢性痛の症状に関連することが多いストレスとうつ症状を緩和することで、痛みを軽減し、精神的な健康によい影響を与えます。運動は疼痛管理の重要な役割を果たしますが、ヘルスケアの専門家に相談して、個々のニーズに最も適した種類のエクササイズを判断してもらいましょう。

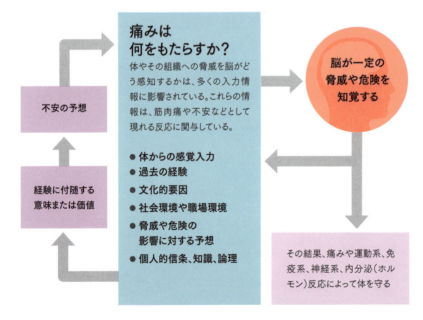

中枢性感作

中枢神経系と末梢神経系はすべての痛覚伝導路にかかわっています。中枢神経系は末梢神経系から送られてきた情報を解釈し、疼痛信号へ変換します。時には脳がこの信号を増幅させ、神経系が痛みに過敏になり、中枢性感作を引き起こすこともあります。この種の痛みはストレスや慢性的な筋骨格系の痛み、腹痛、頭痛など、さまざまな形で現れます。

痛みの種類

腰痛などの慢性的な筋骨格系の痛みは世界的に身体障害の主原因となっています。世界保健機関（WHO）によると世界の人口の33％が何らかの筋骨格痛を抱えているそうです。一般的な種類の痛みについて理解できれば、疼痛を管理し、予後を改善し、経済的負荷を軽減するのに役立つでしょう。

3種類の痛み

痛みには多くの種類がありますが、大きく侵害受容性疼痛、神経障害性疼痛、痛覚変調性疼痛の3つに分類することができます。

侵害受容性疼痛は非神経組織に実際に損傷が及んだり、及びそうになったりしたときに起こります。この痛みは通常「鋭い」痛みと表現され、ケガや炎症といったはっきりした原因により、具体的な部位を特定できます。

神経障害性疼痛は神経の機能障害や損傷によって起こる痛みを意味します。この痛みは通常「灼熱痛」「電撃痛」「拍動痛」などと表現されます。

また、神経障害性疼痛は感覚の低下などの感覚障害として現れることもあります。特にがんの治療を受けている人々は、とりわけ手や足が「刺されたように痛い」、だるい、しびれるという症状も見られます。さらに神経障害性疼痛は「神経圧迫」を引き起こす整形外科的疾患や糖尿病などの代謝性疾患に伴って起こることもあります。

痛覚変調性疼痛あるいは心因性疼痛は、組織が損傷を受けたという明らかな証拠も、その兆しもないにもかかわらず痛覚が変調して痛みが生じます。患者は一度に複数の部位でこの痛みを感じることもあります。これは腰痛や線維筋痛症（疲労や記憶、気分の問題を伴う広範囲に及ぶ筋骨格痛）のような慢性痛にかかわっていると考えられています。

関連痛

関連痛は痛みのもととなっている部位とは別のところで感じる痛みのことです。関連痛の詳しいしくみはまだ完全には解明されていませんが、疼痛信号を伝達する神経の脳内および脊髄内での状態がかかわっていると考えられています。体のさまざまな部位から送られてくる疼痛信号を伝える神経経路は、脊髄内の同じ神経細胞のところで合流するため、脳がその信号を解釈するときに混乱するのかもしれません。たとえば心臓の痛みが腕に、肝臓の痛みが肩に現れることもあるのです。関連痛の1つである放散痛は、脊髄神経根が分布する領域に沿って症状が現れます（左のデルマトーム図参照）。

関連痛はその原因により、さまざまなパターンで現れることがあり、内科的疾患の診断に役立つこともあります。

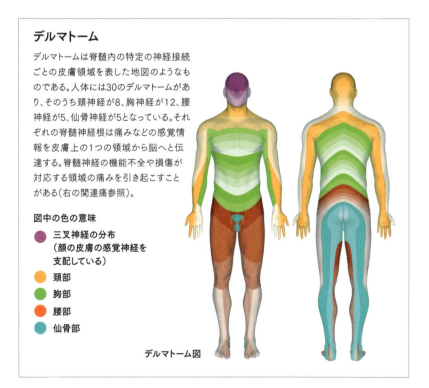

デルマトーム

デルマトームは脊髄内の特定の神経接続ごとの皮膚領域を表した地図のようなものである。人体には30のデルマトームがあり、そのうち頚神経が8、胸神経が12、腰神経が5、仙骨神経が5となっている。それぞれの脊髄神経根は痛みなどの感覚情報を皮膚上の1つの領域から脳へと伝達する。脊髄神経の機能不全や損傷が対応する領域の痛みを引き起こすことがある（右の関連痛参照）。

図中の色の意味
- 三叉神経の分布（顔の皮膚の感覚神経を支配している）
- 頚部
- 胸部
- 腰部
- 仙骨部

デルマトーム図

動作と脳の向上

動作のプロセスは脳で始まります。
運動前野が計画を立て、一次運動野が筋肉と連絡を取り合いながら
この計画を実行します。一次運動野は主要な運動神経路を通じて
随意運動を促進することで、これを行います。

筋肉の制御

皮質脊髄路は随意運動および筋肉との連絡
を司る脊髄路です。動作をするために脳は
運動計画を立てます。そして、脳は脊髄内
の皮質脊髄路を通って特定の筋線維へと信
号を送り、その結果、筋線維が収縮して体
を動かします。

　動作をコントロールしたり、改善したりしている
ときは、運動野のほかの脳領域も活動します。た
とえば小脳と大脳基底核は動きを協調させ、円
滑で正確な動きができるようにしています。
　体位や感触の認識といった体からの感覚情
報は、動作中にその動作を調整し、改善するた
めに使われます。
　総じて動作には脳と複数の領域やシステムの
あいだの複雑な相互作用がかかわっていて、す
べてが一緒に作用することで、精密かつ正確に
体を協調させ、動作を実現しています。

運動学習

練習を行うことにより、神経系は動作
をより効率的に行い、不必要な筋肉
の同時活性化を減らせるようになる。
これは運動に必要な筋肉だけを活
性化させ、不必要な筋肉に力が加わ
るのを抑えることを学習するからだ。

脳
運動野は筋肉を動かすための
指令を送る。感覚野は筋肉か
ら情報を受け取る

脊髄
脳とのあいだで信号伝達を司る

運動野への感覚フィードバック

脊髄への感覚フィードバック

主働筋が活動

拮抗筋が活動

スキルが上達すると
主働筋（主に動く筋
肉）と拮抗筋（主働筋
に対抗する筋肉）をよ
りうまく制御しながら
動けるようになる

主働筋群
腓腹筋が伸張性収縮しつつ
かかとを上げる

拮抗筋群
足関節の背屈筋群が
足底屈筋群に対抗して作用する

ストレッチの生理学

脳の健康

定期的に運動をすると神経新生と神経可塑性が促され、脳に神経保護的効果が及ぶことがわかっています。脳への血流が増えると、酸素と栄養が供給され、神経新生を助けます。ウォーキングやストレッチなどの低強度のエクササイズを行うと神経細胞の成長と生存を促進する神経栄養因子の産生が増えることが証明されています。

神経新生

運動をすると学習と記憶に重要な役割を果たす脳領域である海馬内の新しいニューロン（神経細胞）の成長が促されます。神経新生と呼ばれるこのプロセスに運動が及ぼす効果は、アルツハイマー病などの神経疾患を患う人も含め、あらゆる年齢の人に恩恵をもたらす可能性があります。わずかでも毎日運動を行えば、人生のあらゆる段階において、脳の健康に大きな利益を与えるでしょう。

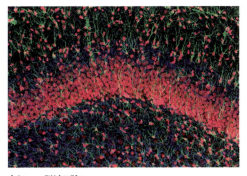

新しい脳細胞
脳の海馬を写したこの顕微鏡画像では、ニューロンの細胞体をピンク色に着色している。運動をすると新しいニューロンの形成が促進される。

マインド－マッスル・コネクション

マインド－マッスル・コネクションとは、エクササイズ中に特定の筋肉の収縮に集中し、求めている動きを視覚化する能力を意味する。この能力は筋肉の活動を高め、技術向上を促す。ターゲットマッスルを意識的に使うことで、運動制御を向上し、運動中に筋線維を動員する能力を高めることができる。これは筋肉の成長と筋力向上に役立つ可能性がある。マインド－マッスル・コネクションはレジスタンストレーニングによく使われるが、ストレッチやほかの種類のエクササイズにも応用できる。

神経可塑性

神経可塑性は脳の構造的、機能的適応変化を伴うプロセスです。運動と身体活動は、ニューロンの新しい結合を形成したり、既存の結合を再構成したりするよう脳を刺激します。難易度の高い動きや学習する必要のある動きは、新しい要求に応えて適応し、再編するよう脳を促し、神経可塑性を促進します。

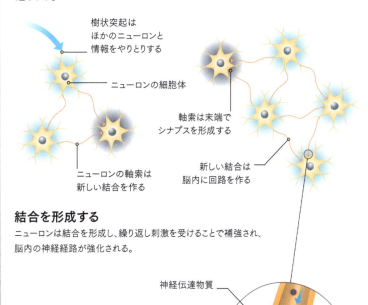

樹状突起はほかのニューロンと情報をやりとりする

ニューロンの細胞体

軸索は末端でシナプスを形成する

ニューロンの軸索は新しい結合を作る

新しい結合は脳内に回路を作る

結合を形成する
ニューロンは結合を形成し、繰り返し刺激を受けることで補強され、脳内の神経経路が強化される。

神経伝達物質

シナプスの拡大図
1つのニューロンがシナプスを介してもう1つのニューロンに信号つまり神経伝達物質を送り、信号を受け取ったニューロンはその情報に応じた対応をする。

神経化学

シナプスは2つのニューロンのあいだにある接続部あるいは結合点で、ニューロンはシナプスでドーパミンなどの神経伝達物質を介してやりとりしています。このシナプスを介したニューロン間の情報伝達プロセスによって、脳は情報を処理したり伝達したりして、学習や記憶、動作といった脳のさまざまな機能において重要な役割を果たしています。

35

可動域と柔軟性

柔軟性には関節運動、筋活動、組織弾性のバイオメカニクスがすべてかかわっていて、
柔軟性は通常、関節の可動域（ROM）として定義され、
これはまわりの軟部組織が関節をどう支えているかによって決まります。

ストレッチをすると何が起こるのか？

簡単にいうと、ストレッチをしているあいだ、筋肉と軟部組織が静止長より長く引き伸ばされることで、体内でさまざまな生理的反応が起こります。反応の度合いは、年齢や生理機能など、その人の持つ個々の要素とストレッチの強さや持続時間といった条件に左右されます。

動く能力は、その人の関節可動域、筋力、協調性、固有受容感覚（動きを感知する体の能力）の度合いによって決まります。ほとんどのストレッチやモビリティ（可動性）トレーニングは可動域の向上を目指しているので、体の複雑さを理解するために用語の意味を明確にしておくことが重要です。

「関節の柔軟性」とは1つの関節あるいは一連の関節の可動域を意味し、たとえば足関節を背屈させるには多くの関節の動きを必要とします。可動域は筋肉の張力によって、能動的に得られることも受動的に達成されることもあります。同じ人でも能動的可動域と受動的可動域が異なることもあるでしょう。「関節の可動性」は関節面と関節面のあいだにある関節包内での動きを表しています。関節の可動性が制限されるのは、たとえば変形性関節症のように関節面が変化している場合もあれば、関節のまわりの関節包が変化している場合もあります。「筋肉の伸長性」は筋肉がたとえば対立筋群の収縮などの外的な力により伸びる能力を意味します。「収縮性」は付着点を引っ張ることで強制的に張力を発生させる筋肉の能力のことです。「弾性」は収縮あるいは伸展のあとに元の長さに戻ることをいいます。

反射

体を動かしてポジションを取り、ストレッチを行うためには体内でさまざまなことが起こります。反射（主に伸張反射とゴルジ腱反射）はケガから体を守ります。

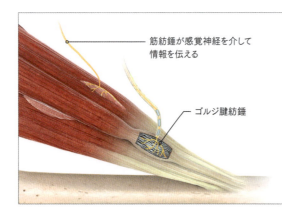

筋紡錘が感覚神経を介して情報を伝える

ゴルジ腱紡錘

脳へのフィードバック

筋紡錘は骨格筋線維内にある感覚器で、筋肉の長さの変化を感知する。筋紡錘内の線維には感覚神経終末があり、これが伸張反射を引き起こし、筋肉を収縮させ、さらに引き伸ばされないように抵抗する。ゴルジ腱器官（GTO）は筋肉の腱内にある感覚受容器である。GTOは筋肉が収縮しているあいだ筋肉の張力あるいは力をモニターする上で重要な役割を果たしている。これら2つの感覚器は協力し合い、筋肉の長さと張力を調整し、筋肉が適切に機能できるようにしている。

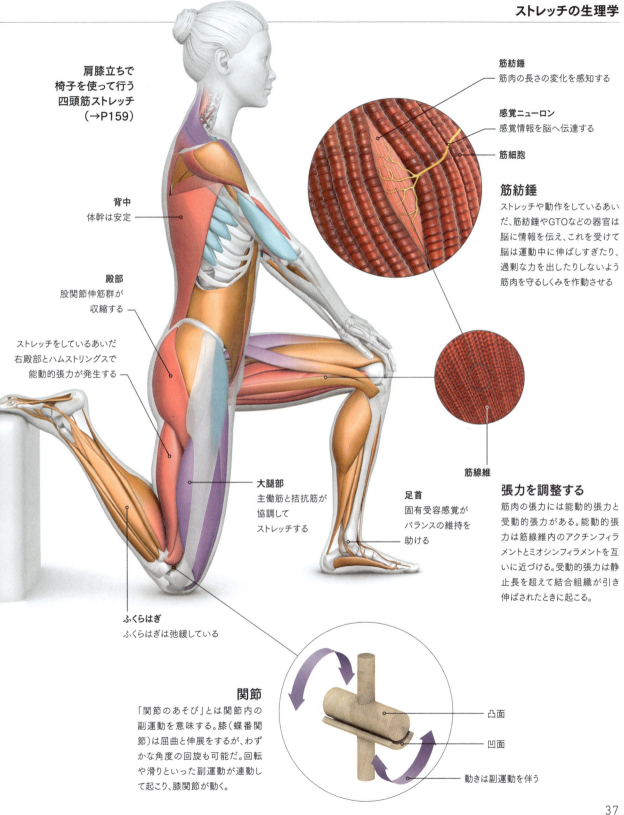

筋スティフネスの測定と柔軟性

筋肉のスティフネスは筋肉組織のバイオメカニクス的な特性であり、柔軟性すなわち関節の可動域をどれだけ広げられるかにもかかわってきます。筋スティフネスを測定する方法は長年にわたり進歩してきました。

どのストレッチを行うかにかかわらず、通常、ストレッチ・プログラムの目標は特定の関節または身体部位の可動域を広げることです。多くの場合、ランニングやテニス、筋力トレーニングなど、特定の活動やスポーツの準備に役立てるため、あるいは身体活動のルーチンの一環として、または単に柔軟性を高めて筋肉のスティフネスを軽減するためにストレッチをします。関節可動域の測定は効果を確認する最も一般的な方法です。

スティフネスとタイトネス

筋スティフネスはストレッチに対する筋肉の抵抗または柔軟性の低下として現れます。また、筋スティフネスは筋線維の構成や筋肉の温度、まわりの組織の粘性あるいは厚さといった要素に影響されます。歴史的に筋スティフネスの測定は、質の高い測定方法がなかったため困難でした。体の表面を押して異常を感知する手触診などの従来の方法は、主観的で、検査を行う人の能力に左右されていました。組織の硬さを表示する超音波せん断波エラストグラフィは有望な新しい方法で、軟部組織領域のスティフネスを数値化できます。

タイトネスの感覚は筋肉の不快感や動きにくさの感覚を表しています。これは主観的な経験であり、筋肉疲労や筋肉痛、心理的、情動的ストレスなどの影響を受けます。タイトネスは筋スティフネスと関連している場合もあれば、していない場合もあり、ほかの結合組織の障害を伴っていることもあります。問診により、主観的データを集めて報告内容の変化を測定したり、視覚的評価スケールを使って症状を評価することもできます。しかしながら、タイトネスの主観的測定はさまざまな要因に影響されるため、筋機能を包括的に評価するには、客観的測定も併用するべきでしょう。

簡単な評価

つま先に触れるなど、簡単な可動域の評価を行えば、継続的な努力の結果、柔軟性がどれだけ変化したか確認できる。この動作を行うには、ハムストリングス、坐骨神経、股関節など、複数の構造が力学的ストレスを受ける。

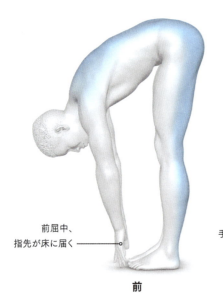

前屈中、
指先が床に届く

前

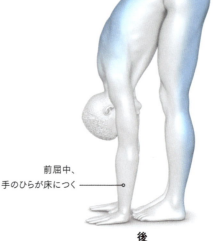

前屈中、
手のひらが床につく

後

年齢、性別、遺伝的特徴

これらの3つの要素はすべて関節の柔軟性にそれぞれ異なる方法で影響を及ぼしています。加齢は柔軟性の低下とかかわっていますが、ホルモンや関節の構造、筋肉や腱、結合組織の遺伝子構成も影響することがあります。

通常、柔軟性の低下は成人期早期に始まり、高齢になるまで生涯続きます。これには構造的変化や結合組織の変化、身体活動の変化など複数の要因があります。筋力トレーニングは機能を改善し、有酸素運動は心血管系の健康を向上させますが、それでも日常の作業を行うための基本的な可動性は必要です。関節の構造など、すべての変化が柔軟運動で改善できるわけではありませんが、改善できるものもあります。特に股関節伸筋群と下肢をターゲットとした柔軟運動は年配の人々の歩行とバランスを改善し、腰痛を軽減することがわかっています。関節の構造には男女差があり、女性のほうが腰幅が広く、下肢の柔軟性が高い傾向がありますが、柔軟性の個人差はトレーニングやライフスタイルなどの要素に影響されることもあります。特定の遺伝的な違いが関節の構造やコラーゲンの違いにつながることもあり、可動域や筋肉と腱の特性に影響する可能性もあります。

過度の可動性

全身関節過可動（GJH）は関節可動域が過剰になる遺伝性疾患です。全身関節過可動は全身の痛みを伴う線維筋痛症や不安、筋骨格系障害とかかわっていることもあります。

関節過可動は無症状の全身性過可動から、まれな遺伝性疾患であるエーラスダンロス症候群（EDS）まで幅広い範囲に及ぶと考えられています。研究によりこうした症状について理解が深まっていますが、まだ完全には解明できてはいません。よく見られる症状には膝などの荷重関節（体重のかかる関節）の広範囲におよぶ痛みや筋痛、神経痛、中枢性感作による疼痛などがあります。診断と分類は一連の検査を通じて行います。たとえばバレエや体操、水泳など、一部の活動では過可動の有病率が高くなっています。EDSの人は関節痛や関節の不安定性、皮膚にあざができやすい、消化器系や泌尿器系、循環器系など、ほかの身体部分の症状を経験することもあります。

過可動性の症状の範囲

過可動性の幅は広く、症状は人それぞれで多因子的である。
過可動性の度合いは必ずしも症状の重症度と比例しない。

末梢関節過可動	限局性関節過可動	全身関節過可動	症候性関節過可動
● 手や足が罹患 ● 無症状性	● 1つまたは数か所の関節が罹患 ● 無症状性	● 5か所以上の関節が罹患 ● 無症状性 ● 併存疾患（同時に起きているほかの疾患）がない	● 過可動性スペクトラム障害およびEDS ● 遺伝的 ● 筋骨格系が関与 ● 痛みと併存疾患が共通して見られる

ストレッチの種類

本書では、できるだけわかりやすくするために、ストレッチの選択肢として、動的ストレッチと静的ストレッチ、固有受容性神経筋促通法（PNF）を扱っています。利用するストレッチは、個々の目標や能力によって決まります。

動的ストレッチ

この種類のストレッチは、制御しながら一定の可動域で関節を動かし、それを数回繰り返すものです。動的ストレッチには、主にアクティブストレッチとバリスティックストレッチの2つがあります。

アクティブストレッチでは、1つまたは複数の関節を可動域の最大限までフルに動かし、これを何度か繰り返します。このストレッチはスポーツや活動の前のウォーミングアップとしてよく行われ、その活動に特化した動きを取り入れたり、活動の準備として一時的に可動域を広げることもできます。動的ストレッチは筋力やパフォーマンスの向上にかかわっていて、ランニングやジャンプのパフォーマンスを向上させることがわかっています。

バリスティックストレッチ（→P42）では、素早く交互に動いたり、筋肉を伸ばすために脚などの身体部位をスイングして勢いをつけたりすることもあります。バリスティックストレッチは伸張反射を促し、筋肉が素早く収縮できるようにします。バリスティックストレッチはウォーミングアップとして行えばパフォーマンスを向上させられることもありますが、勢いのある大きな動きを含み、傷害のリスクが増えるため、柔軟性を高めるためにバリスティックストレッチだけを行うことは推奨されていません。

能動運動

1つのポジションのストレッチを維持する静的ストレッチと違い、動的ストレッチは能動運動を活用してターゲットの可動域を広げます。この糸通しのストレッチ（→P94）では、全可動域を往復するように繰り返し腕を動かします。

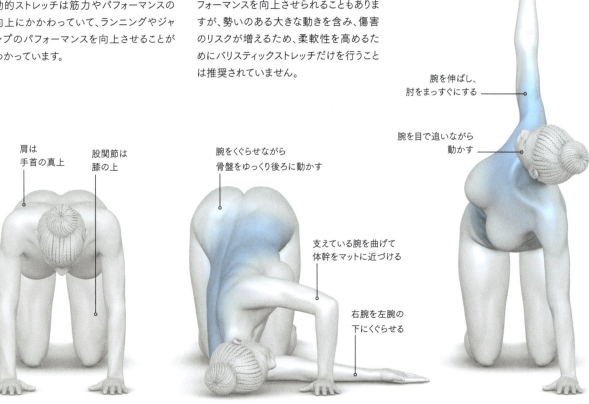

40

静的ストレッチ

静的ストレッチは、可動域を広げるために筋肉を伸びているところまで伸ばした状態で姿勢を保つものです。静的ストレッチは壁などのものを使って行うことも、何も使わずに行うこともできます。

静的ストレッチは、通常は15〜30秒、長ければ2分間、ストレッチの姿勢を維持します。このストレッチは初心者や複雑な動的ストレッチができない人々により適しています。

ストレッチを維持する時間は目標によって変わってきます。たとえば開脚など、可動域の広いポジションで柔軟性を高めるには、より長く維持する必要があるでしょう。ストレッチの強度も静的ストレッチの結果に影響します。筋力トレーニングは軽いストレッチと同じくらい可動域を広げる効果があることが研究によりわかっています。静的ストレッチが効かない場合、筋力トレーニングをして可動域を少しずつ広げてみましょう。

タイミング
この膝を曲げるカーフストレッチ（→P168）のような静的ストレッチは、たとえば運動の前後やヨガの最初または最後など、通常、体を休ませているときに行う。

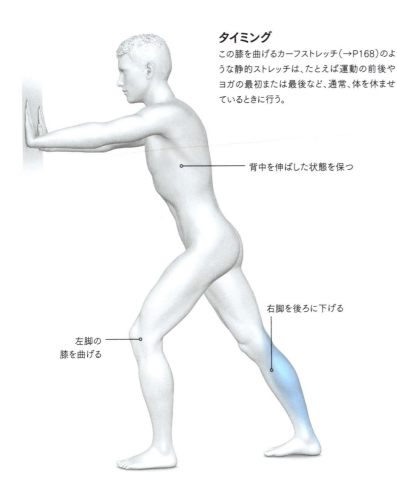

背中を伸ばした状態を保つ

右脚を後ろに下げる

左脚の膝を曲げる

> ❝❞
> 動的な活動の前にウォーミングアップとして静的ストレッチを行うと、その後の運動競技のパフォーマンスに悪影響を及ぼすことなく可動域を広げることができる。

固有受容性神経筋促通法（PNF）

PNF (Proprioceptive Neuromuscular Facilitation) ストレッチはストレッチした筋肉を収縮させたり弛緩させたりして、可動域を広げる方法です。すぐに結果を出す上で、より効果のあるテクニックといえるでしょう。

PNFストレッチは1940年代にハーマン・カバット博士と理学療法士のドロシー・ボス、マギー・ノットによって初めて紹介されました。PNFは患者の動きを分析し、評価しつつ、より効果的に機能的な動作を行えるような手技・療法として使われていました。PNFは患者によってさまざまな状況で使われ、柔軟性、筋力、パワーを向上させられます。

研究により、PNFストレッチは運動と関連させて行うと筋肉のパフォーマンスを向上させられることがわかっています。主運動の後または運動をせずにPNFを行うと筋肉のパフォーマンスを向上させられますが、運動の前に行うとパフォーマンスを低下させる恐れがあります。

収縮・弛緩法

PNFストレッチの収縮・弛緩（Contract-Relax = CR）法は、まずターゲットとなる筋肉を伸ばし、その状態を維持します。その後、筋肉の長さを変えない等尺性収縮（→P20）を全力で3〜10秒行います。

次にターゲットとなる筋肉を弛緩させ、さらに受動的に伸ばします。この一連の流れを2〜4回繰り返します。

CR法を使った研究では、ハムストリングス、ふくらはぎ、肩、股関節屈筋群など、さまざまな筋群における柔軟性と可動域の向上が証明されました。ある研究では、CR法のほうが静的ストレッチよりも効果的にハムストリングスの柔軟性を向上させることが証明され、別の研究ではCR法はストレッチを行わないよりも効果的に肩関節の可動域を向上させることがわかりました。当然ながら、数週間着実にプログラムを続ければ、向上した可動域を長期間維持できるようになります。

また、CR法のしくみを自原抑制として説明する説もあります。自原抑制とは筋肉の反射性弛緩で、可動域を広げるために筋肉を強い力で収縮したときに起こります。この反射はゴルジ腱器官によって活性化されます。自原抑制を活性化することで筋肉が弛緩しやすくなり、柔軟性が高まり、可動域が広がるのです。

バリスティックストレッチ

勢いを利用した脚のスイングはバリスティックストレッチの一例で、可動域の限界近くまで繰り返し動かす。通常は可動域と柔軟性の向上を目的として行われる。一般にバリスティックストレッチはほとんどの人には勧められないが、経験を積んだスポーツ選手や資格を持つ専門家は使用することもある。

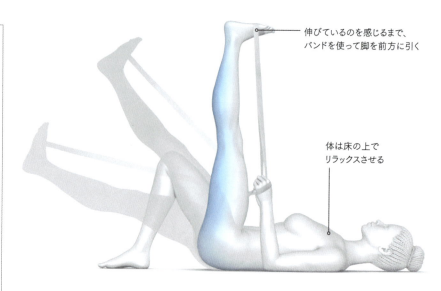

伸びているのを感じるまで、バンドを使って脚を前方に引く

体は床の上でリラックスさせる

収縮・弛緩ストレッチ

収縮・弛緩法はバンドを使ったり、ほかの人に手伝ってもらったりして行うこともできる。収縮に移る前に脚を軽度から中程度伸ばしてから収縮に移る。

ストレッチの生理学

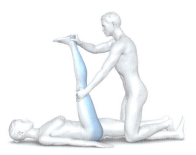
受動的ストレッチ：10秒

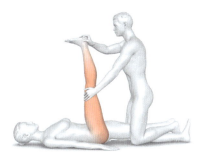
等尺性収縮：6秒

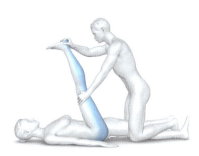
受動的ストレッチ：30秒

保持・弛緩（Hold-Relax = HR）法

これは最も一般的な種類のPNFストレッチである。抵抗（この場合はパートナー）に対して自分で筋肉を等尺性収縮させる。ここではストレッチを深めるために大腿四頭筋と股関節屈筋群がより広い可動域まで受動的に押されている。CR法もCRAC法も能動的張力発揮のあとに受動的ストレッチを行います。

収縮・弛緩－主働筋収縮法

収縮・弛緩－主働筋収縮（CR-Agonist Contract = CRAC）法もCR法と同じ手順に従っていますが、もう1つ別の構成要素が加わります。ターゲットとなる筋肉を受動的に伸ばす代わりに、一定時間、抵抗に逆らって自分で拮抗筋を能動的に等尺性収縮させるのです。

対立筋群の収縮を活用することで、CRAC法は主働筋と拮抗筋の両方をターゲットとしたより包括的なストレッチを行うことができます。この方法も自原抑制によって機能すると考えられています。ストレッチへの反応を変えることで、関節可動域を広げることができます。研究から、CRAC法にはさまざまな筋群の柔軟性を高める効果があることがわかっています。研究対象となった筋群にはハムストリングス、股関節屈筋群、股関節内転筋群、大腿四頭筋などがあります。

CRAC法は傷害や手術の回復過程にある人や、柔軟性を向上させたいあらゆる人にとって特に有益な方法です。総じてCRAC法は可動域を広げ、柔軟性を高めたいあらゆる人にとって価値のあるツールといえます。ただし、PNFストレッチのさまざまな方法は強度が高い場合もあり、訓練を受けた専門家の指導のもとで行うべきであるという点は注意すべきでしょう。さらに、筋肉あるいは関節の傷害など、特定の病状の人はこの種のストレッチを避けるか、それぞれのニーズに合わせてやり方を変える必要があるでしょう。

各種ストレッチの長所と短所

ストレッチ	長所	短所
静的	初心者や高齢者向け。可動域の大きい部位の可動域を広げる	時間がかかる。パフォーマンスを低下させる可能性がある
動的	パフォーマンスに役立つ可能性があり、パフォーマンスを低下させない。短い時間でできる	可動域は大幅には改善しない可能性がある。習得に時間がかかる。やりきるには筋力が必要
PNF	短時間で可動域を広げる。パフォーマンスと神経筋制御を向上させる	強度が高く、時間がかかる場合がある。習得に時間がかかる

ストレッチの効果と利点

運動や身体活動は間違いなく脳と体によい影響を及ぼします。ストレッチは活動的でいつづけるための手段であり、社会全体として必要な活動ですが、ストレッチの最も注目すべき利点は可動域を広げられることです。

ストレッチ適応説

行うストレッチの種類にかかわらず、ストレッチへの適応が起こるしくみに関しては2つの主要な学説があります。感覚説と力学説の両方の学説を理解すると体がどう適応するか理解しやすくなるでしょう。

どの種類のストレッチも可動域を広げることがわかっています。筋肉が伸ばされると何が起こるのか、関節の柔軟性にどう影響するのか、そのしくみについて、科学者たちはさまざまな学説を唱えています。ストレッチに対する反応には、年齢や経験、身体的特徴などいろいろな要素がかかわっていますが、科学者たちは一般的な人体生理学をもとにこれらのしくみを解明しようとしています。

感覚説

感覚説では、ストレッチ適応は主に神経適応の結果として、ストレッチに対する耐性が変化して起こるとされています。ストレッチ中に筋張力を調整するためにゴルジ腱器官と筋紡錘が果たしている役割（→P36）もその1つです。この学説によれば、筋肉が引き伸ばされると筋内と筋肉のまわりの結合組織内の感覚受容器が刺激され

ます。相反抑制や自原抑制の場合、ゴルジ腱器官が筋張力の調整を助けるとされています。

相反抑制は引き伸ばされる筋肉の活動を抑制するために拮抗筋群を収縮させるのに対し、自原抑制は引き伸ばされている筋肉を収縮させて、ゴルジ腱器官に刺激を与え、それ以上収縮しないようにします。感覚受容器は中枢神経系に信号を送り、受容器の感受性を調節します。静的ストレッチを繰り返すと筋紡錘が適応して感受性が低下するため、筋肉は伸張反射を起こさず、さらに筋肉を伸ばすことができます。こうして感覚入力が調整された結果、知覚される可動域が拡大します。研究により、感覚説は1回のストレッチ・セッションと3～8週間のストレッチ・プログラムで証明されました。これらの研究では、時間とともにストレッチの強度を上げず、筋トルクつまり力は一定に保たれました。参加者は心

豆知識

数週間にわたる
ストレッチ・プログラムでは、
参加者の**関節角度**が
17度も広がるケースも
観察されています。

地よいストレッチを感じるまで動いてホールドするように指示され、ほかの指示はありませんでした。柔軟性の向上はわずか10～90秒間隔のストレッチで観察されました。数週間に及ぶ研究により、参加者の報告したストレッチの強度は変わっていないにもかかわらず、関節の角度が17度拡大したことが確認されました。

❝❞

今後のストレッチの研究は、適応の基本的なしくみに加え、
さまざまなテクニックや継続時間、
頻度の効果を探究することになるだろう。

ストレッチの生理学

力学説

筋肉は「粘弾性」を持っています。粘弾性とは筋腱単位が粘性と弾性の両方の性質を示しているという意味で、そのおかげで筋肉はストレッチなどの力を加えると変形し、元の形に戻ることができます。筋肉と結合組織が引き伸ばされると、粘弾性クリープと呼ばれる過程を経て、徐々に伸びて新しい長さに適応します。

筋細胞レベルでストレッチ適応を説明する理論は複雑です。1つのしくみは構造タンパクと収縮タンパクがかかわっています。アクチンとミオシンは収縮タンパクで、筋肉が収縮しているあいだ力を生みだします（→P21）。一方でタイチンは構造タンパクで、弾性をもたらし、筋細胞の構造的一体性を保つのに役立っています。筋肉が引き伸ばされるとタイチン分子も引き伸ばされます。この受動的張力の増加が、筋細胞を伸ばし、その力学的適応に貢献していると考えられています。また、ストレッチをすると、コラーゲンなどの新しい結合組織の産生が刺激され、筋肉の弾性と強さが増す可能性もあります。

やがてこれらの変化により、組織の粘弾性が高まり、より大きな力に抵抗したり、より簡単に伸長できるようになったりします。PNFストレッチ（→P42）は、受容器を含む筋肉の感覚特性と力学特性の両方および筋組織の粘弾性特性の変化に影響すると考えられています。

総じて、力学説はストレッチをすると筋線維に物理的変化が起き、可動域と柔軟性が増す可能性があると主張しています。

とはいえ、ストレッチ適応に関する力学説と感覚説の相対的重要性については、まだ議論が分かれています。

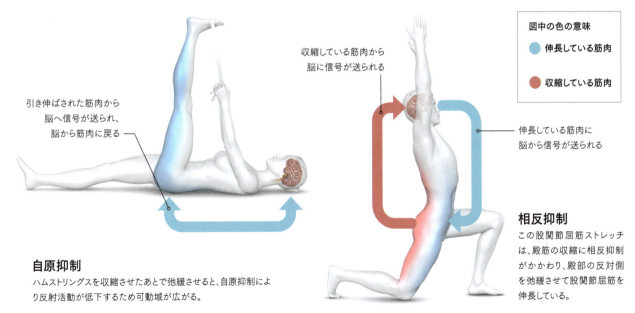

自原抑制
ハムストリングスを収縮させたあとで弛緩させると、自原抑制により反射活動が低下するため可動域が広がる。

相反抑制
この股関節屈筋ストレッチは、殿筋の収縮に相反抑制がかかわり、殿部の反対側を弛緩させて股関節屈筋を伸長している。

> 簡単なストレッチや低強度の運動などの身体活動を定期的に行えば、高齢者が身体的な自立を維持するのに役立つ。

微小血管構造への効用

ストレッチは小さい血管（微小血管）の構造と機能を向上させることがわかっています。どのくらい個人差があるか、この効用にはどの種類のストレッチが向いているかは明らかになっていませんが、血管の健康に関する興味深い可能性を示唆していることは確かです。

定期的にストレッチを行うと、筋肉内の毛細血管の数と密度が増え、血流がよくなり、より多くの酸素を供給できるようになります。こうして血流が増えることで、筋肉から老廃物をより効率的に取り除けるようになり、全身の筋肉の健康を向上させられます。その上、ストレッチは血管の内側の面を覆う血管内皮の健康と機能を向上させることもわかっています。これにより血管の健康を向上させ、高血圧を含む心血管系疾患のリスクを軽減できます。

研究により、ストレッチが高齢者の微小血管の密度を向上させることで、筋肉への血流と栄養供給が改善される可能性があることがわかりました。こうした微小血管適応とその意味を十分に理解するにはさらなる研究が必要です。

健康的な加齢

定期的なストレッチ運動のあとに観察される微小血管適応は、高齢者の全身の健康と生活の質に重要な影響をもたらすだろう。血流と栄養供給を改善することで、ストレッチは筋肉の再生と修復を促し、筋力と筋肉の機能を向上させられる。さらに微小血管の機能が向上することで、心血管系の疾患や認知機能の低下、運動機能の減弱などの加齢に関連した症状を予防したり和らげたりするのにも役立つ。

これらの潜在的な効用があることから、ストレッチは高齢者にとって身体的健康と自立性を維持するためのシンプルで効果的な手段といえるだろう。

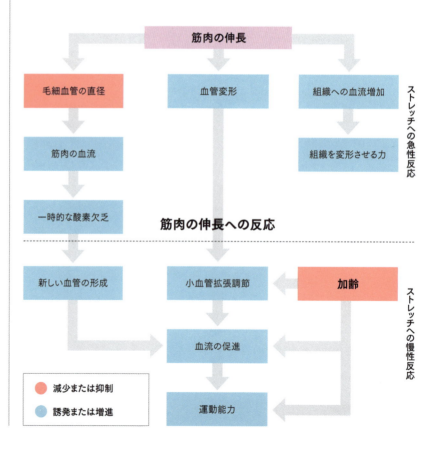

全身へのメリット

ストレッチなどの身体活動は、さまざまな面で体にメリットをもたらします。通常、
関節の柔軟性を高めることを目的としたストレッチは、強度の低い性質から脳や心の
健康といったほかの部位にもよい影響を与えることがわかっています。

血圧を改善する

定期的にストレッチをすると高血圧症の成
人の血圧を下げられる。筋肉が伸びると血
管も伸び、微小血管系の変化が起き、血流
に影響する可能性がある。

神経可塑性を促進する

ストレッチと低強度の運動は脳への血
流と酸素供給量を増やし、脳由来の神
経栄養因子とその他の成長因子を増
やすことで神経可塑性と認知機能
を促進する。

仕事による痛みを軽減する

オフィスワーカーが定期的に休憩してス
トレッチをすると、仕事環境を人間工学
に従って整えただけの場合と比べ、
首、肩、腰の症状が軽減することが
証明されている。

認知機能を維持する

定期的にストレッチなどの運動をしてい
る65歳以上の人は、記憶テストでより高
い点数を取り、認知症のリスクが低い
傾向がある。

可動性を改善する

ストレッチをすると柔軟性の維持や
向上に役立ち、生涯にわたり特に高
齢者の身体機能によい影響を及
ぼす。

神経筋制御と神経筋機能が向上する

PNFなどの動的ストレッチで定期的に
筋肉を使っていると、筋肉の機能を
向上させ、動きをコントロールでき
る。

心の健康を改善する

ストレッチや低強度の運動をすると気
分やうつ、不安のレベルによい影響を
及ぼし、脳内でのセロトニンの取り込
みが改善されることが研究により
確認されている。

睡眠の質を高める

定期的にストレッチをすると睡眠の
質を高められ、特に認知障害や睡
眠障害のある高齢者に有効であ
る。

座位行動を減らす

定期的にストレッチ・プログラムに参加
することで低強度運動が行えるため、
座位行動やそれに伴う悪影響を減
らせる。

気分をよくして認知機能を高める

ストレッチの急性効果として、気分の状
態が改善し、それにより運動不足の人
々の認知機能によい影響が生じ
る。

ストレッチと健康維持

身体活動は健康的なライフスタイルの重要な構成要素であり、運動に対する抵抗感を取り除いて運動への参加を促すことは、世界的な健康推進計画の最優先課題でもあります。
ストレッチが身体の健康維持にどのような役割を果たすかについての根拠は、年々進化しています。

フィットネスの重要性

定期的な身体活動や運動が身体的フィットネスを維持し、改善する上で不可欠であることは、有力なエビデンスにより裏付けられています。体力や持久力といった身体的要素を手に入れれば、健康と幸福を最大限に高められます。

身体的フィットネスとは身体的健康と精神的健康の両方を含む健康状態のことです。また、日々の活動を楽にこなし、必要以上に疲れることなく、余暇の活動を行うのに十分なエネルギーを持っていられる能力でもあります。

身体的フィットネスには心肺持久力、筋力、筋持久力、柔軟性、身体組成に加え、俊発力やバランス感覚、協調性、パワー、反応時間、スピードといったスキルや適性などの特性も含まれます。身体的フィットネスは個々の目標とニーズに合わせた定期的な身体活動によって実現できます。ストレッチによる柔軟運動は、体が適応するまで時間がかかるので、根気と時間が必要です。柔軟性は可動域によって測ることができ、可動域にどの程度まで耐えられるか、動作の質やその可動域に達するまでの個人の経験からも測定できます。

このことを心に留めておけば、自分の目標に適したストレッチと可動性エクササイズで日常の身体活動を補い、生涯を通じた運動とフィットネスの向上に前向きに取り組めるでしょう。

目標と日課

プログラムを始めるときに目標を設定すると身体的フィットネスを改善できます。また、特定の目標のためのトレーニングプログラムでストレッチを行えば、最高の成果を引き出すのに役立つでしょう。しかし、体に変化を及ぼすには着実に実行することが重要です。目標を設定するときには、現在の能力、時間や環境の制約条件、トレーニングの目的(スポーツのため、一般的な機能向上のためなど)などの要素を考慮しましょう。

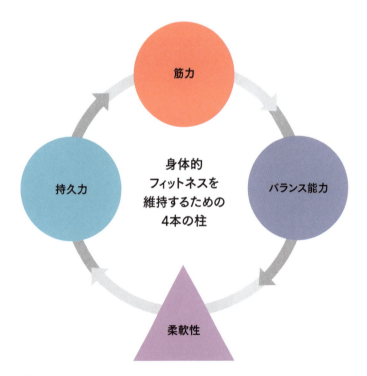

ストレッチの生理学

筋力

筋力とは筋肉および筋肉群が抵抗に対して、全可動域を通じて最大限の力を生みだす能力のことである。筋力は骨密度や血糖値調節、血圧、心血管系の健康を向上させられる。通常、基本的なエクササイズは、主要な筋肉群をターゲットとした多関節の動きを伴う。資格のあるパーソナルトレーナーや運動の専門家の助けを借りることもできる。

プログラムのコツ

週2回以上、すべての主要な筋肉群をターゲットにする。

1回にリフティングできる最高重量の60〜80%のウエイトで、1セット8〜12回を1〜3セット行う。

● **下半身エクササイズのアイディア**：スクワット、ランジ、デッドリフト
● **上半身エクササイズのアイディア**：ベンチプレス、オーバーヘッドプレス、バイセプスカール、トライセプスエクステンション、フロントレイズ
● **コア・エクササイズのアイディア**：プランク、シットアップ

バランス能力

バランス能力はあらゆる知覚環境において、体の重心を支持基底面上に維持したり戻したりする能力のことである。バランスエクササイズは固有受容感覚と神経筋制御を向上させ、転倒のリスクを軽減し、機能的能力を向上させる。包括的フィットネス・プログラムにバランストレーニングを組み込むには、さまざまなサーフェス（地面）や片脚だけの運動を活用してもよいだろう。

プログラムのコツ

異なる感覚系や運動系を刺激するさまざまな運動を取り入れる。適切な指導のもと、安全な環境で行う。

● **運動のアイディア**：片足立ち、片足でスクワット、気泡パッドなどの不安定なサーフェス（地面）に立つ。目を開いたり閉じたりする、または片足立ちで頭を上下左右に動かすなどで感覚系に刺激を与える。

柔軟性

柔軟性とは関節または一連の関節が制限されない状態で全可動域（ROM）を動く能力のことである。柔軟性は主要な筋肉群をターゲットとしたストレッチ運動を定期的に行うことで向上させられる。ストレッチは運動の前やスポーツトレーニングの一環として、一般的な体力向上のために行うこともできる。

プログラムのコツ

● **体力向上**：週2〜3回、1セット15〜30秒の静的ストレッチを2〜3セット行う。

● **主運動の前**：1セット10〜15回の動的ストレッチを2〜4回行う。静的ストレッチを行う場合は動的ストレッチでフォローする。

● **スポーツトレーニング**：これらの柔軟性プログラムをより長時間、高い強度で行うとよいだろう。10〜15分のプログラムを週3〜4回行う。

持久力

持久力とは身体活動や運動を長時間続ける能力である。持久力は身体的フィットネスの重要な構成要素であり、最大酸素摂取量（VO_2max）あるいは一定時間、特定のペースを維持したり、力を発揮したりする能力で測定される。持久力には有酸素性持久力、無酸素性持久力、筋持久力がある。

プログラムのコツ

定期的な段階的トレーニングを行う。

時間をかけて徐々に継続時間と強度、運動量を増やしていく。

セッションとセッションのあいだで十分に休息し、回復できるようにする。

インターバルトレーニングを活用する。

● **有酸素性運動のアイディア**：ランニング、サイクリング、水泳
● **無酸素性運動のアイディア**：スプリント、ウエイトリフティング
● **筋持久力トレーニングのアイディア**：自重エクササイズ、プライオメトリックトレーニング、アイソメトリックエクササイズ、回数の多いウエイトトレーニング、サーキットトレーニング

傷害からの回復と
疼痛緩和のためのストレッチ

痛みは複合的なもので、傷害には数々の原因があり、それぞれの原因に対処するためのストレッチの役割は
さまざまな要素に左右されます。歴史的にストレッチは運動の準備および疼痛緩和の手段として探求されてきたものであり、
ここでその基礎について振り返っておく価値はあるでしょう。

一般的な傷害の軽減

傷害はさまざまな原因によって起こり、すべての傷害を防ぐことはできませんが、リスクを軽減す
ることは可能です。傷害はたとえば酷使など、多様な要因の結果であるため、傷害の予防およびリ
ハビリテーションの方法は、個人やスポーツ、活動、傷害に合わせて決める必要があります。

活動によって適したストレッチの種類も変わってきます。また、ストレッチは一般的に運動の前に行われ、柔軟性を高めることができますが、筋骨格系傷害の予防との関連は今のところよく理解されていません。

研究の成果から、傷害のリスクを軽減する多様なアプローチが推奨されていますが、あらゆる種類の傷害を防ぐにはストレッチだけでは不十分です。むしろ負荷調整、適度な睡眠、回復、栄養、筋力トレーニング、活動準備などの側面を優先すべきでしょう。また、ストレッチは、傷害軽減の取り組みが最も効果を上げられるように、特定の活動に合わせた個別の包括的トレーニングプログラムの補助として活用することもできます。

ストレッチは、たとえば慢性腰痛など、特定の種類の痛みを軽減するのに有効な場合もあります。とはいえ、傷害や痛みに対処するためのストレッチはいずれも安全で管理された方法で行うべきであり、過度のストレッチを行ったり、傷害を悪化させたりすることのないよう注意すべきです。

傷害リスク・プロファイル

傷害はなぜ起こるのか？ それぞれの人の傷害のリスクには、さまざまな複雑な要因が影響している。傷害リスクは内的要因と外的要因の相互作用によって増減する。

内的／個人的要因	外的／環境的要因
生物学的 これらはその人の身体的、生理的特徴を反映している。これらの特徴には年齢、体格、疲労レベル、過去の傷害、健康レベル、トレーニングプログラム、バイオメカニクス的要素などがある。	**物理的** これらはたとえば天候や利用可能な施設、地形、設備など、運動への参加にかかわる物理的環境を表している。これらの特徴は個人とは無関係である。
心理学的 これらは、その人の中で作用している、多様な精神的特徴をすべて反映している。その中には生活や生活上の出来事によるストレス、気分、対処スキル、信条、態度などの要素もある。これらの要素がすべて組み合わさり、精神的な健康に影響を与える。	**社会文化的** これらは、特定のスポーツの審判の質やコーチング、運動やパフォーマンスを行うことに対する社会的プレッシャーといった外的影響を指している。これらの特徴はその人が置かれた社会文化的環境を反映している。

> **"**
>
> 傷害のリスクは
> その人に影響を及ぼす
> 内的要因と外的要因の
> 相互作用に基づき
> 変化する。

ストレッチの生理学

筋骨格系の傷害

ここでは一般的な傷害の種類の違いを説明します。ケガをすると気がめいりますが、身体構造の生理学を理解すれば、適応と回復のために体が必要としていることを理解できるようになるでしょう。

筋骨格系傷害はよくある種類の傷害で、体の骨や腱、靱帯、筋肉、その他の軟部組織に影響を及ぼします。回復にかかる時間は、重症度や傷害を受けた組織、個人差などの要素に左右されます。

傷害のリハビリテーションは、たとえば足首を骨折したあとに、ランニングを再開させたり、歩けるようになったりといった機能を回復するために組織の修復を促すように、資格のある専門家に個別の計画を立ててもらう必要があります。一般に組織はしばらく動かさないと柔軟性を失います。運動や筋力トレーニングがまだできない場合でも、指導を受けながらストレッチ運動をしたり、その他の低強度の運動をしたりすると関節可動域の回復に役立ちます。傷害の種類にかかわらず、傷害のためのリハビリテーションの一般的な目標には、痛みや腫れの管理、関節可動域の回復と固有受容感覚トレーニング、筋力強化、神経筋制御、通常の活動に戻るための計画などがあります。ストレッチもリハビリ計画に含まれているかもしれませんが、どんな場合もより包括的な計画の補助として行うべきでしょう。

肉ばなれと捻挫

これらの言葉はいずれも傷害を表しているが、その内容は異なる。肉ばなれは筋腹あるいは腱が過度に引き伸ばされたり、断裂したりしたものだが、捻挫は靱帯または関節包内で起こる。

● **肉ばなれ**：筋肉内で許容範囲を超えた力または張力がはたらいて起こる。例：大腿四頭筋・ハムストリング・上腕二頭筋の肉ばなれ。

● **捻挫**：関節に解剖学的限界を超えた力がはたらき、靱帯に傷害が及んだもの。例：ACL（前十字靱帯）捻挫、MCL（内側側副靱帯）捻挫、LCL（外側側副靱帯）捻挫、足関節捻挫。

● **グレード**：グレード1（軽度）からグレード3（重度）まで。

傷害の種類

筋骨格系傷害のパターンには、急性外傷、慢性障害、オーバーユース障害があります。急性外傷は突然起こった強力な衝撃または外傷の結果です。急性外傷は多くの場合、すぐに症状が現れ、ただちに医学的処置を施す必要があります。急性外傷にはたとえば骨折や捻挫、肉ばなれなどがあります。慢性障害は、たとえば腰痛のように長く続いたり、頻繁に再発したりします。オーバーユース障害は長期間にわたり特定の身体部位に繰り返しストレスがかかったり引っ張られたりして起こります。オーバーユース障害にはたとえば腱症や疲労骨折があります。

これらの種類の傷害の管理法や治療法はさまざまですが、一般に疼痛や炎症の管理、理学療法、手術、その他の治療計画などが行われます。慢性障害とオーバーユース障害の治療には、活動やライフスタイルの修正、リハビリテーション、基礎疾患の管理などがあります。

靱帯の捻挫
グレード1（軽度）、グレード2（中度）、グレード3（重度）に分けられる。固定の可能性がある。徐々に活動を再開する。

靱帯断裂
部分断裂と完全断裂がある。外科的修復が必要となる場合もある。

腱傷害
オーバーユースまたは急性。リハビリテーションまたは外科的介入が必要。

骨折
骨が折れること。固定する可能性が高い。外科的修復を行う可能性がある。

筋肉
靱帯
腱

肉ばなれ
グレード1（軽症）、グレード2（中等症）、グレード3（重症）に分けられる。圧迫、挙上、リハビリテーションが必要。

脱臼
骨が強制的に外れる。速やかに医療的処置を施す必要がある。

一般的な筋骨格系傷害

疼痛管理の選択肢

身体活動はストレッチ同様、特に筋骨格の痛みにおいて、疼痛管理の効果的な手段になりえます。定期的に運動を行えば、鎮痛剤が不要になる可能性もあります。痛みは複合的なもののため、治療に役立つ選択肢はたくさん存在します。

定期的に運動すると、慢性痛を持つ人々の痛みを大幅に軽減し、機能を改善できる上に医療費が減り、鎮痛剤の必要性を減らせることが、研究により明らかになっています。特にストレッチはあらゆる種類の腰痛や変形性膝関節症、慢性頚部痛の痛みを軽減し、可動性を改善することが証明されています。ストレッチはさまざまな筋骨格系疾患を持つ人々の柔軟性を向上させ、こわばりを軽減し、痛みを緩和するのに役立ちます。しかしながら、痛みの種類や強さ、個々の健康やライフスタイルの要素を考慮した個別の疼痛管理計画を医療提供者と一緒に立てることが重要です。

体からの信号

痛みは体からの信号ですが、組織に傷害が及んでいることを伝えている場合もあれば、必ずしも傷害が及んでいない場合もあります。ほかの効果的な疼痛軽減法にはマインドフルネスセラピー、ブレスワーク、認知行動療法（CBT）があります。マインドフルネスとは、心を開き、中立的な状態になることを意味します。ブレスワークは呼吸法を使ってリラクゼーションとストレス軽減を促します。ストレスと緊張を和らげることで、痛みの軽減に役立ちます。CBTは個人の考え方や痛みへの反応を変える手助けになります。これらの方法は単独で行うことも鎮痛剤や理学療法などの疼痛管理法と併用することもできます。

動きと痛みの緩和

痛みはたくさんの要素に影響される個人的な経験である。痛みの緩和には、たとえば定期的な低強度の運動など、投薬以外の治療法もある。

呼吸エクササイズ
ブレスワークは神経系を沈静化することでストレスや痛み、不快感を軽減する。

身体活動
定期的に体を動かし、運動によって筋力と柔軟性の向上を促し、身体機能を高め、痛みを軽減できる。

マインドフルネスに基づくストレス軽減
瞑想に基づく療法の一種で、ストレスを軽減し、全体的な健康状態を向上させる。

認知行動療法
この種の治療法は痛みを助長しうるネガティブな考えや行動を変えることを重視している。

薬を使わない疼痛管理

ストレッチの生理学

呼吸の重要性

呼吸はストレスをやわらげ、バイタルサインに影響するだけでなく、呼吸に使われる筋肉にも影響しながら私たちの動きや腹腔内の圧力管理に寄与しています。

主要な呼吸筋は横隔膜と肋間筋群です。特に重要なのは横隔膜で、収縮して平らになることで肺に空気を引き込みます。肋間筋群は息を吸い込むときに胸を広げて肺の容量を増やしやすくします。

呼吸補助筋は、たとえば運動中や疾病や傷害で主要な筋肉が弱っている場合など、主要な筋肉が緊張しているときに呼吸を補助します。呼吸補助筋には、腹筋群および頸部と肩に位置する胸鎖乳突筋、斜角筋、僧帽筋があります。これらの筋肉は役に立ちますが、呼吸のために呼吸補助筋に頼りすぎると筋肉が酷使されて疲弊する恐れがあります。

呼吸のしくみ

体が休息時に行っている通常の自動的な呼吸を安静呼吸といいます。安静呼吸の場合、意識的に努力したり、コントロールしたりしなくても、横隔膜と肋間筋群が連携して胸部を広げ、空気を肺に吸い込みます。一方、努力呼吸はより意識的に呼吸のプロセスをコントロールします。努力呼吸には深呼吸や腹式呼吸などのテクニックがあります。

> " "
> リラクゼーションのための呼吸エクササイズは頸部、胸部、肩の可動性を高め、痛みを軽減する有効なツールになる。

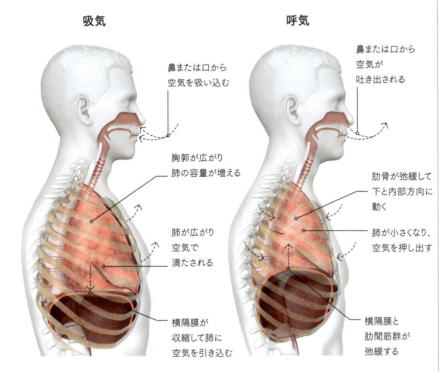

意識的コントロール

活動中に意識的に呼吸をコントロールすると筋肉の緊張と不安を軽減するので、疼痛管理の有効なツールとして使える。胸式呼吸は、肺の下にあるドーム型の横隔膜筋を使ってより多くの空気を肺に取り込み、より多くの酸素を脳に送ることができる。そうすることで心拍が遅くなり、血圧が下がる。

ストレッチと、健康に年を重ねる方法

骨格筋の量と筋力は、サルコペニアと呼ばれるプロセスによって、加齢とともに自然に減少します。
こうした筋肉量と筋力の減少は可動性の低下につながることもあります。
体をよく動かしていれば、すべての身体機能を十分に保ち、自立性を維持するのに役立ちます。

生涯を通じての筋特性

加齢とともに骨格筋は、たとえば筋線維の大きさと数の減少、すばやく力を生みだす能力の低下、関節の柔軟性の低下など、いくつかの変化を経験します。これらはすべて正常な日常的機能に影響する可能性があります。

骨格筋内で加齢に伴い筋肉量の減少と筋力の低下を引き起こす変化がいくつか起こります。まず、筋線維が徐々に減りはじめ、全身の筋力が低下します。また、筋収縮を制御する運動ニューロンの数と機能も低下します。筋タンパク質の合成速度が落ち、タンパク分解の速度が上がると、やがて筋肉量が減ってきます。エネルギー代謝の減少などの代謝特性も筋肉の機能に負の影響を及ぼすことがあります。

腱の特性も加齢とともに変化します。腱のスティフネスが上昇し、柔軟性が低下し、それが関節の可動性に負の影響を与える可能性があります。腱は筋肉からの力を骨に伝えるため、腱が硬くなると、このプロセスを妨げることがあるからです。

加齢に伴う筋肉と腱の特性の変化が重なると、身体機能と可動性が負の影響を受け、それを原因として転倒すると、高齢者の生活の質に大きな影響を及ぼします。

サルコペニアは徐々に進行する加齢に関連した症候群で、骨強度の低下を招き、これはしばしば筋肉量と機能低下に先行します。

しかしながら、サルコペニアは原因と経過期間によっては、予防、治療、管理が可能です。

こうしたあらゆる変化が起こっても、定期的に運動すれば、加齢に伴う筋肉特性と腱特性の低下を遅らせることができます。

サルコペニア

この言葉は老化が進むと骨格筋の筋肉量と筋力、機能が低下することを意味している。筋肉内のミトコンドリアも加齢や運動不足により劣化する。サルコペニアを予防し、管理するには、体をよく動かし、正しい食事を取り、筋力トレーニングをするのが重要である。

若年／体をよく動かす	高齢／体をよく動かす	高齢／座っていることが多い

筋肉 骨格筋の筋肉量と筋力、機能は正常。適切な刺激を与えればすぐに反応して増加する。	**筋肉** 適切な活動をすれば、骨格筋は一定の筋力と筋肉量を維持でき、それにより機能を高められる。	**筋肉** 骨格筋の筋肉量と筋力が減り、機能に悪影響を及ぼす。

ミトコンドリア 若く活動的な筋肉にはより多くのミトコンドリアが存在し、エネルギー産生および適切な骨格機能を支えている。	**ミトコンドリア** 運動することでミトコンドリアの健康と機能を維持し、エネルギーの産生を続けることができる。	**ミトコンドリア** 老化し、座っていることの多い人の骨格筋はミトコンドリアの量と機能が低下し、産生量よりも減少量のほうが多くなる。

ストレッチの生理学

筋力トレーニングなどの体重負荷運動は筋肉量と筋力の維持と向上に役立ち、腱の成長を刺激します。トレーニングと練習を行えば、高齢者でもあらゆる種類の運動に安全に参加することができます。

筋肉は適応する

加齢により筋肉量と筋力は低下しますが、適切なトレーニングをして刺激を与えれば、骨格筋は年齢に適応する能力を維持できます。

研究によると、高齢者の筋肉は、反応の速さと大きさは低下しているものの、若者の筋肉と同様に運動に反応すると考えられます。

本書でも触れたように静的ストレッチと動的ストレッチは高齢者の筋肉の柔軟性と関節可動域を向上させることがわかっています。また、定期的な運動プログラムを行うことで筋タンパク質の合成と筋肥大（筋肉量の増加）を促進するには、タンパク質を十分に摂取する必要があります。

つまり、ストレッチは老化しつつある骨格筋の柔軟性と関節可動域を維持するのに有効ですが、筋肉の健康と機能を最大限に高めるには、筋力トレーニングなどのほかの種類の運動と組み合わせ、適切な栄養摂取を心がけるべきだということです。

必要な身体活動

運動不足は世界的に多くの慢性疾患や死の主要なリスク要因となっています。この状況を改善するため、世界保健機関（WHO）は運動ガイドラインを策定しました。

18～64歳の人は1週間当たり中強度の有酸素運動を150分以上または高強度の有酸素運動を75分以上、あるいは中強度と高強度を組み合わせて同程度の運動をするよう推奨されています。成人は筋力を高める筋力トレーニングも週2回以上行うべきでしょう。これらの運動は股関節屈筋群、膝関節伸筋群、肩の筋肉群など、すべての主要な筋肉群を対象に、中強度から高強度で行うべきです。運動はまったくしないより、少しでもしたほうがよいので、自分の能力と環境に応じて、できるだけ体を動かすようにしましょう。座っていることが多い人は、必要であれば健康管理の専門家などに相談しながら、時間をかけて徐々に運動量を増やすべきです。

運動量を増やす目的は、慢性疾患による負担を軽減し、心の健康と幸福を向上させ、生活の質を全般的に高めることです。このガイドラインが認めているように、運動はさまざまな方法で日常生活に取り入れられ、自分の体力や能力レベルに合わせて、安全な活動を選ぶことができます。

身体活動に関するガイドライン

高齢者も1週間を通して中強度あるいは高強度の身体活動またはその両方を行うよう推奨されている。

高齢者のための
ストレッチのガイドライン

年を重ねるにつれて、活動的でいることはこれまで以上に重要になります。身体機能を維持するため、運動の日課に加えるべき2種類の身体活動は筋力トレーニングと有酸素運動です。高齢者もストレッチをすると身体活動を行いやすくなり、活動を楽しむことができ、心身の健康と幸福を高められます。

　高齢者にとって、日常的活動のための機能を維持し、転倒やケガのリスクを軽減することは何より重要です。運動に関する推奨事項には、座位時間を減らし、その分、ストレッチや太極拳などの低強度運動をすることなどがあります。着替えや手を伸ばしてものを取るなどの行動には上半身の柔軟性が重要ですが、歩いたり、かがんだりするには下半身の柔軟性が重要です。日常生活で使う関節をターゲットにしたストレッチも取り入れるべきでしょう。

　もちろん高齢になっても、より高強度の運動を目標にトレーニングすることはできますし、可能ならそうすべきです。動きの種類を変えたり、バランス能力や筋力トレーニングを強調するのもよいでしょう。その際には中等度〜やや高めの強度がおすすめです。こうした運動は機能的能力を高め、転倒のリスクを軽減するためにストレッチ・プログラムと並行して週3日以上行うことが推奨されています。

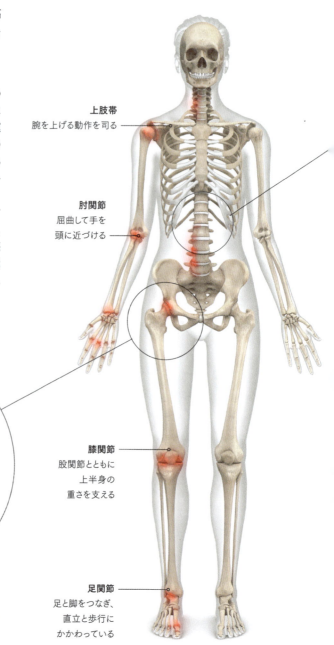

上肢帯
腕を上げる動作を司る

肘関節
屈曲して手を頭に近づける

膝関節
股関節とともに上半身の重さを支える

足関節
足と脚をつなぎ、直立と歩行にかかわっている

前方から見た図

大腰筋
主要な股関節屈筋

腸骨筋
腰筋とともに股関節の屈曲を助ける

長内転筋
運動中に股関節の屈曲と骨盤の安定を助ける

股関節屈筋群

股関節屈筋群と伸筋群のストレッチをすると高齢者の歩行が改善されることが証明されている。これは転倒のリスクを軽減し、機能的運動性と自立性を維持するために特に重要である。

ストレッチの生理学

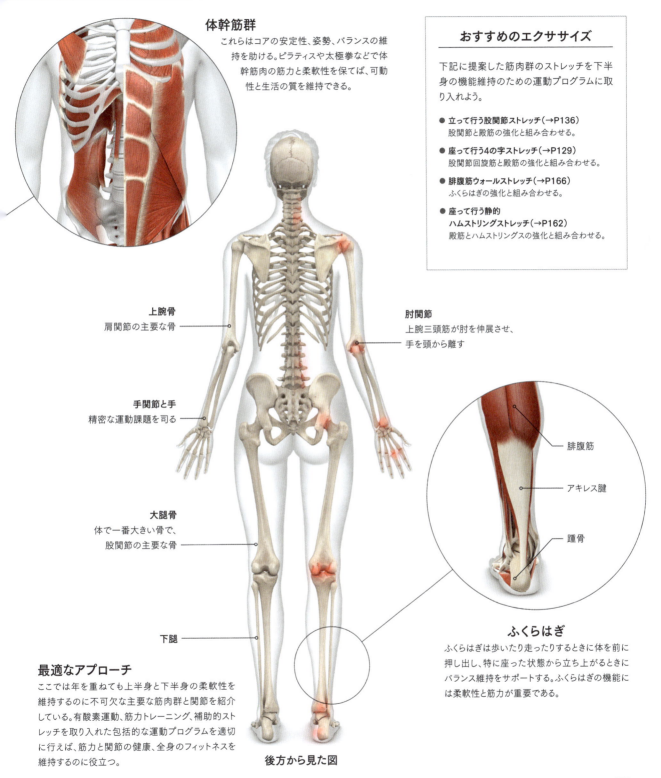

体幹筋群
これらはコアの安定性、姿勢、バランスの維持を助ける。ピラティスや太極拳などで体幹筋肉の筋力と柔軟性を保てば、可動性と生活の質を維持できる。

おすすめのエクササイズ
下記に提案した筋肉群のストレッチを下半身の機能維持のための運動プログラムに取り入れよう。

- 立って行う股関節ストレッチ（→P136）
  股関節と殿筋の強化と組み合わせる。
- 座って行う4の字ストレッチ（→P129）
  股関節回旋筋と殿筋の強化と組み合わせる。
- 腓腹筋ウォールストレッチ（→P166）
  ふくらはぎの強化と組み合わせる。
- 座って行う静的ハムストリングストレッチ（→P162）
  殿筋とハムストリングスの強化と組み合わせる。

上腕骨
肩関節の主要な骨

肘関節
上腕三頭筋が肘を伸展させ、手を頭から離す

手関節と手
精密な運動課題を司る

大腿骨
体で一番大きい骨で、股関節の主要な骨

下腿

後方から見た図

ふくらはぎ
ふくらはぎは歩いたり走ったりするときに体を前に押し出し、特に座った状態から立ち上がるときにバランス維持をサポートする。ふくらはぎの機能には柔軟性と筋力が重要である。

腓腹筋
アキレス腱
踵骨

最適なアプローチ
ここでは年を重ねても上半身と下半身の柔軟性を維持するのに不可欠な主要な筋肉群と関節を紹介している。有酸素運動、筋力トレーニング、補助的ストレッチを取り入れた包括的な運動プログラムを適切に行えば、筋力と関節の健康、全身のフィットネスを維持するのに役立つ。

ストレッチを
すべきでない場合

ストレッチについての
一般的な注意事項や禁忌を
頭に入れておくことは重要です。
また、特定の傷害や症状の
治療については、
必ず訓練を受けた
専門家に相談しましょう。

ストレッチの注意事項

ストレッチは関節可動域と柔軟性によい影響を及ぼすことが証明されていますが、傷害や既存の症状を悪化させるリスクを最小限にする鍵は、安全に行うように注意することです。適切な注意事項に従い、専門家の指導を受けることで、傷害や健康への悪影響のリスクを軽減しつつ柔軟性と機能を改善できます。

状況によってはすべてのストレッチが適切とは限らないので、訓練を受けた専門家の手を借りるべきです。たとえば、肉ばなれや捻挫、関節不安定症などの急性外傷や関節置換手術を受けたすぐあとなどです。そのほかの状況としては、開放創や脱臼、感染症などがあります。これらの場合、ほかの処置や疼痛管理が優先されるため、ストレッチをすぐには勧められないでしょう。場合によっては、患部を保護するため、固定したり、関節に対するその他の予防措置を施したりします。これらの予防措置は一時的なもので、組織の治癒を優先して行うものです。

注意すべきほかの状況は、急性ではない疾患や妊娠です。たとえば慢性痛や骨粗しょう症や関節リウマチなどの症状のある人は、傷害や不快症状を引き起こさないように調整してストレッチを行う、あるいは特定のストレッチを避ける必要があるでしょう。また、妊娠中は体勢を調整したほうがよいかもしれません。安全にストレッチを行ったり、効果的に運動したりする能力に影響を及ぼしうる健康上のあらゆる不安や症状を軽減するため、訓練を受けた医療専門家または資格のあるコーチに相談しましょう。

関節の変化

関節の変化は骨の構造と機能を変え、可動域に影響を及ぼします。たとえば変形性関節症が軟骨の減少や骨棘の形成の一因となり、関節を思いどおり滑らかに動かす能力が制限されることもあります。また、関節包やまわりの軟部組織が変化して可動域を制限することもあるでしょう。関節からの固有受容器を介したフィードバックが変化すると、感覚入力が減少し、動きの制御に障害をきたします。こうした状況でストレッチをしたり、動作を行ったりする場合には注意が必要です。

たとえば制限母趾は、母趾の関節可動域が制限されて硬直する疾患で、往々にし

正常

制限母趾

強剛母趾

母趾の障害

母趾(親指)の可動域が正常であれば、簡単に関節を屈曲させられる。制限母趾の場合、母趾はこわばっているが、少しなら動かすことができる。強剛母趾の場合、母趾はほとんど動かない。

ストレッチの生理学

股関節インピンジメント

股関節の形や大きさはさまざまだ。一部の変異は大腿骨寛骨臼インピンジメント（FAI）を引き起こし、大腿骨頭が寛骨臼を挟み込んで痛みやこわばり、可動域制限が生じることもある。リハビリテーションは股関節の安定性と神経筋制御、筋力、可動域、運動パターンの改善を目的とする。

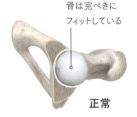

骨は完ぺきにフィットしている

正常

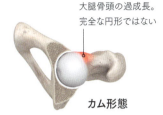

大腿骨頭の過成長。完全な円形ではない

カム形態

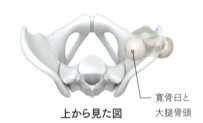

上から見た図　　寛骨臼と大腿骨頭

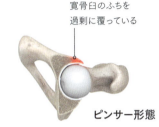

寛骨臼のふちを過剰に覆っている

ピンサー形態

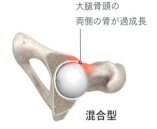

大腿骨頭の両側の骨が過成長

混合型

て変形性関節症の発症やほかの関節面の変化が原因で起こります。つま先にこわばりや不快症状が見られますが、いくらか動かすことは可能です。さらに悪化したものは強剛母趾と呼ばれ、関節面の変形や骨増殖が進行して動きを制限し、痛みや不快症状を引き起こすことなどから、親指の関節の可動域はほとんどあるいはまったくなくなります。

関節に関連した可動域制限を示唆する症状には以下のものが含まれます。

- 鋭い痛み、鈍い痛み、またはうずくような痛みで、動くと悪化することもある。
- 窮屈に感じる、あるいは動きにくいと感じ、朝または長い時間体を動かさないでいると悪化する。
- 局所的な痛み、または炎症が痛みやこわばりを引き起こしている。
- 可動域の低下。軽度の場合も重度の場合もある。
- 痛みまたは引っかかり感。パキッまたはポキッという音を伴う。

構造解剖学

　関節構造（形態）の自然な変異により、可動域が制限され、負荷をかけすぎたり、圧迫したりすると痛みや損傷を引き起こすことがあります。こうした変異は体のさまざまな部位に起こり、比較的一般的な部位に起こることもあれば、まれな部位に起こることもあります。

　たとえば股関節でよく見られる形態はカム形態とピンサー形態の2つで、特に屈曲と回旋の可動域に影響を及ぼします（上記参照）。

　寛骨臼（ソケット）が骨盤後方を向くと臼蓋後捻になり、大腿骨と寛骨臼のあいだの可動域が狭まります。寛骨臼が骨盤前方を向くと臼蓋前捻になります。これらの形態は無症状の場合もあります。これらの形態によって可動域制限が生じたら、医療機関で理学療法を受けるなど治療の選択肢を探しましょう。

安全と制限

　関節構造が制限要因の場合、結果的に柔軟性が制限され、効果も制限されるだろう。こうした制限は尊重し、ストレッチなどの活動をする際には、無理して可動域を広げないことが重要である。以下のエクササイズのコツを考慮しよう。

- **鋭く、長く続く痛みは悪化の兆候である。**
- **可動域の限界まで無理に押してはならない。**
- **できる範囲で力を最大限に活用する。**
- **身体活動と運動の強度を徐々に上げる。**
- **心地よいようにストレッチのポジションを調整する。** 本書で取り上げるストレッチの多くは、強度を調整するバリエーションがあり、座位か立位かを選択できる。
- **訓練を受けた専門家に指導を受ける。**

ストレッチ エクササイズ

この章では、選び抜かれたストレッチエクササイズの準備と実践方法を、ステップごとにわかりやすく解説しています。ストレッチは体の部位によってまとめてあるので、全ての部分を、忘れがちな手首さえも、確実にストレッチできるはずです。器具は必要なく、誰でも実践できますし、いろいろな方法で普段の運動ルーチンに組み込めます。バリエーションや安全に行うための注意事項が随所に示されているので、どんなレベルの人でも、損傷やケガの心配なく可動性や柔軟性を高めていけるでしょう。

ストレッチ入門

ストレッチは、その実践方法だけでなく、ストレッチに対する理解の点でも、大きく進化してきました。ストレッチが体にどのような効果を与え、私たち人間の機能や身体活動にどう関連するかについて、研究は続けられています。ここでは、ストレッチの基本を簡単に紹介しましょう。

ストレッチを始める前に押さえておくべき大事なポイントがいくつかあります。静的ストレッチの方法をマスターしたら、その姿勢を15〜30秒キープしてみましょう。慣れてきたら、最大60秒キープすることで、最も効果的に柔軟性を改善できます。ただし、より可動域の大きい運動やトレーニング（体操競技など）を行うためには、ストレッチの強度や時間を増やす必要があるかもしれません。

関節の可動域を向上させるために、本書のストレッチに加えて、筋力トレーニングを最大可動域にわたって行うのも有効な方法です。筋トレは、組織の耐久性にも重要な役割を果たします。生涯を通じて、できるだけ活発に運動を続けていくことをおすすめします。

ストレッチの目的と目標

どのストレッチを選ぶかは、何を目標にするかによって違ってきます。基本的な身体機能の可動性維持のため、あるいは柔軟性を高めるためにも、ストレッチは有効です。ランニングやサッカーなどの日頃の運動を補助するには、動的ストレッチを活用できますし、柔軟性を要するスポーツには、静的ストレッチが役立つでしょう。体全体のさまざまな動きを試してみたい人もいるかもしれません。体の可動域は日によって変化するため、前日とは何かが違うと思う日もあれば、より心地よく感じる日もあるはずです。ストレッチしながら、動きの質や体の感覚を味わいましょう。体が慣れるためには、時間をかけ、繰り返し努力する必要があります。本書の目的は、現在わかっている知識を紹介し、エクササイズや運動へのハードルを低くすることですが、それをどのように使うかは、あなた次第です。

体の両側をストレッチしよう

本書に含まれるエクササイズの多く（例：スタンディング・ハーフムーン→P92）は、体の片側（左または右）のストレッチ方法だけを解説していますが、反対側も同じようにストレッチすることが重要です。

器具

ストレッチの多くは器具を使わなくてもできるが、簡単な器具を使えばより快適なだけでなく、ストレッチの強度を上げられたり、アクティブストレッチの効果を高めたりすることもできる。エクササイズに使える器具には、レジスタンスバンド、ヨガブロック、ロールマット、トレーニングベンチなどがある。ヨガブロックは、ストレッチの深さや難易度を調節するのに便利だ。レジスタンスバンドは、ウォールローテーションなど、動きを伴うストレッチに使える。本書で紹介するエクササイズには、これらの器具を使ったものも含まれる。

- **レジスタンスバンド**：長いループ状のものや、シングルバンドがセットになったものが売られている。さまざまなストレッチで、筋力トレーニング効果もねらう際に使える。
- **ヨガブロック**：ブロックまたはボルスター（クッション）は支えになり、可動域の調節に役立つ。
- **ロールマット**：床が硬いときはマットがあると快適。厚みもいろいろある。

レジスタンスバンド

ヨガブロック　　ロールマット

ストレッチエクササイズ｜ストレッチ入門

さまざまなストレッチ運動

ストレッチの要素を含む各種運動は、それぞれ独自の歴史や理念をもち、重点の置き方やアプローチの方法が異なります。本書のストレッチには、それらから引き継いだものもありますが、みなさんが出会ったことがないような新しいストレッチも紹介しています。

ストレッチの要素を含むポピュラーな運動といえば、ヨガやピラティス、太極拳などでしょう。ほかにも、独自の視点や指導基準、目的などを定めた可動性改善プログラムはいろいろあります。共通するストレッチ・エクササイズも多く、名前が似ていたり、やり方が少々違ったりします。

たとえば、子どものポーズ（→P78）は、ヨガをはじめ、多くのフィットネス法で取り入れられています。猫と牛のポーズ（→P74）も、多くの運動に共通するストレッチです。これらのポーズは、ヨガシークエンスの一部として、ほかのポーズや呼吸法、瞑想などと組み合わせて行われることもあります。

全体として、ストレッチ方法に違いが見られるのは、個人個人の運動に対する好みや目標の違い、ストレッチを行うアスリートやグループのタイプにより、ニーズや必要条件も多種多様であることを反映しています。

正しいエクササイズを選ぶ

エクササイズの正しい選び方は、目標、運動能力、健康状態や傷害の有無などによって違います。ガイドラインは示してありますが、通常の動作にも個人差があります。柔軟性を高めたい部分を狙ってストレッチすることもできますし、特定の運動を補うた

本書に含まれる内容：

本書の目標は、ストレッチに関して現在わかっている知識を伝え、運動への抵抗感を減らし、体の動きの探究を促すことです。

- ✅ ストレッチの概念や最新の研究の紹介
- ✅ 動作全般の紹介
- ✅ 動作およびその動作を行う体の能力について、正しく理解するための知識の紹介

本書に含まれない内容：

本書の目的は、医学的な助言や、自己療法の手段となることではありません。気になる点については専門家に相談を。

- ❌ 医学的なアドバイス
- ❌ 個人の身体的制約が、エクササイズの実践に影響する場合があります。痛みやケガに関しては、必ず適切な診断を受けましょう。

めにストレッチする方法もあるでしょう。エクササイズの多くは、体の左右どちらかの動きだけが示されていますが、反対側も同じように行えば、両側をストレッチできます。

ストレッチ・プログラムを行って最大の効果を得る秘訣は、異なるタイプのエクササイズを並行して行うことです。ストレッチにより多少の苦痛を感じても、一時的なら異常ではありません。痛みが続いたり、体の状態に不安を感じたりする場合は、理学療法士やパーソナルトレーナーなど、専門家に相談しましょう。

ピラティス
体幹部のインナーマッスルの強化と、柔軟性の向上やバランスに重点を置く負担の少ないエクササイズメソッド。

ヨガ
心と体を整える技法。さまざまなポーズや呼吸法、瞑想やリラクゼーションなどを組み合わせて行う。

体の動き

フィットネス
運動の準備として、または柔軟性や筋力を高めるプログラムを補充するために、ストレッチが行われることがある。

その他
太極拳をはじめ、さまざまな武術や運動方法にもストレッチが用いられており、それぞれ独自の理念に基づいて行われる。

共通項

ストレッチは、ヨガやピラティス、一般的なフィットネストレーニングなど、あらゆる運動の中で行われます。それぞれの目的や原理は違っても、全てに共通する要素は、体の動きです。

63

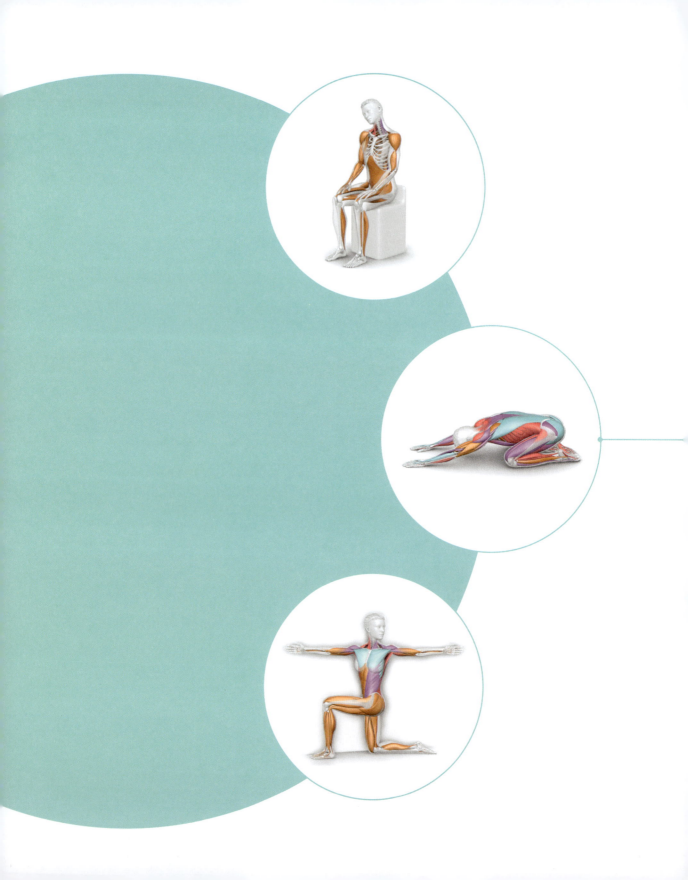

首・脊柱の
ストレッチ

脊柱は体の中で過酷な動きを強いられています。体幹を前後左右に傾けたり、ひねったり、多面的な動きを可能にしているのは、脊柱です。また脊柱は、体と呼吸機能を支え、脊髄や神経を保護しています。首にあたる頚部は、脊柱の中で最も可動域が大きく、使いすぎると痛みが生じます。これからご紹介するストレッチは、脊柱の全ての部分の可動性を高めるためのものです。痛みや凝りを軽くし、機能の改善にも役立つでしょう。

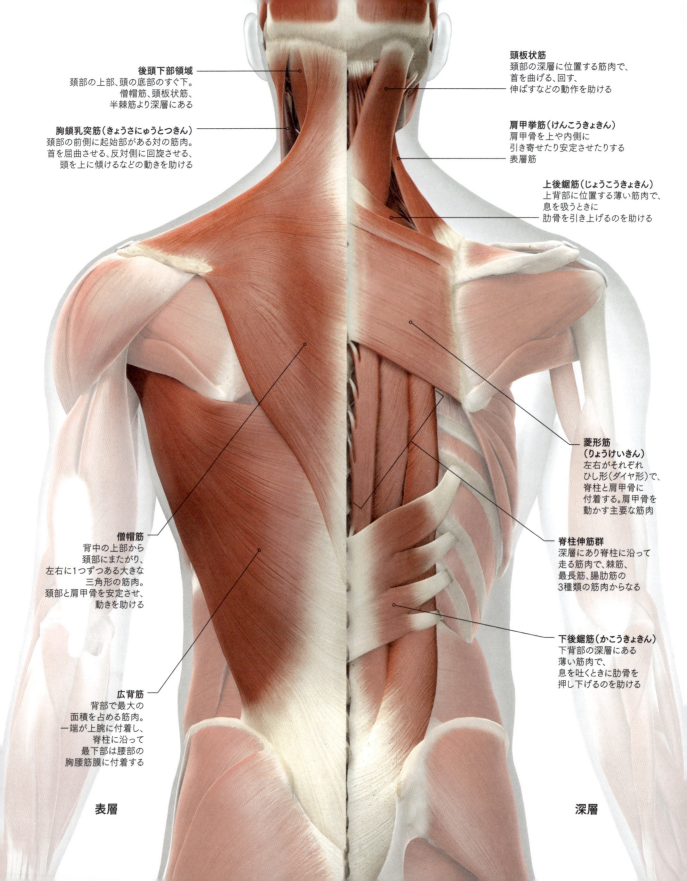

首・脊柱の概要

首と背中にある主な筋肉には、僧帽筋、菱形筋、脊柱伸筋群、広背筋のほか、頚椎の筋肉である頚部深層屈筋、板状筋、胸鎖乳突筋、斜角筋などがあります。姿勢や体幹の安定を保つため、または首を動かすために、これらの筋肉が重要な役割を果たします。

首（頚部）と背中の筋肉は、頭を支え、姿勢を保ち、多面的動作を容易にするために、重要な機能を担っています。また、呼吸を助ける筋肉でもあります。僧帽筋と菱形筋は肩甲骨を動かす主要な筋肉で、肩の動きや安定を助けます。広背筋は肩の内転や伸展にかかわるため、ローイング、スイミング、クライミングなどにとって重要な筋肉です。脊柱伸筋群は、背中を伸展させて姿勢を安定させるので、背すじを伸ばして座る、物を運ぶ、まわりを見回すなどの日常の動作に大きく関わっています。

ストレッチや筋トレを行うと筋肉の緊張が緩み、可動域、筋力、持久力を高められます。背部の筋力を鍛えるためには、ローやプルダウンなどのエクササイズを行うとよいでしょう。

SECTION CONTENTS

頚部・脊柱の解剖図	66
肩甲挙筋ストレッチ	68
手を使った後頭下部ストレッチ	69
胸鎖乳突筋ストレッチ	70
斜角筋ストレッチ	72
猫と牛のポーズ	74
腰方形筋ストレッチ	76
子どものポーズ	78
コブラのポーズ	80
バリエーション	82
壁を使った胸部伸展ストレッチ	84
バリエーション	86
片膝立ち胸部回旋ストレッチ	88
バリエーション	90
立って行うハーフムーン	92
糸通しのストレッチ	94
バリエーション	96

肩甲挙筋ストレッチ

首はさまざまな理由によって緊張が起きる部分です。
長時間のデスクワークなど、肩を上げた状態が長く続くと、
首の筋肉が緊張する原因になります。
肩を引き上げる筋肉をストレッチすると、緊張が和らぎます。

肩甲挙筋は首の両側に位置し、一端は肩甲骨の内側縁に、もう一端は頭蓋底に付着しています。肩甲挙筋ストレッチは、首と肩のエクササイズプログラムの一部として、または必要に応じて単発のストレッチとして行いましょう。

図中の記号と色の意味
- ●--- 関節
- ○ 筋肉
- ● 緊張を維持しながら短縮
- ● 緊張を維持しながら伸長
- ● 緊張させず伸長
- ● 動かさず保つ

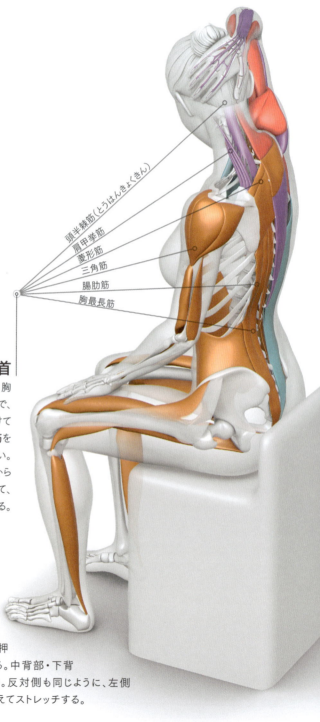

頭半棘筋(とうはんきょくきん)
肩甲挙筋
菱形筋
三角筋
腸肋筋
胸最長筋

腕と首
右腕を利用すると、胸骨を前に向けた状態で、首の左側から**肩甲骨**にかけて走行する**肩甲挙筋**をストレッチしやすい。**後頚部**から**肩甲骨内側縁**にかけて、ストレッチが感じられる。

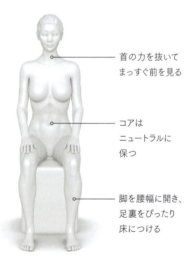

- 首の力を抜いてまっすぐ前を見る
- コアはニュートラルに保つ
- 脚を腰幅に開き、足裏をぴったり床につける

エクササイズの準備
椅子に座って肩の力を抜き、足裏をぴったり床につける。脊柱はニュートラルに保ち、前を見る。両手は軽く太ももの上に置く。

STEP 1/2
頭を右に向け、やや下に傾けて、右の脇の下あたりを見る。右の手のひらを頭の後ろに当て、ななめ下方向に軽く押さえてストレッチを強める。中背部・下背部はニュートラルに保つ。反対側も同じように、左側を向き、左腕で頭を押さえてストレッチする。

ストレッチエクササイズ ｜ 首・脊柱のストレッチ

手を使った後頭下部ストレッチ

この緩やかなエクササイズでは、
頭蓋底にある後頭下部の4つの筋肉に起きる緊張を和らげることができます。
これらは頭や顎を上に傾けるときに使われる筋肉で、
顎を内に引く動作（上頸部屈曲）によってストレッチできます。

このストレッチは、側頭骨顎関節痛（頭蓋骨と下顎をつなぐ関節の痛み）や、首の痛み、緊張性頭痛などの症状の緩和に役立ちます。首と顎のエクササイズプログラムの一部として、または必要に応じて単発のストレッチとして行いましょう。とくに、毎日パソコン作業をする人にはおすすめです。

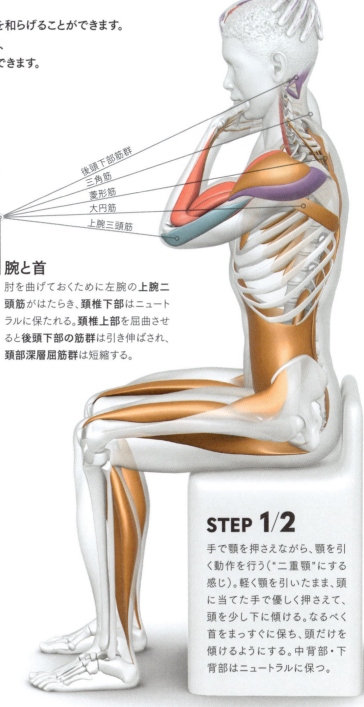

- 後頭下部筋群
- 三角筋
- 菱形筋
- 大円筋
- 上腕三頭筋

腕と首
肘を曲げておくために左腕の**上腕二頭筋**がはたらき、**頚椎下部**はニュートラルに保たれる。頚椎上部を屈曲させると**後頭下部の筋群**は引き伸ばされ、**頚部深層屈筋群**は短縮する。

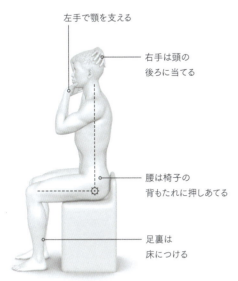

- 左手で顎を支える
- 右手は頭の後ろに当てる
- 腰は椅子の背もたれに押しあてる
- 足裏は床につける

エクササイズの準備
椅子に座り、足裏をぴったり床につける。前を見て、脊柱はニュートラルに保つ。左手の親指と人差し指のあいだに下顎を挟むようにして、顎を支える。右手は頭の後ろに当てる。

STEP 1/2

手で顎を押さえながら、顎を引く動作を行う（"二重顎"にする感じ）。軽く顎を引いたまま、頭に当てた手で優しく押さえて、頭を少し下に傾ける。なるべく首をまっすぐに保ち、頭だけを傾けるようにする。中背部・下背部はニュートラルに保つ。

胸鎖乳突筋ストレッチ

胸鎖乳突筋は起始部が2つある筋肉で、鎖骨から顎の近くまでつながっています。
頭を上に傾けたり、首を前に曲げたりするときにはたらきます。
長時間首を動かさなかったり、苦しい呼吸が続いたりすると、
この筋肉が緊張することがあります。

このストレッチは、側頭骨顎関節痛（→ P69）や首の痛み、緊張性頭痛などの症状の緩和を助けます。首・顎・肩のエクササイズプログラムに加えて、または必要に応じて単発のストレッチとして行いましょう。STEP1だけで十分だと思う人は、それでも大丈夫。気持ちよいと感じられることが大事です。痛みが起きない範囲でストレッチするようにしましょう。

図中の記号と色の意味
- ●-- 関節
- ○— 筋肉
- ● 緊張を維持しながら短縮
- ● 緊張を維持しながら伸長
- ● 緊張させず伸長
- ● 動かさず保つ

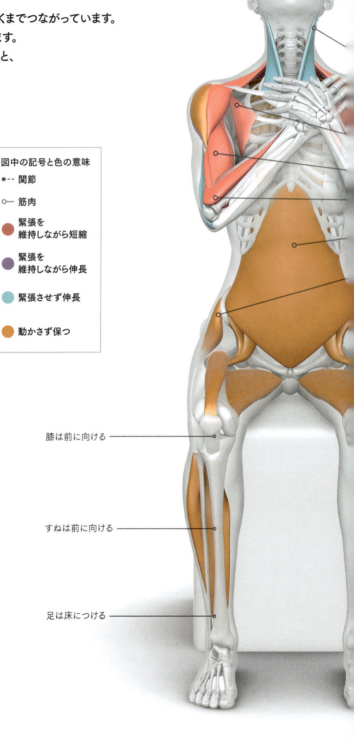

- 膝は前に向ける
- すねは前に向ける
- 足は床につける

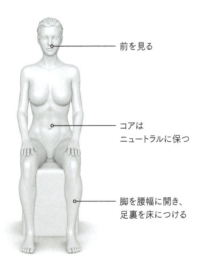

- 前を見る
- コアはニュートラルに保つ
- 脚を腰幅に開き、足裏を床につける

エクササイズの準備
椅子に座って肩の力を抜き、足裏をぴったり床につける。前を見て、脊柱はニュートラルに保つ。

ストレッチエクササイズ｜首・脊柱のストレッチ

❝❞ 胸鎖乳突筋には起始部が2つあり、同時にも別々にもはたらく

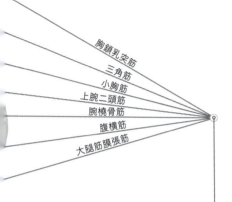

胸鎖乳突筋
三角筋
小胸筋
上腕二頭筋
腕橈骨筋
腹横筋
大腿筋膜張筋

首と体幹
頭を後ろに傾けると、**胸鎖乳突筋**が伸長する。**胸骨頭**の近くに当てた**両手**が筋肉を反対方向に引く役割を果たす。

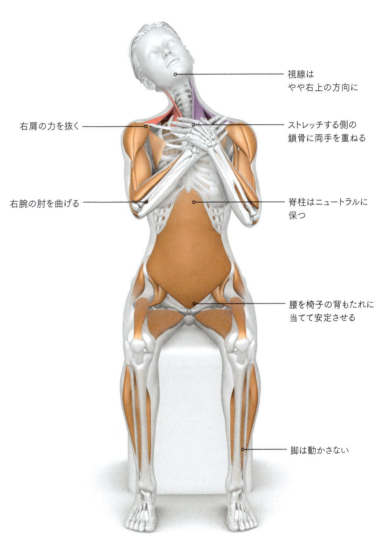

視線は
やや右上の方向に

右肩の力を抜く

ストレッチする側の
鎖骨に両手を重ねる

右腕の肘を曲げる

脊柱はニュートラルに
保つ

腰を椅子の背もたれに
当てて安定させる

脚は動かさない

STEP 1
右手を左の鎖骨に当て、左手でその上から押さえる。まず顎を上に傾ける。リラックスした呼吸を保つ。

STEP 2
顎を上に傾け、首を少し伸展させた状態で、頭と首を右に傾ける。中背部・上背部はニュートラルに保つ。準備の姿勢に戻り、反対側も同じようにストレッチする。

斜角筋ストレッチ

斜角筋は3つの筋肉からなり、胸鎖乳突筋の奥の深い位置にあります。脊柱に平行に走り、頸椎と第1・第2肋骨をつないでいます。呼吸補助筋として肋骨を引き上げる機能があり、呼吸を助けます。斜角筋は、頭や首の動きも補助しています。

斜角筋の緊張や機能不全は、さまざまな問題の原因になります。たとえば、首の痛み、胸郭出口症候群（首や胸部の神経や血管の圧迫）、肺活量の減少などです。斜角筋ストレッチは、首と肩のエクササイズプログラムに加えて、または必要に応じて単発のストレッチとして行いましょう。バリエーションとして、STEP1だけを行う方法もあります。神経や組織が集まっている部分なので、気持ちよいと感じる範囲で行うことが大事です。

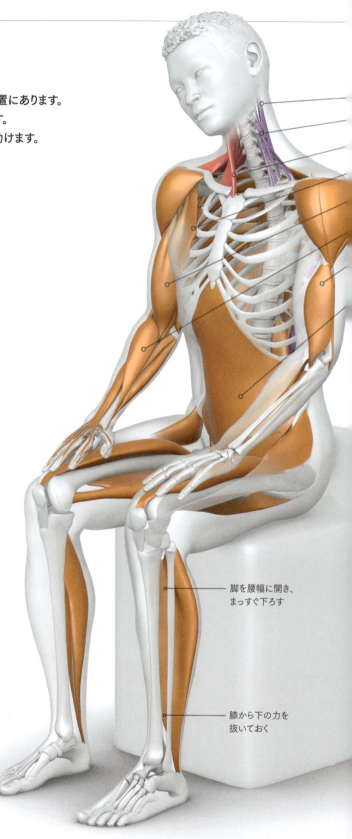

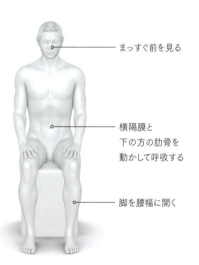

エクササイズの準備
椅子に座り、肩の力を抜き、足裏はぴったり床につける。前を見て、脊柱はニュートラルに保つ。

- まっすぐ前を見る
- 横隔膜と下の方の肋骨を動かして呼吸する
- 脚を腰幅に開く
- 脚を腰幅に開き、まっすぐ下ろす
- 膝から下の力を抜いておく

ストレッチエクササイズ ｜ 首・脊柱のストレッチ

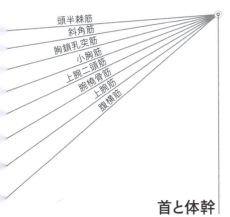

首と体幹
右の**胸鎖乳突筋**が首を側屈させ、息を吐くと**肋間筋**が**肋骨**を引き下げ、**斜角筋**のストレッチを助ける。

> ❝❞
> 斜角筋の3つの筋肉のあいだを
> 腕神経叢（わんしんけいそう）、
> 鎖骨下動脈、
> 横隔神経などの組織が、
> それぞれ別々に通過している。

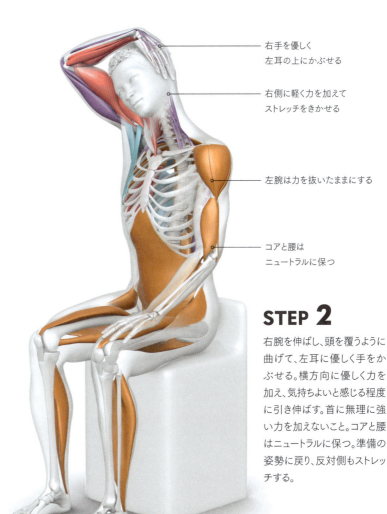

- 右手を優しく左耳の上にかぶせる
- 右側に軽く力を加えてストレッチをきかせる
- 左腕は力を抜いたままにする
- コアと腰はニュートラルに保つ

STEP 1
まず頭と首を右に傾ける。安定した深い呼吸を保ち、視線は前に向けておく。

STEP 2
右腕を伸ばし、頭を覆うように曲げて、左耳に優しく手をかぶせる。横方向に優しく力を加え、気持ちよいと感じる程度に引き伸ばす。首に無理に強い力を加えないこと。コアと腰はニュートラルに保つ。準備の姿勢に戻り、反対側もストレッチする。

73

猫と牛のポーズ

猫のポーズは、おびえた猫の姿勢をまねたもの。
牛のポーズは、背中がわずかにくぼんでいる
牛の形から名前がついています。
猫と牛のポーズを一連の動作として行うこのストレッチは、
脊柱の可動性を高めるエクササイズです。

猫と牛のポーズでは、脊柱を前屈および後屈させます。この動作によって、脊柱を動かしながら腹筋や胸筋も使います。硬くなった関節をほぐすのに最適で、ウォーミングアップや毎日のルーチンにもふさわしいエクササイズです。

エクササイズの準備
両手両膝をついて四つんばいになる。肩は手首の真上に、腰は膝の真上にくるようにし、頭と首は同じ高さにする。脊柱はニュートラル、つまり屈曲と伸展のあいだの心地よい位置に保つ。

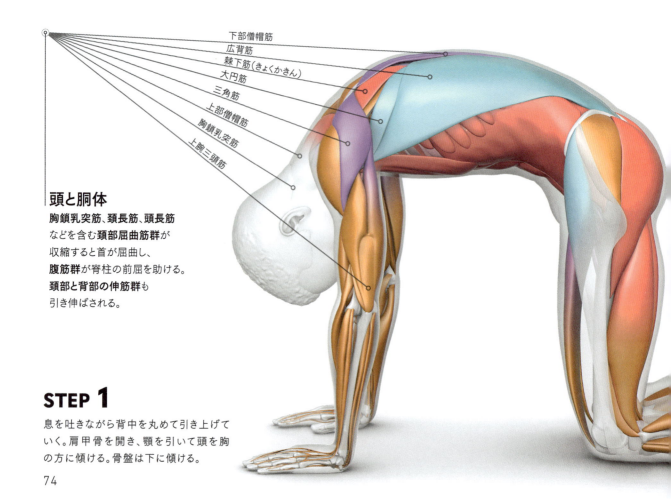

頭と胴体
胸鎖乳突筋、頚長筋、頭長筋などを含む**頚部屈曲筋群**が収縮すると首が屈曲し、**腹筋群**が脊柱の前屈を助ける。**頚部と背部の伸筋群**も引き伸ばされる。

STEP 1
息を吐きながら背中を丸めて引き上げていく。肩甲骨を開き、顎を引いて頭を胸の方に傾ける。骨盤は下に傾ける。

ストレッチエクササイズ | 首・脊柱のストレッチ

バリエーション：座って行う

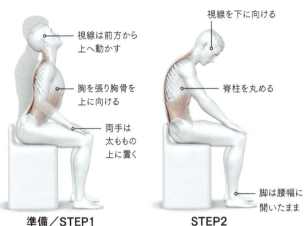

準備／STEP1　　　STEP2

エクササイズの準備
背すじを伸ばして椅子に座り、手は太ももの上、足裏はぴったり床につける。背中をまっすぐにして最も心地よいと感じる位置で、脊柱をニュートラルに保つ。

STEP 1
息を吸いながら背中を少しずつ反らせ、視線を上げていき、同時に胸骨を上に向ける。全体をなめらかな一連の動作として行う。

STEP 2
息を吐きながら背を少しずつ丸めて、頭を下に傾け、胸骨も下に向ける。頭と首は同時に胸の方に傾けるようにする。

図中の記号と色の意味
- ●-- 関節
- ○ 筋肉
- 緊張を維持しながら短縮
- 緊張を維持しながら伸長
- 緊張させず伸長
- 動かさず保つ

頭を上げてまっすぐ前を見る

肩甲骨を中心に寄せる

手のひらで床を押さえる

脚は腰幅に開いたまま

STEP 2
息を吸いながら腹部を下げ、脊柱を反らせると同時に頭と首を引き上げる。なめらかな一連の動きによって、脊柱全体を伸展させる。

75

腰方形筋ストレッチ

後腹壁に位置する腰方形筋は、
最も深い場所にある背部筋肉です。
腰椎を安定させたり側屈させたりすると同時に、
呼吸補助筋としても機能します。
腰方形筋を酷使すると、腰痛を引き起こすことがあります。

腰方形筋ストレッチは、背中や肩の緊張を緩め、腰の両側の張りを和らげます。脚をクロスさせ、腕を頭の上に伸ばすことによって、肩から骨盤の下にかけて体の側面にある筋肉をストレッチできます。腰、背中、肩のエクササイズプログラムの一部として、または必要に応じて行いましょう。

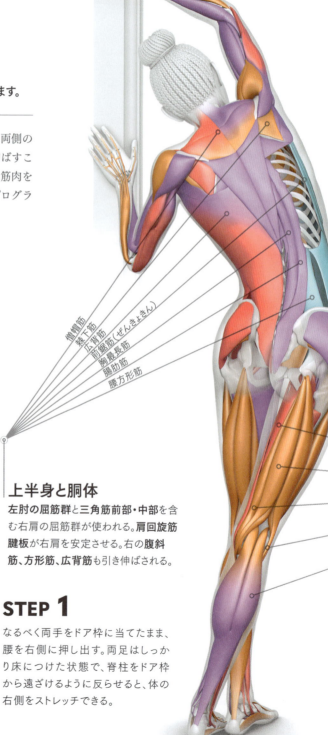

僧帽筋
棘下筋
広背筋
前鋸筋(ぜんきょきん)
胸最長筋
腸肋筋
腰方形筋

上半身と胴体
左肘の屈筋群と三角筋前部・中部を含む右肩の屈筋群が使われる。肩回旋筋腱板が右肩を安定させる。右の腹斜筋、方形筋、広背筋も引き伸ばされる。

STEP 1
なるべく両手をドア枠に当てたまま、腰を右側に押し出す。両足はしっかり床につけた状態で、脊柱をドア枠から遠ざけるように反らせると、体の右側をストレッチできる。

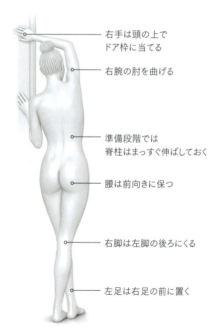

- 右手は頭の上でドア枠に当てる
- 右腕の肘を曲げる
- 準備段階では脊柱はまっすぐ伸ばしておく
- 腰は前向きに保つ
- 右脚は左脚の後ろにくる
- 左足は右足の前に置く

エクササイズの準備
ドア枠の前に立ち、左脚を右脚の前でクロスさせる。右腕を頭の上に伸ばして左に曲げ、ドア枠に右手を当てる。左腕は曲げて前に出し、手をドア枠に当てる。背すじを伸ばして立ち、前を見る。

ストレッチエクササイズ｜首・脊柱のストレッチ

バリエーション：座って行う

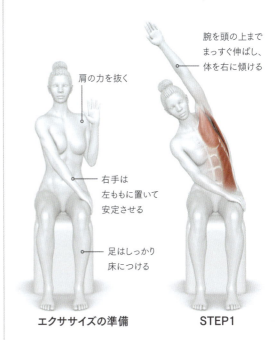

エクササイズの準備 — 肩の力を抜く／右手は左ももに置いて安定させる／足はしっかり床につける

STEP1 — 腕を頭の上までまっすぐ伸ばし、体を右に傾ける

エクササイズの準備
椅子に座って足を床につけ、脊柱はニュートラルに保ち、前を見る。右手を左ももの外側に当て、左手を肩の高さくらいまで上げる。

STEP 1
右手を左ももに置いたまま、左腕を頭の上まで伸ばし、息を吐きながらゆっくり右側に倒す。腕に合わせて、脊柱も少しずつ右に側屈する。

STEP 2
左腕を肩の高さまで下げ、脊柱をまっすぐにして、準備の姿勢に戻る。

図中の記号と色の意味
- ●-- 関節
- ○— 筋肉
- ● 緊張を維持しながら短縮
- ● 緊張を維持しながら伸長
- ● 緊張させず伸長
- ● 動かさず保つ

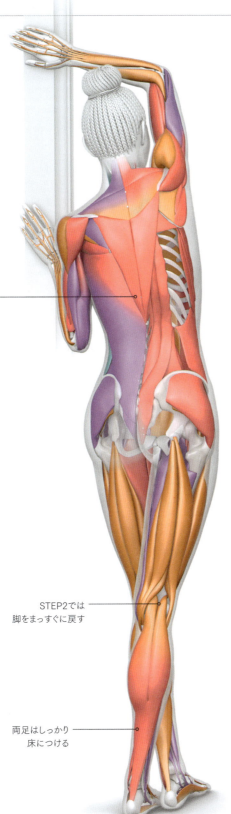

ストレッチ中は体幹をニュートラルに保つ

下半身
右の**腓腹筋**が引き伸ばされ、**ハムストリングス**や**殿筋群**がはたらき、腰を安定させる。**後脛骨筋、腓骨筋、長母趾屈筋**がはたらき、左足と足首を安定させる。

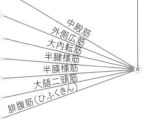

中殿筋／外側広筋／大内転筋／半腱様筋／半膜様筋／大腿二頭筋／腓腹筋（ひふくきん）

STEP2では脚をまっすぐに戻す

両足はしっかり床につける

STEP 2
腰を左に動かして脊柱がまっすぐ伸びた姿勢に戻す。腕は準備の位置に戻し、視線を前に向けまっすぐ立つ。

77

子どものポーズ

このストレッチには回復効果があり、
背中と骨盤をリラックスさせ、腕と足首を引き伸ばしてくれます。
脊柱の穏やかな屈曲は緊張を和らげ、
とくに腰のあたりに効果があります。
関節のこわばりも軽減できます。

背中の両側面と広背筋をストレッチしたいときは、上体を横に動かすバリエーション（右ページ参照）を追加しましょう。限界に挑戦せず、心地よいと感じる範囲でストレッチを行ってください。呼吸を整えながら、ゆっくりストレッチの姿勢に入りましょう。

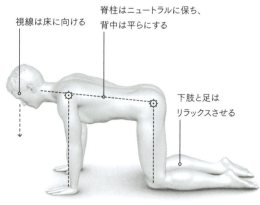

エクササイズの準備
四つんばいになり、手は肩の真下に、膝は腰の真下につく。首と頭は同じ高さにする。脊柱はニュートラル（屈曲と伸展のあいだの心地よい位置）を保つ。

視線は床に向ける
脊柱はニュートラルに保ち、背中は平らにする
下肢と足はリラックスさせる

首と腕
頭板状筋と頸板状筋、後三角筋がストレッチする。
腕の筋肉が伸ばした腕を支えて、肩が上に引き伸ばされる。

図中の記号と色の意味
・-- 関節
○― 筋肉
緊張を維持しながら短縮
緊張を維持しながら伸長
緊張させず伸長
動かさず保つ

STEP 1

ゆっくり腰を下げてかかとの上に座り、手のひらを床につけたまま、体の前で腕を伸ばす。胴体は折りたたんだ両脚のあいだに沈め、息を吐きながら背中と肩の力を抜く。

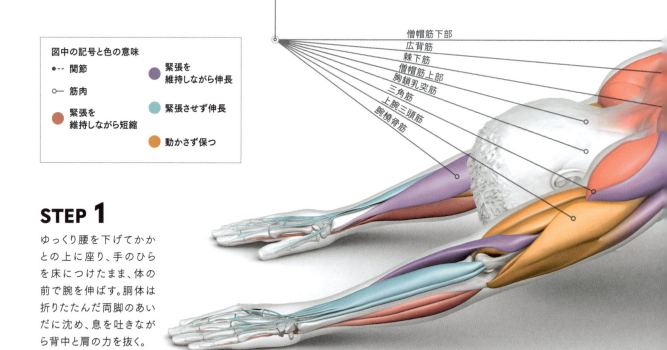

僧帽筋下部
広背筋
棘下筋
僧帽筋上部
胸鎖乳突筋
三角筋
上腕三頭筋
腕橈骨筋

ストレッチエクササイズ｜首・脊柱のストレッチ

肩は手首の真上

腰は膝の真上

足は床につけたまま力を抜く

膝は90度に曲げる

STEP 2
四つんばいに戻り、肩は手首の真上、腰は膝の真上の位置に、頭と首は同じ高さにする。

バリエーション：横に傾ける

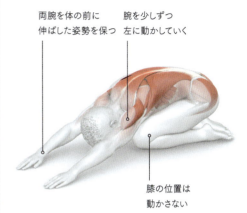

両腕を体の前に伸ばした姿勢を保つ

腕を少しずつ左に動かしていく

膝の位置は動かさない

STEP 2のバリエーション
両腕を体の前に伸ばした状態で、床につけた手を少しずつ片側に横移動させ、上体を横に傾ける。反対側にも同じように動かす。

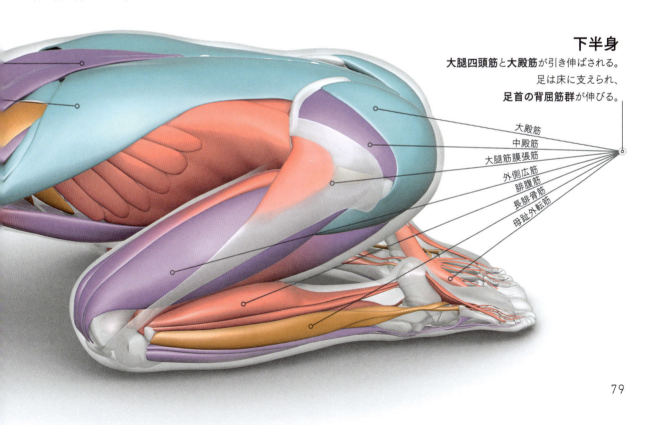

下半身
大腿四頭筋と**大殿筋**が引き伸ばされる。足は床に支えられ、**足首の背屈筋群**が伸びる。

大殿筋
中殿筋
大腿筋膜張筋
外側広筋
腓腹筋
長腓骨筋
母趾外転筋

79

コブラのポーズ

コブラのポーズは、腹筋群や股関節屈筋群を引き伸ばし、背中の後屈の可動性を高める人気のヨガポーズです。
毎日のストレッチルーチンとして、
または背中の柔軟性を改善したいときに行いましょう。

胸部が伸展し、腹筋群と股関節屈筋群が引き伸ばされると同時に、背中、肩、腕の筋肉がはたらき、ポーズを支えます。背中や肩の違和感や痛みには、注意が必要です。慣れるまでは、強く反らせすぎないなど、必要に応じて動きを調整しましょう。

腕の力を抜いて床に置く

尾骨を引き込み、骨盤をニュートラルにする

脚は少し外旋した状態になる

エクササイズの準備

うつ伏せになり、脚は腰幅よりやや広めに開く。首を伸ばして額を床につけ、少し顎を引く。腕を体の両脇に広げて肘を90度に曲げ、手のひらを下にして、前腕をぴったり床につける。息を吸い、尾骨をそっと引き込む。

図中の記号と色の意味

●-- 関節

○— 筋肉

● 緊張を維持しながら短縮

● 緊張を維持しながら伸長

● 緊張させず伸長

● 動かさず保つ

ストレッチエクササイズ｜首・脊柱のストレッチ

上半身

頚部伸筋群が頭を持ち上げた状態を保つ。**脊柱伸筋群**がはたらき、脊柱を伸展させる。**腹直筋**が伸長して肩甲骨周辺の筋肉がはたらき、肩甲骨を中心に引き寄せる。

胸鎖乳突筋
頭半棘筋
三角筋
大円筋
前鋸筋
外腹斜筋
腰方形筋
内腹斜筋

バリエーション：ツイスト・コブラ

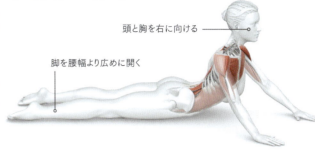

頭と胸を右に向ける
脚を腰幅より広めに開く

STEP 1

コブラのポーズになり、肘を伸ばしたまま、床についた手を少しずつ右側に動かしていく。体幹はまっすぐ伸びた状態を保ち、片側に倒れないようにする。胸は床から離し、肩は広げる。息を吸いながら姿勢を保つ。息を吐きながら、ついた手を左に動かして元の姿勢に戻り、繰り返す。

大腿二頭長頭
外側広筋
大腿直筋
半腱様筋
大腿二頭筋短頭
薄筋
縫工筋
中殿筋
大殿筋
大腿筋膜張筋
腹直筋

STEP 1

息を吸いながら肘を伸ばして、心地よいと感じる範囲で、上体を起こしていく。肋骨は床から起こし、骨盤は床につけたままにする。コアを軽く引き締めた状態で、尾骨を引き込み、殿筋群を収縮させて、下背部を強く反らせすぎないようにする。息を吐きながら肘を曲げて、腹部・肋骨・胸・額を床に下ろし、準備の姿勢に戻る。

下半身

大殿筋と**ハムストリングス**がはたらき、このポーズの腰の位置を支える。**股関節屈筋群**は伸長する。**中殿筋**と**小殿筋**は、腰の安定を助ける。太ももの前側にある**大腿四頭筋**が膝の伸展を支える。

≫ バリエーション

コブラのポーズのバリエーションとして、肩にかかる力が少なく、腰を反らせる角度がより小さいバージョンを2つ紹介しましょう。手首や肩の動きに制約があり、床を押して体を起こすのが難しい人でもできる、脊柱伸展ストレッチです。

手を遠くにつく

手を体から遠ざけてつくと、腰椎の伸展が小さくなります。腰を反らせると痛みが出る人や腰椎の動きに制約がある人には、このバリエーションの方がやりやすいでしょう。また、このポーズから始めて、手をつく位置を少しずつ近づければ、体を起こす高さと伸展の大きさを徐々に上げていくことができます。

図中の色の意味	
● 主にターゲットとなる筋肉	● 副次的にターゲットとなる筋肉

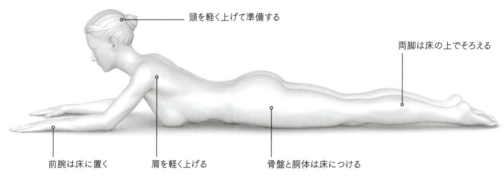

エクササイズの準備
腹ばいになり、腕を前に出して、肘を軽く曲げる。

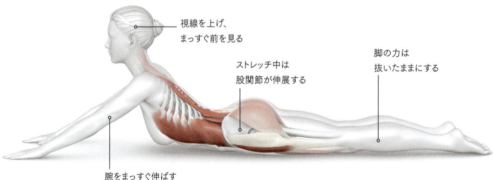

STEP 1
息を吐きながら、肘を伸ばして前腕をつっぱり、胸を伸展させ床から起こす。殿筋群を収縮させて尾骨を引き込み、コアを軽く引き締めた状態を保つ。お腹を少しだけ床から持ち上げる。

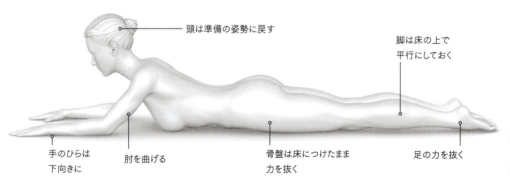

STEP 2
ゆっくり上体を下げていき、視線を床に戻す。

82

ストレッチエクササイズ｜首・脊柱のストレッチ

肘をつけたまま

こちらのバリエーションでは、肩や手にかかる力や腰の伸展が、通常のコブラのポーズより小さくなります。手首や肩に制約があり、手をついて上体を起こすのが難しい人でも、楽に脊柱をストレッチできます。毎日のストレッチルーチンに加えてもよいですし、脊柱の可動性を改善するためにもおすすめです。

> ❝❞
> 体の状態は必ずしも一定ではないので、ストレッチやエクササイズは、そのときの自分の能力に合わせて調整する。

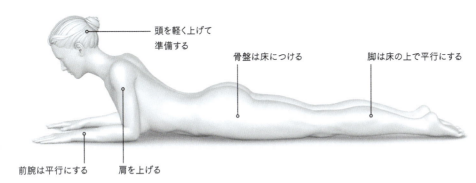

エクササイズの準備
腹ばいになり肘を曲げ、前腕を平行にして床につける。

- 頭を軽く上げて準備する
- 骨盤は床につける
- 脚は床の上で平行にする
- 前腕は平行にする
- 肩を上げる

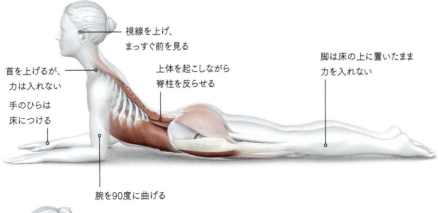

STEP 1
息を吐きながら肘で床を押さえて胸を伸展させ、上体を床から起こす。下背部を強く反らせすぎないように、コアを軽く引き締め、殿筋群を収縮させて尾骨を引き込む。お腹を床から持ち上げる。

- 視線を上げ、まっすぐ前を見る
- 上体を起こしながら脊柱を反らせる
- 脚は床の上に置いたまま力を入れない
- 首を上げるが、力は入れない
- 手のひらは床につける
- 腕を90度に曲げる

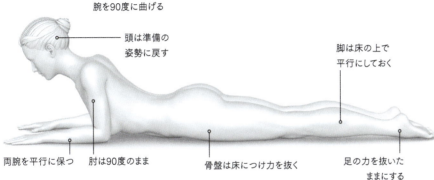

STEP 2
ゆっくり体を下げていき、視線を床に戻す。

- 頭は準備の姿勢に戻す
- 脚は床の上で平行にしておく
- 両腕を平行に保つ
- 肘は90度のまま
- 骨盤は床につけ力を抜く
- 足の力を抜いたままにする

壁を使った胸部伸展ストレッチ

壁さえあればできるこのシンプルなストレッチは、上背部と肩の凝りの緩和に役立ちます。毎日のストレッチルーチンに加えてもよいですし、脊柱の可動性、首の痛み、肩の可動域の改善にも、おすすめのストレッチです。

胸部の可動性は、肩の可動域や姿勢、とくに中下背部の姿勢に影響を与える場合があります。上半身を十分に機能させるために、胸部の可動性を保つことはとても大事です。このストレッチは背中を伸ばすことができるため、首・肩・上背部に痛みがある人におすすめです。手の指の広げ具合は、心地よいと感じる程度に調節しましょう。

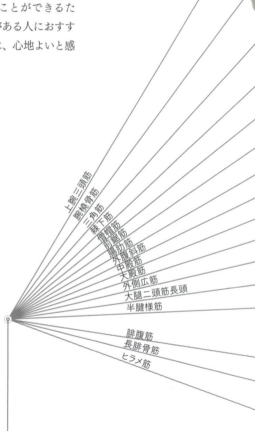

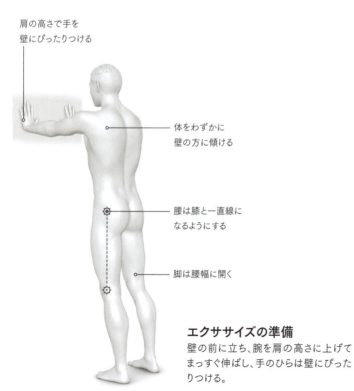

- 肩の高さで手を壁にぴったりつける
- 体をわずかに壁の方に傾ける
- 腰は膝と一直線になるようにする
- 脚は腰幅に開く

エクササイズの準備
壁の前に立ち、腕を肩の高さに上げてまっすぐ伸ばし、手のひらは壁にぴったりつける。

上腕三頭筋
腕橈骨筋
三角筋
棘下筋
菱形筋
前鋸筋
肋間筋
腹斜筋
外腹斜筋
中殿筋
大殿筋
外側広筋
大腿二頭筋長頭
半腱様筋

腓腹筋
長腓骨筋
ヒラメ筋

上半身と下半身
上腕三頭筋は肘を安定させ、
前鋸筋と**胸筋群**が肩の屈曲を安定させる。
広背筋と**肩甲下筋**もストレッチされる。
脊柱伸筋群が胸椎を伸展させる。
股関節屈筋群と**大腿四頭筋**がはたらき、股関節が屈曲して膝が安定し、
ハムストリングスが引き伸ばされる。

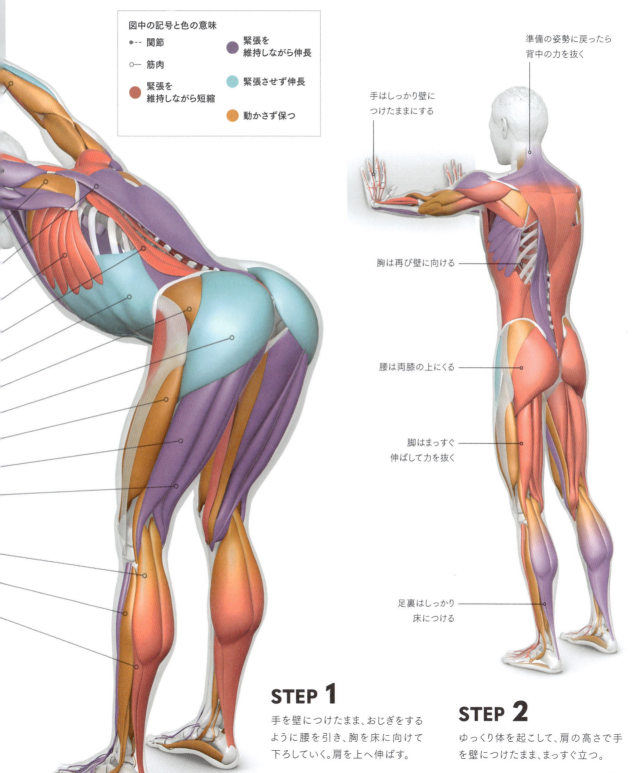

ストレッチエクササイズ｜首・脊柱のストレッチ

STEP 1
手を壁につけたまま、おじぎをするように腰を引き、胸を床に向けて下ろしていく。肩を上へ伸ばす。

STEP 2
ゆっくり体を起こして、肩の高さで手を壁につけたまま、まっすぐ立つ。

85

≫ バリエーション

床の上でできるバリエーションです。立った状態と比べて、ハムストリングスへの負担が少なくなります。腕にかかる負荷は増えるかもしれませんが、胸部をより強く伸展できます。

図中の色の意味	
● 主にターゲットとなる筋肉	● 副次的にターゲットとなる筋肉

椅子に腕をのせる

腕を曲げ、胸の伸展域を小さくすることで、ストレッチを強化できます。胸部の可動性、肩の可動性、広背筋の柔軟性などを改善できるエクササイズです。首や肩の痛みや凝りの緩和にも役立ちます。

エクササイズの準備
床に膝をついて椅子に肘をつき、手は上背部に当てて力を抜く。上背部を少し丸めて椅子に寄りかかる。

STEP 1
ゆっくり上背部を反らせ、かかとに向かって腰を落とす。首と胸椎が自然に伸びるようにする。

STEP 2
体を持ち上げてストレッチを緩め、準備の姿勢に戻る。

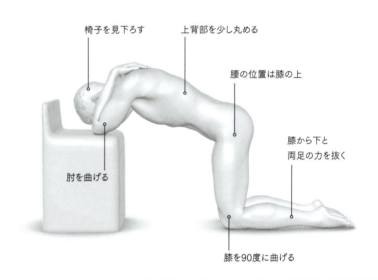

エクササイズの準備
- 椅子を見下ろす
- 上背部を少し丸める
- 腰の位置は膝の上
- 膝から下と両足の力を抜く
- 肘を曲げる
- 膝を90度に曲げる

子犬のポーズ

子犬のポーズは床を使って腕を伸ばすヨガのポーズですが、P84のストレッチと同じように胸部を伸展できます。このストレッチにはリラックス効果があり、毎日のルーチンの1つとして、または股関節の可動性改善のために活用できます。

エクササイズの準備
四つんばいになり、腕を肩より少し前に出す。

STEP 1
両手を少しずつ前に出していき、腰は上げたまま、膝は曲げたままで、胸を床に近づける。

STEP 2
準備の姿勢に戻る。

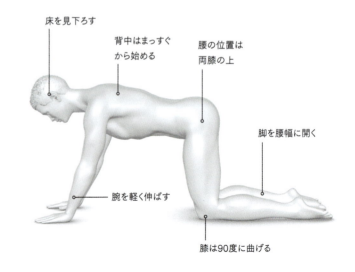

エクササイズの準備
- 床を見下ろす
- 背中はまっすぐから始める
- 腰の位置は両膝の上
- 脚を腰幅に開く
- 腕を軽く伸ばす
- 膝は90度に曲げる

ストレッチエクササイズ ｜ 首・脊柱のストレッチ

> 手や肩の位置を変えると、
> ストレッチの主なターゲットとなる筋肉も変わる。

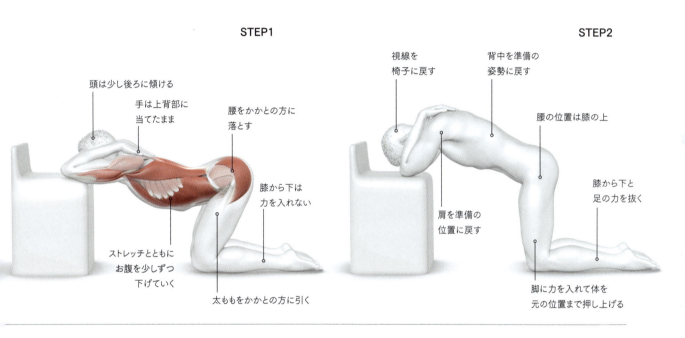

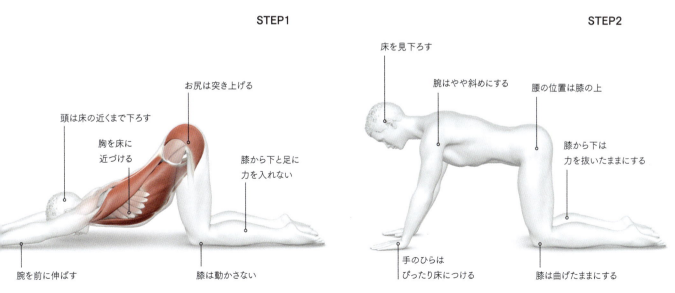

片膝立ち胸部回旋ストレッチ

体を上下左右や前後に動かす多面的な運動には、
胸部（首と横隔膜の間）の回旋のほか、筋肉の制御能力と筋力が必要です。
日頃から胸部の可動性を鍛えておくと、隣接する肩や首にかかる過剰な負担やストレスを軽減できます。
このエクササイズでは、胸を開く動作によって、それらの部分を集中的にストレッチできます。

多くの方向への運動を行うアスリートに役立つストレッチで、とくにバスケットボール、テニス、ゴルフ、サッカーをする人に最適です。壁沿いに片膝を立てる姿勢は、腰（下背部）が胸と一緒に動いてしまうのを防いでくれます。腰・首・肩に痛みのある人におすすめのストレッチです。

体幹と下半身

右の**外腹斜筋**が収縮して体の前面を左に回旋させる。
左の**股関節屈筋群**と**内転筋群**が左脚を安定させ、**腓腹筋**と**足関節安定筋**が足と足首のバランスを保つ。

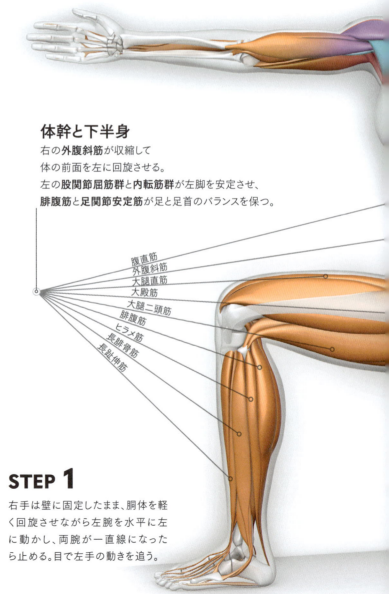

腹直筋
外腹斜筋
大腿直筋
大殿筋
大腿二頭筋
腓腹筋
ヒラメ筋
長腓骨筋
長趾伸筋

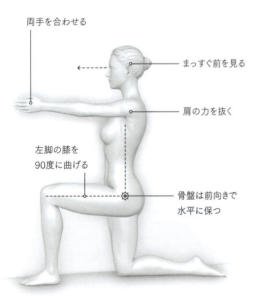

両手を合わせる
まっすぐ前を見る
肩の力を抜く
左脚の膝を90度に曲げる
骨盤は前向きで水平に保つ

エクササイズの準備

壁に沿って床に右膝をつき、左膝は90度に曲げて前に出し、片膝を立てた姿勢になる。両腕を前に伸ばし、両手を合わせ、腰は水平にして前に向ける。右手の甲をそっと壁につける。

STEP 1

右手は壁に固定したまま、胴体を軽く回旋させながら左腕を水平に左に動かし、両腕が一直線になったら止める。目で左手の動きを追う。

ストレッチエクササイズ | 首・脊柱のストレッチ

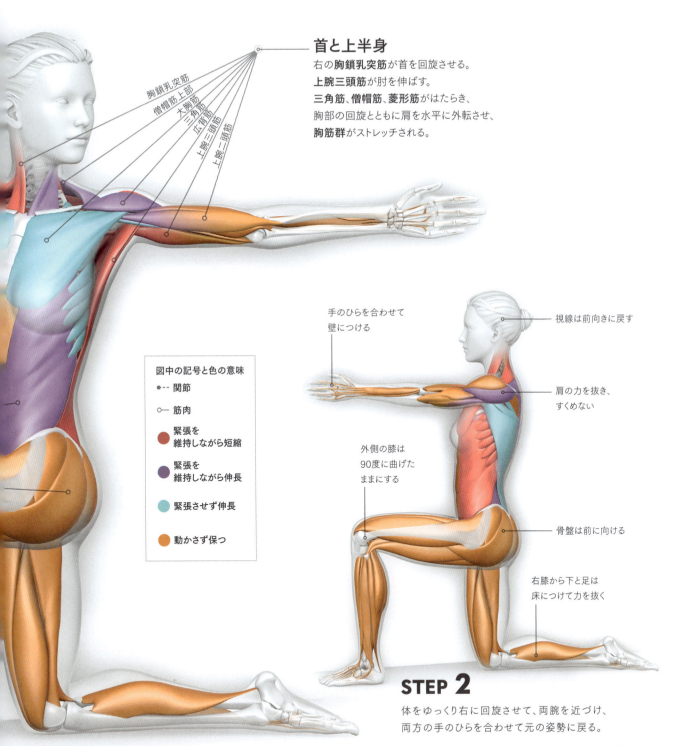

首と上半身
右の**胸鎖乳突筋**が首を回旋させる。
上腕三頭筋が肘を伸ばす。
三角筋、**僧帽筋**、**菱形筋**がはたらき、
胸部の回旋とともに肩を水平に外転させ、
胸筋群がストレッチされる。

胸鎖乳突筋
僧帽筋上部
大胸筋
三角筋
広背筋
上腕三頭筋
上腕二頭筋

手のひらを合わせて壁につける

視線は前向きに戻す

肩の力を抜き、すくめない

外側の膝は90度に曲げたままにする

骨盤は前に向ける

右膝から下と足は床につけて力を抜く

図中の記号と色の意味
●-- 関節
○— 筋肉
■ 緊張を維持しながら短縮
■ 緊張を維持しながら伸長
■ 緊張させず伸長
■ 動かさず保つ

STEP 2
体をゆっくり右に回旋させて、両腕を近づけ、
両方の手のひらを合わせて元の姿勢に戻る。

89

≫ バリエーション

膝をつくのが難しい人や、股関節の可動域が限られている人は、立って胸部を回旋させるバリエーションの方が下半身の負担が少なく、やりやすいかもしれません。

図中の色の意味

● 主にターゲットとなる筋肉

● 副次的にターゲットとなる筋肉

立って行う

このバリエーションは、運動の前後や昼休みなどに気楽にできるエクササイズです。片膝をつくときのように体幹の向きが固定されないので、骨盤は回旋に合わせて動きます。

まっすぐ前を見る

手のひらを合わせる

コアを引き締める

腰は前向きで水平に保つ

脚は腰幅に開く

エクササイズの準備

右手は元の位置に保つ

視線は左手を追う

コアは引き締めたまま

両腕を水平に保つ

骨盤は左に回旋する

ストレッチ中は両脚を回旋させない

両脚を腰幅に保つ

STEP 1

エクササイズの準備

背すじを伸ばして立ち、脚は腰幅に開く。脊柱と骨盤はニュートラルに保つ。両腕を前に出し、肩の高さまで上げる。肩の力は抜き、両手を合わせる。

STEP 1

息を吐きながら、左腕をできる限り大きく左に広げ、同時に脊柱と頭を回旋させる。右腕は伸ばしたまま動かさないようにする。

STEP 2

息を吸いながら準備の姿勢に戻る。反対側も同じようにストレッチし、交互に繰り返す。

90

ストレッチエクササイズ｜首・脊柱のストレッチ

プレッツェル・ストレッチ

プレッツェル・ストレッチは横向きに寝た姿勢で行う胸部回旋ストレッチですが、骨盤の位置を固定するために、脚を前後に開きます。また、動かした手で足をつかんで膝を屈曲させ、大腿四頭筋と胸筋を引き伸ばします。

エクササイズの準備

体の右側を下にして横になる。膝を曲げて両脚の力を抜き、上の脚（左脚）を下の脚（右脚）の前にクロスさせて床につける。両腕を前に伸ばし、手のひらを合わせる。

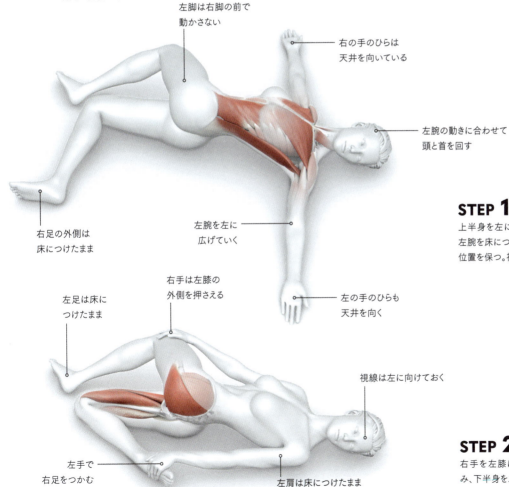

STEP 1

上半身を左に回旋させて胸を開いていき、左腕を床につける。下半身は動かさず、元の位置を保つ。視線は左腕の動きを追う。

STEP 2

右手を左膝にのせて、左手で右足をつかみ、下半身をストレッチする。

91

立って行うハーフムーン

壁に沿って行う胸部回旋ストレッチは、上背部の回旋をターゲットとするエクササイズです。
脊柱・首・肩の可動性改善に役立ち、毎日のストレッチルーチンに加えるのもおすすめです。

床で行うハーフムーンは、回旋させる側にかかる負荷が小さいバリエーションです。腰を回すと痛みが出る、腕を上げておくのが難しいなど、立って行うエクササイズが辛く感じる人は、このバリエーションの方がやりやすいでしょう。

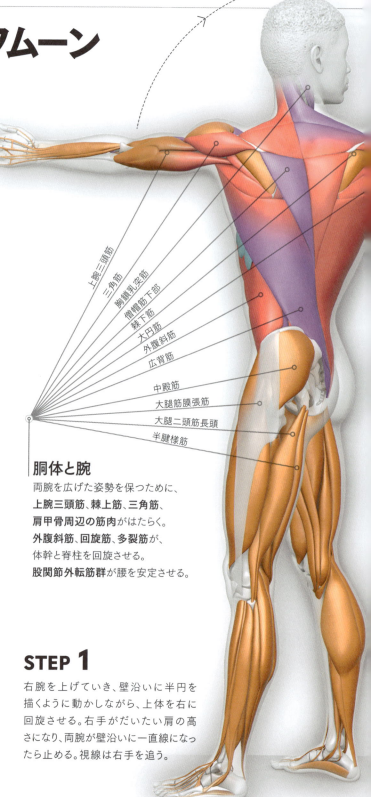

上腕三頭筋
三角筋
胸鎖乳突筋
僧帽筋下部
棘下筋
大円筋
外腹斜筋
広背筋
中殿筋
大腿筋膜張筋
大腿二頭筋長頭
半腱様筋

胴体と腕
両腕を広げた姿勢を保つために、**上腕三頭筋、棘上筋、三角筋、肩甲骨周辺の筋肉**がはたらく。
外腹斜筋、回旋筋、多裂筋が、体幹と脊柱を回旋させる。
股関節外転筋群が腰を安定させる。

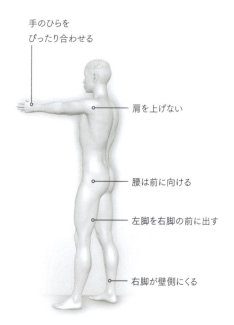

手のひらをぴったり合わせる
肩を上げない
腰は前に向ける
左脚を右脚の前に出す
右脚が壁側にくる

エクササイズの準備
壁を右にして横向きに立つ。左脚を右脚の前に出して軽く前後に開き、両腕を体の前に伸ばす。手のひらを合わせ、腰は前向きにして水平に保つ。

STEP 1
右腕を上げていき、壁沿いに半円を描くように動かしながら、上体を右に回旋させる。右手がだいたい肩の高さになり、両腕が壁沿いに一直線になったら止める。視線は右手を追う。

ストレッチエクササイズ｜首・脊柱のストレッチ

バリエーション：床で行う

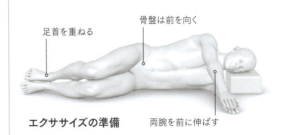

足首を重ねる / 骨盤は前を向く

エクササイズの準備 / 両腕を前に伸ばす

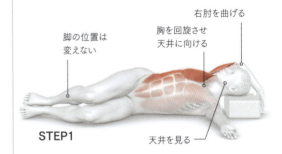

脚の位置は変えない / 右肘を曲げる / 胸を回旋させ天井に向ける

STEP1 / 天井を見る

エクササイズの準備
左を下にして寝る。頭をブロックで支え、腕は前に伸ばし、両手を合わせる。腰は前に向け、膝を少し前に出して曲げる。

STEP 1
左腕は前に伸ばしたまま、右手を胸の上まで上げていき、右側に下ろす。脊柱と頭は、右手の動きを追うように右に回旋させる。

STEP 2
再び腕で半円を描いて元の位置に戻る。同時に、胴体も回旋させて元の姿勢に戻り、両手を合わせる。

気をつけること
肩甲骨の動きを助けるために、腕を大きく動かして半円を描くとよい。首、腰、肩に違和感や痛みを感じたら、腕を動かす範囲を小さくするなど、必要に応じて動きを調整する。

図中の記号と色の意味
- ●-- 関節
- ○— 筋肉
- 緊張を維持しながら短縮
- 緊張を維持しながら伸長
- 緊張させず伸長
- 動かさず保つ

まっすぐ前を見る

右手を元の位置に戻す

常に背すじを伸ばしておく

右脚は常に左脚の少し後ろにある

左脚は右脚の少し前に出ている

STEP 2
再び右手で半円を描いて元の位置に戻し、胴体を左に回旋させて前に向ける。

93

糸通しのストレッチ

可動性を改善できるシンプルなエクササイズです。
胸椎のこわばりを緩和し、回旋しやすくします。
首と肩の機能や可動性の改善にも役立ちます。

糸通しのストレッチでは、片腕を床に固定して体を支え、上背部を回旋させます。毎日のウォーミングアップとしても、上背部に焦点を当てたプログラムの一部としても使えるストレッチです。上半身の可動性を高めるプログラムに加えられることが多く、テニスなどの回旋運動を伴うスポーツをする人も、よくこのストレッチを行います。ヨガやピラティスのレッスンでも人気のエクササイズです。

エクササイズの準備
四つんばいになり、肩は手首の真上、腰は膝の真上にくるようにする。頭と首は同じ高さにする。脊柱と骨盤はニュートラルに保つ。

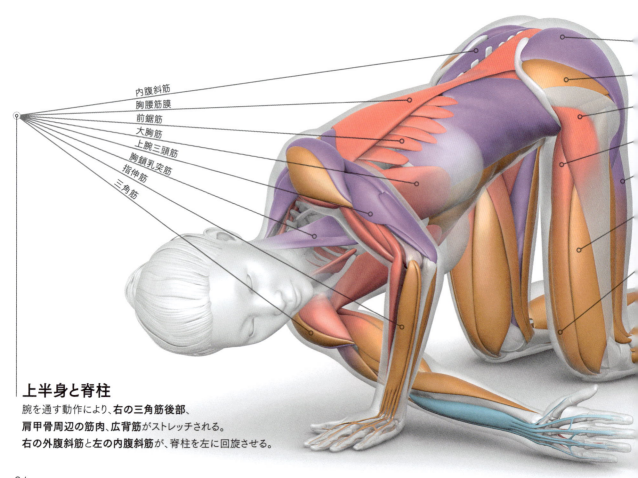

上半身と脊柱
腕を通す動作により、**右の三角筋後部、肩甲骨周辺の筋肉、広背筋**がストレッチされる。
右の外腹斜筋と左の内腹斜筋が、脊柱を左に回旋させる。

内腹斜筋
胸腰筋膜
前鋸筋
大胸筋
上腕三頭筋
胸鎖乳突筋
指伸筋
三角筋

ストレッチエクササイズ ｜ 首・脊柱のストレッチ

> **！ 気をつけること**
> 腕の動きをよく意識してコントロールし、それに合わせて頭と首を動かす。手首に痛みを感じるなら、手のひらの付け根部分の下に丸めたタオルを敷くとよい。膝が痛い人は、膝の下にマットを敷くと楽にできる。

下半身
体幹が下がって回旋すると、**殿筋**と**股関節外転筋群**がはたらき、腰を安定させる。**指伸筋**と**足首の背屈筋群**が床の上で引き伸ばされる。

- 大殿筋
- 中殿筋
- 大腿筋膜張筋
- 大腿直筋
- 大腿二頭筋長頭
- 外側広筋
- 内側広筋

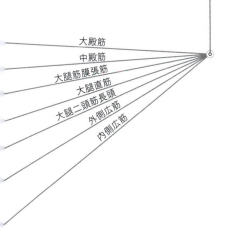

STEP 2
四つんばいの姿勢に戻り、肩は手首の上、腰は両膝の上にくるようにする。頭と首は同じ高さにする。バリエーションとして、右腕を垂直に上げて、反対側に強く回旋させることもできる。

> 66 99
> 糸通しのストレッチで行う回旋の動きは、肩と首を正常に動かすために重要となる胸部の可動性を高めてくれる。

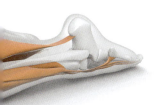

STEP 1
左手を床に固定したまま、右腕を左腕と太もものあいだに通すようにして、胸椎を回旋させる。

図中の記号と色の意味
- ●-- 関節
- ○— 筋肉
- ● 緊張を維持しながら短縮
- ● 緊張を維持しながら伸長
- ● 緊張させず伸長
- ● 動かさず保つ

95

≫ バリエーション

胸椎の動きに重点を置くストレッチはいろいろあり、さまざまなバリエーションを行うことで、胸部の可動性を高めることができます。多面的な動きができるという点でも役に立つでしょう。

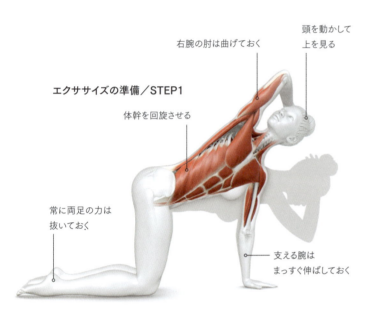
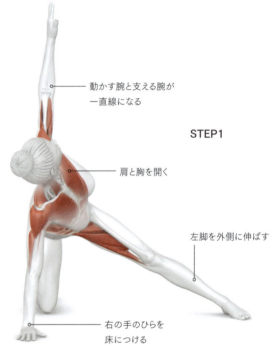

手を頭の後ろに当てる

頭に手を当てると、持ち上げる腕の長さが短くなるため、肩に張りや痛みがある人は、より楽に行えます。こうすれば、腕の動作より体幹の回旋に集中できるでしょう。このバリエーションを行う場合は、腰を動かさないように気をつけましょう。

エクササイズの準備
四つんばいになり、肩は手首の上、腰は膝の上にくるようにする。視線を床に向けたまま、右手を上げて頭の横に当てる。

STEP 1
息を吸いながら、腰から上の体幹を回旋させ、胸と肩を右側に開く。視線は右肘のあたりに向ける。

STEP 2
息を吐きながら、四つんばいの姿勢に戻る。右腕を下ろし、視線も床に戻す。一連の動きを3〜6回繰り返してから、反対側も同じように行う。

糸通しの内転筋ストレッチ

このバリエーションは、太ももの内側の筋肉を引き伸ばしながら、胸部と上半身もしっかりストレッチできるのが利点です。全身を心地よくストレッチできますが、骨盤に痛みがある人は、やりすぎないようにしましょう。

エクササイズの準備
四つんばいになり、左脚を外側に伸ばす。息を吐きながら、左腕を右腕の下に通す。胸と左肩は下がって床に近づく。

STEP 1
息を吸いながら、左腕を持ち上げ、天井に向けて上げていく。その動きに合わせて胴体を回旋させる。胸部と頭も体幹の動きに従う。視線は左手の方に向ける。

STEP 2
左腕を下ろし、再び右腕の下に通す。一連の動きを繰り返してから、四つんばいの姿勢に戻ってリセットする。

ストレッチエクササイズ｜首・脊柱のストレッチ

人魚のストレッチ

このストレッチでは、胸椎の可動性を高めながら、体を横に開いて側面の筋肉を引き伸ばします。人魚のストレッチをすると、肋骨が広がり、ラテラル（胸式）呼吸が促進されます。

図中の色の意味	
● 主にターゲットとなる筋肉	● 副次的にターゲットとなる筋肉

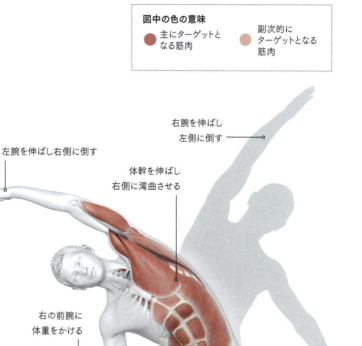

- まっすぐ前を見る
- 胸を張り、前に向ける
- 右足の裏を左ももに当てる
- 左腕を伸ばし右側に倒す
- 体幹を伸ばし右側に湾曲させる
- 右の前腕に体重をかける
- 右腕を伸ばし左側に倒す

エクササイズの準備

STEP1/2

エクササイズの準備
背すじを伸ばして座り、頭・首・脊柱・骨盤をニュートラルにする。両脚とも膝を曲げて左に折る。腕を伸ばして体の両脇に下ろし、指先を軽く床につける。

STEP 1
息を吸いながら、左腕を頭の上まで持ち上げる。息を吐きながら、その腕を右側に倒して、脊柱を右に湾曲させる。マットの上で右手を少しずつ外にスライドさせ、手のひらを下にして肘をつき、前腕で体を支える。

STEP 2
体を起こして準備の姿勢に戻り、腕は体の両脇に下ろす。次に、右腕を伸ばして左側に傾け、脊柱を左に湾曲させる。

> 腰の位置を変えながら
> 腕を伸ばして回旋することで、
> 胸椎を使う多面的な動きの向上に役立つ。

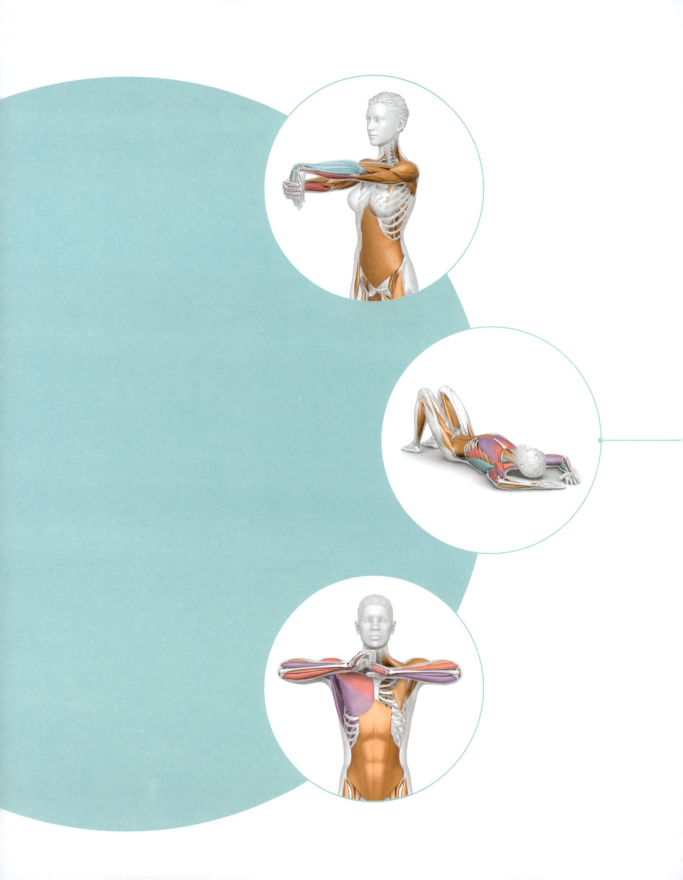

肩・腕・手の
ストレッチ

肩関節は、体の中で最も可動域が大きい関節であり、日々の作業を十分に行うためには、肩を最大限に機能させることが重要です。スポーツのための可動域向上にも、高い所に手を伸ばすなどの日常の動作にも、肩と腕の両方の柔軟性と強度が必要となります。また、ストレッチで見落とされがちな手首や手も、柔軟性を保ち、正常に動くようにしておくことが大切です。ここからは、肩・腕・手の可動性改善に役立つストレッチを紹介します。

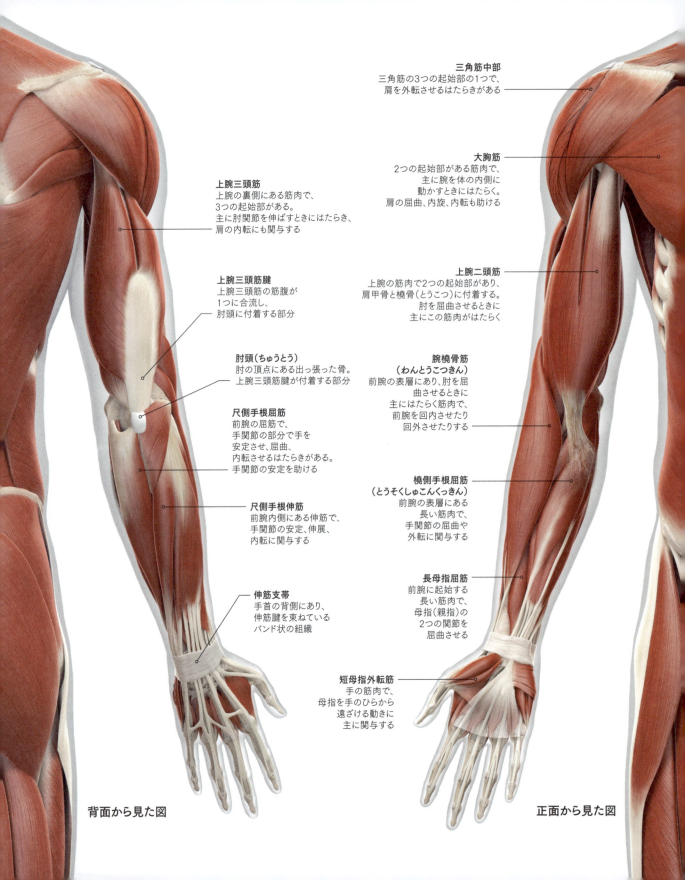

肩・腕・手の概要

肩・腕・手の筋肉には、前鋸筋、三角筋、肩回旋筋腱板、上腕二頭筋、上腕三頭筋、前腕の屈筋群と伸筋群、そして手の内在筋などがあります。これらの重要な筋肉が協調してはたらき、肩と肘の動きをコントロールして、多くの日常動作を可能にしています。

腕を伸ばす、物を持ち上げる、つかむ、細かい作業をするなどの動作を可能にするのは、肩・腕・手の筋肉です。三角筋と肩回旋筋腱板が、肩関節を安定させて動かし、腕を伸ばしたり、物を持ち上げたりといった動作が可能になります。上腕二頭筋と三頭筋は肘の動きに関与し、持ち上げる、物を押したり引いたりするなどの動作で重要なはたらきをします。前腕の屈筋群と伸筋群は、手関節の動きや握力をコントロールします。また、手の内在筋によって、字を書く、物を操作するなどの細かい作業を行うことができます。

柔軟性と強度のトレーニングによって、腕の関節の可動域を改善し、日常の作業能力を向上させることができます。さらに、バスケットボール・テニス・クライミング・体操・水泳など、腕を使う多くのスポーツにおける機能も向上します。

SECTION CONTENTS

ドア枠を使った胸筋ストレッチ	102
バリエーション	104
フロア・エンジェル	106
手首の伸展ストレッチ	108
手首の屈曲ストレッチ	108
バリエーション	110
虫様筋ストレッチ	112

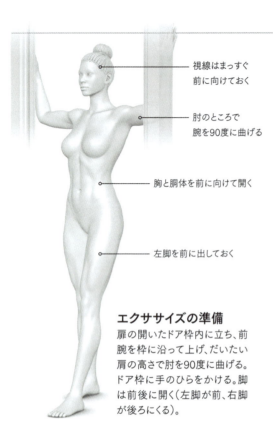

- 視線はまっすぐ前に向けておく
- 肘のところで腕を90度に曲げる
- 胸と胴体を前に向けて開く
- 左脚を前に出しておく

エクササイズの準備
扉の開いたドア枠内に立ち、前腕を枠に沿って上げ、だいたい肩の高さで肘を90度に曲げる。ドア枠に手のひらをかける。脚は前後に開く（左脚が前、右脚が後ろにくる）。

STEP 1

手と前腕をドア枠に当てたまま前の脚に体重を移し、胸と肩にストレッチが感じられるまで胴体を前に出す。

ドア枠を使った胸筋ストレッチ

上肢と前胸壁および外側胸壁とをつなぐ胸筋群は、肩の可動性や機能性に影響を与えます。胸筋が緊張すると肩甲骨の位置がずれて、胸郭出口症候群（首の下部や胸の上部で神経や血管が圧迫される疾患）を引き起こすことがあります。

ドア枠内に立ち、前の脚に体重を移しながら、肩甲骨を脊柱に引き寄せます。首・背中・肩に痛みや違和感が出ないか注意し、必要に応じて、腕を上下にずらす、足幅を小さくするなどの調整を行いましょう。大胸筋をターゲットにするときは、肘を肩と同じ高さに上げてストレッチします。小胸筋がターゲットの場合は、肘を肩より高く上げましょう。

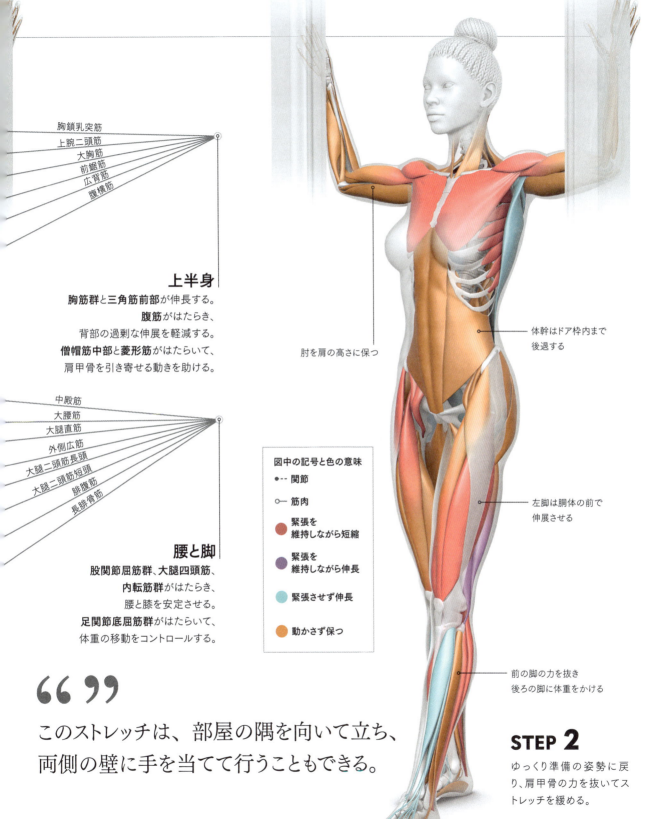

胸鎖乳突筋
上腕二頭筋
大胸筋
前鋸筋
広背筋
腹横筋

上半身
胸筋群と**三角筋前部**が伸長する。
腹筋がはたらき、
背部の過剰な伸展を軽減する。
僧帽筋中部と**菱形筋**がはたらいて、
肩甲骨を引き寄せる動きを助ける。

中殿筋
大腰筋
大腿直筋
外側広筋
大腿二頭筋長頭
大腿二頭筋短頭
腓腹筋
長腓骨筋

腰と脚
股関節屈筋群、**大腿四頭筋**、
内転筋群がはたらき、
腰と膝を安定させる。
足関節底屈筋群がはたらいて、
体重の移動をコントロールする。

図中の記号と色の意味
- ●--- 関節
- ○— 筋肉
- 🔴 緊張を維持しながら短縮
- 🟣 緊張を維持しながら伸長
- 🔵 緊張させず伸長
- 🟠 動かさず保つ

肘を肩の高さに保つ

体幹はドア枠内まで後退する

左脚は胴体の前で伸展させる

前の脚の力を抜き後ろの脚に体重をかける

> このストレッチは、部屋の隅を向いて立ち、両側の壁に手を当てて行うこともできる。

STEP 2
ゆっくり準備の姿勢に戻り、肩甲骨の力を抜いてストレッチを緩める。

》バリエーション

肩関節は体の中で最も可動域の大きい関節の1つです。肩関節の可動性を維持するために、ストレッチの姿勢を変えて、さまざまなバリエーションに挑戦してみましょう。

図中の色の意味
● 主にターゲットとなる筋肉
● 副次的にターゲットとなる筋肉

小胸筋ストレッチ

このストレッチでは、小胸筋の角度に合わせて、腕を肩より少し高く上げる必要があります。姿勢改善プログラムの一部として、または肩の可動性向上や首の痛みの緩和のためのストレッチとして、試してみましょう。

エクササイズの準備

ドア枠内に立ち、右肘を肩より少し高く上げて、右手と右前腕をドア枠に当てる。左腕は力を抜いて下ろしておく。

STEP 1

左膝を軽く曲げて、ゆっくり前の脚に体重を移しながら、上体を少し前に出す。背すじは伸ばしたまま、肩甲骨を脊柱に引き寄せて、胸をストレッチさせる。

STEP 2

後ろの足に体重を戻して、ストレッチを緩める。反対側も同じように行う。

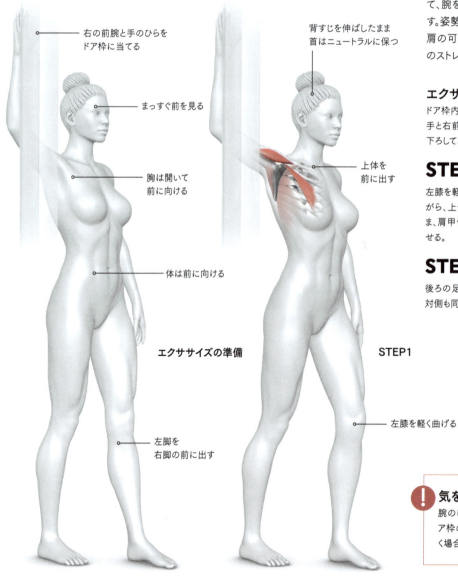

! 気をつけること

腕のしびれや首の痛みを感じるときは、ドア枠の肘の位置を下げてみる。症状が続く場合は専門家に相談する。

ストレッチエクササイズ｜肩・腕・手のストレッチ

クロスボディ・アームストレッチ

肩の背部筋肉に重点を置いたストレッチです。肩の可動性を改善したい人におすすめです。毎日のルーチンとして、または、肩の可動性を高めるために行いましょう。

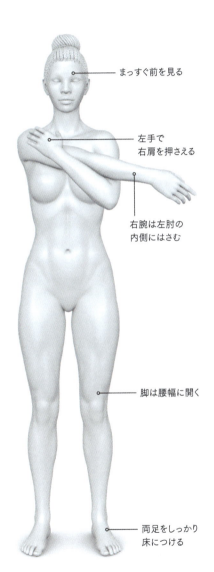
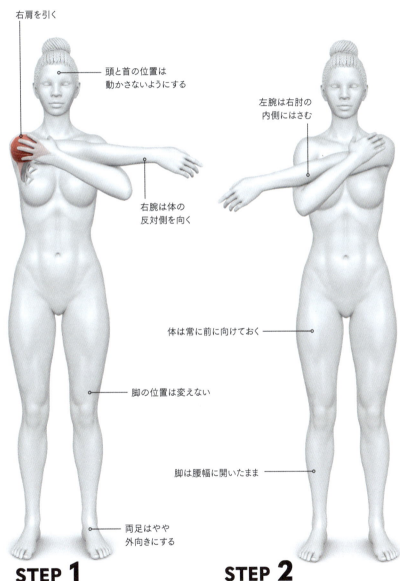

エクササイズの準備
立った姿勢で右腕を体に引き寄せ、左肘の内側にはさんで押さえる。

STEP 1
左の手のひらで右肩を押さえ、肩をやさしく引いて、右腕を内側に引き伸ばす。そのあいだ腰は水平に保ち、体は前に向けておく。

STEP 2
力を抜いて、反対側の腕も同じようにストレッチする。準備の姿勢では左腕を体に引き寄せて、右肘にはさむ。右手で左肩を引き、左腕を内向きに伸ばす。

フロア・エンジェル

胸筋群の緊張を緩めるためのシンプルなストレッチです。また、肩甲骨の動きをコントロールする姿勢筋をはたらかせ、肩を開くこともできます。

肩甲骨と手が床に支えられるため、肩甲骨の内転と肩の外旋が安定します。またこのストレッチを応用し、立った姿勢で背中を壁につけて行うこともできます。毎日のルーチンとして、または肩の可動性改善や首の緊張緩和のためのストレッチとして行いましょう。

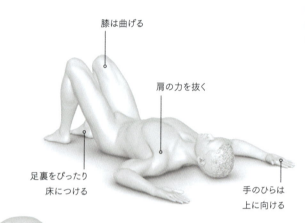

エクササイズの準備
床に仰向けに寝て膝を曲げ、足裏を床につける。両腕を上向きにして床に置き、肩の高さで肘を90度上に曲げる。

(ラベル: 膝は曲げる／肩の力を抜く／足裏をぴったり床につける／手のひらは上に向ける)

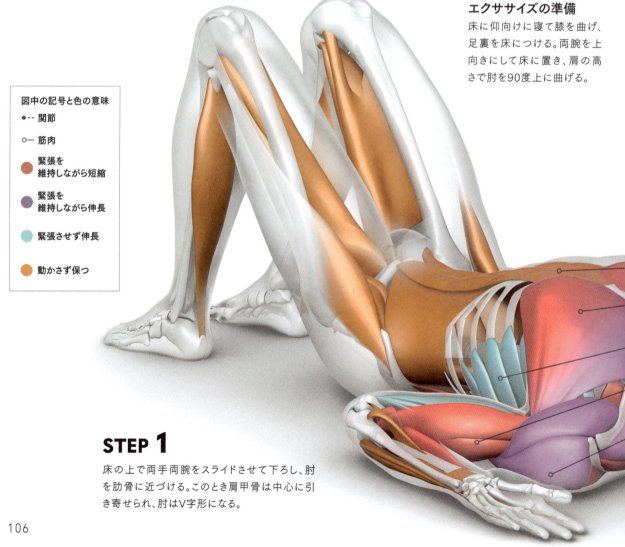

図中の記号と色の意味
- ●-- 関節
- ○― 筋肉
- 緊張を維持しながら短縮
- 緊張を維持しながら伸長
- 緊張させず伸長
- 動かさず保つ

STEP 1

床の上で両手両腕をスライドさせて下ろし、肘を肋骨に近づける。このとき肩甲骨は中心に引き寄せられ、肘はV字形になる。

ストレッチエクササイズ｜肩・腕・手のストレッチ

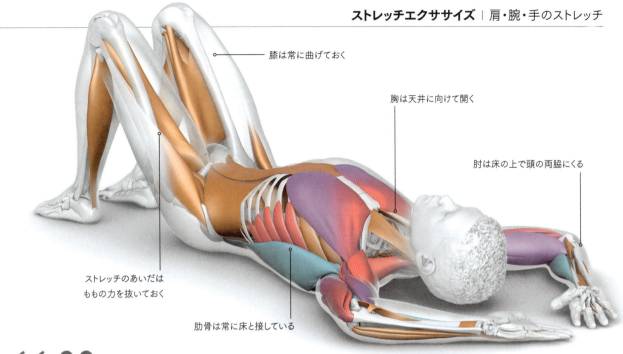

- 膝は常に曲げておく
- 胸は天井に向けて開く
- 肘は床の上で頭の両脇にくる
- ストレッチのあいだはももの力を抜いておく
- 肋骨は常に床と接している

❝ ❞
フロア・エンジェルは
肩甲骨と肩回旋筋腱板の筋肉を
ターゲットにして姿勢の意識化を助ける。

STEP 2
両手と前腕を上に向かってスライドさせ、肘は頭の両脇に、両手は頭の真上にきて、指先が向かい合うようにする。準備の姿勢に戻り、ストレッチを繰り返す。

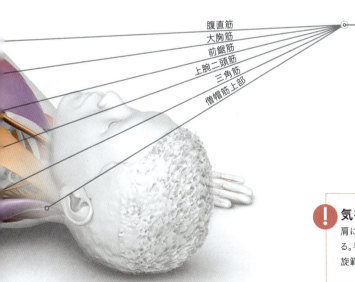

- 腹直筋
- 大胸筋
- 前鋸筋
- 上腕二頭筋
- 三角筋
- 僧帽筋上部

上半身と胸部
脊柱の位置を維持するために**腹筋群**がはたらく。
大胸筋と**三角筋前部**がストレッチされ、
**大円筋、広背筋、僧帽筋中部と下部、
菱形筋**が、肩甲骨を中心に引き寄せる。
棘下筋と**小円筋**がはたらき、
床の上での肩の外旋状態を維持する。

> ❗ **気をつけること**
> 肩に痛みを感じる場合は、手のひらを90度回転させて床に垂直に立てる。手の甲ではなく親指が床に接することになり、ストレッチによる肩の外旋範囲を小さくできる。

手首の伸展ストレッチ

手首を伸展させるシンプルなストレッチです。
手首、前腕、指の屈筋群の緊張をほぐすのに役立ちます。
器具を必要としないので、いつでもどこでも、
立っても座っても実践できます。

前腕前面の筋肉（屈筋群）は肘の内側に付着していて、手首と指の動きをコントロールします。手首の可動性を改善するために、このストレッチを毎日のルーチンに加えましょう。とくにパソコン作業や肉体労働などで、手をよく使う人におすすめです。

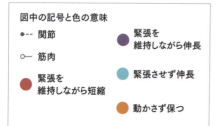

図中の記号と色の意味
- ●-- 関節
- ○— 筋肉
- ● 緊張を維持しながら短縮
- ● 緊張を維持しながら伸長
- ● 緊張させず伸長
- ● 動かさず保つ

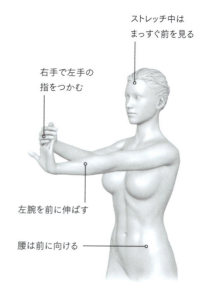

ストレッチ中はまっすぐ前を見る
右手で左手の指をつかむ
左腕を前に伸ばす
腰は前に向ける

エクササイズの準備
立った状態で左腕を前に伸ばし、左の手のひらを前に向け、右手で左手の指を握る。

手首の屈曲ストレッチ

手首の屈曲も、器具を使わずどこでもできる
簡単なストレッチです。
手首、前腕、指伸筋群の緊張をほぐす
ストレッチとしておすすめです。

前腕背部の伸筋群は肘の外側に付着し、手首と指をコントロールしています。手首の屈曲ストレッチを毎日のルーチンとして、または可動性改善のための手技として行いましょう。手首の伸展ストレッチとセットで行うこともできます。

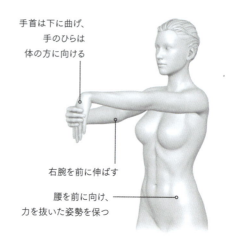

手首は下に曲げ、手のひらは体の方に向ける
右腕を前に伸ばす
腰を前に向け、力を抜いた姿勢を保つ

エクササイズの準備
立った状態で左腕を前に伸ばし、手首を下に曲げ、手のひらを体の方に、指先を床に向ける。右手で左手の指を握る。

ストレッチエクササイズ｜肩・腕・手のストレッチ

STEP 1
右手を使って、左の手と指をやさしく後ろに引き、伸長を強める。

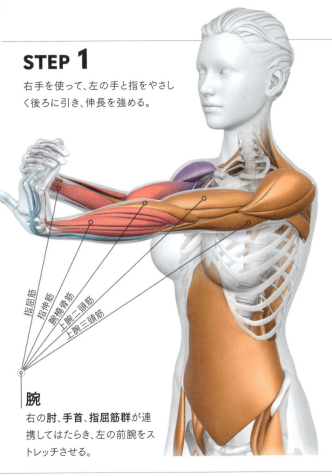

指屈筋
指伸筋
腕橈骨筋
上腕二頭筋
上腕三頭筋

腕
右の肘、**手首**、**指屈筋群**が連携してはたらき、左の前腕をストレッチさせる。

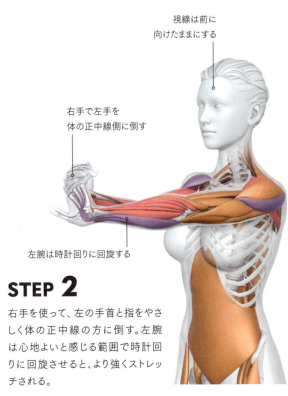

視線は前に向けたままにする

右手で左手を体の正中線側に倒す

左腕は時計回りに回旋する

STEP 2
右手を使って、左の手首と指をやさしく体の正中線の方に倒す。左腕は心地よいと感じる範囲で時計回りに回旋させると、より強くストレッチされる。

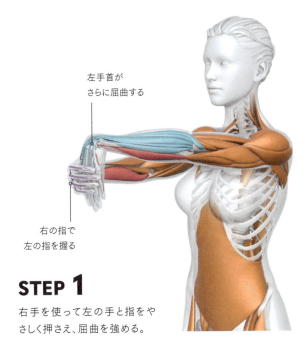

左手首がさらに屈曲する

右の指で左の指を握る

STEP 1
右手を使って左の手と指をやさしく押さえ、屈曲を強める。

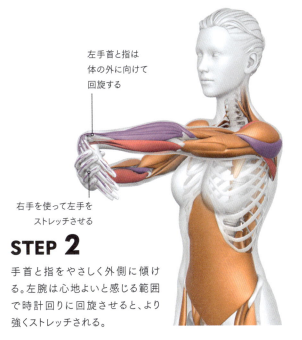

左手首と指は体の外に向けて回旋する

右手を使って左手をストレッチさせる

STEP 2
手首と指をやさしく外側に傾ける。左腕は心地よいと感じる範囲で時計回りに回旋させると、より強くストレッチされる。

109

≫ バリエーション

体操やヨガなど、体を動かす活動やスポーツの多くでは、手と手首で体重を支える必要があります。次のようなバリエーションを行えば、手や手首の可動性が高まりケガのリスクを減らせるでしょう。

図中の色の意味	
● 主にターゲットとなる筋肉	● 副次的にターゲットとなる筋肉

床を使った手首の伸展

床で行う方が楽な人におすすめのストレッチです。床を利用して前腕の筋肉をターゲットにストレッチし、力をかける度合いも自分なりに調整できます。

エクササイズの準備
四つんばいになり、手のひらを床につけ、指を膝の方に向ける。

STEP 1
ゆっくりかかとに腰を下ろしていき、前腕前面の筋肉をストレッチさせ、指と手のひらに心地よい力を感じるようにする。肘の内側は前に向けておく。腰を下ろすとともに、手のひらは少し床から離れてもよい。

STEP 2
再び体重を前に戻し、ストレッチを緩める。

床を使った手首の屈曲

手首の伸筋群をやさしくストレッチするためのエクササイズです。手首伸展のバリエーションとセットで行うことができます。前腕の筋肉をターゲットにし、ストレッチの強度も耐えられる範囲で自由に調整できます。

エクササイズの準備
四つんばいになり、手首を内側に曲げて、手の甲を床につける。肩は手より少し前に出る。

STEP 1
体重をゆっくり後ろに移し、ストレッチを感じながら屈曲を強める。肘を回旋させ、前に向けておく。

STEP 2
再び体重を前に戻し、ストレッチを緩める。

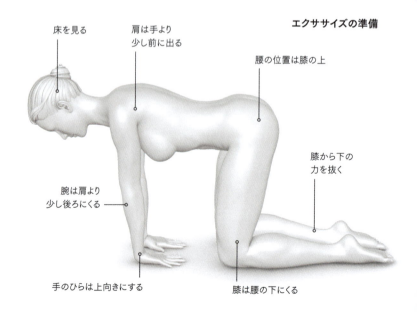

110

ストレッチエクササイズ｜肩・腕・手のストレッチ

> ❝❞
> ストレッチの強度は、
> 手首の可動域とかける体重に応じて調整できる。

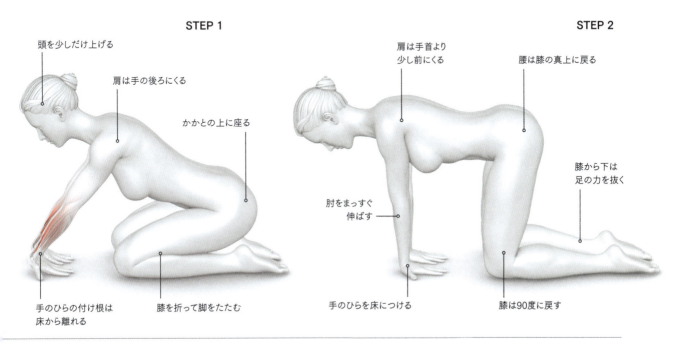

STEP 1
- 頭を少しだけ上げる
- 肩は手の後ろにくる
- かかとの上に座る
- 手のひらの付け根は床から離れる
- 膝を折って脚をたたむ

STEP 2
- 肩は手首より少し前にくる
- 腰は膝の真上に戻る
- 膝から下は足の力を抜く
- 肘をまっすぐ伸ばす
- 手のひらを床につける
- 膝は90度に戻す

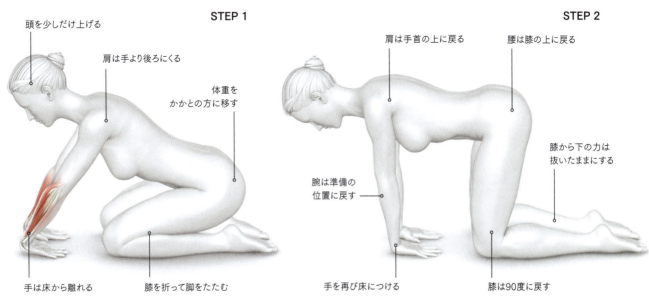

STEP 1
- 頭を少しだけ上げる
- 肩は手より後ろにくる
- 体重をかかとの方に移す
- 手は床から離れる
- 膝を折って脚をたたむ

STEP 2
- 肩は手首の上に戻る
- 腰は膝の上に戻る
- 膝から下の力は抜いたままにする
- 腕は準備の位置に戻す
- 手を再び床につける
- 膝は90度に戻す

虫様筋ストレッチ

手や中手指節間関節（MCP関節）のあいだの緊張を緩めるストレッチです。
中手指節間関節とは、ゲンコツを握ると突き出る指の付け根の関節のことです。
虫様筋は、手のひらの深指屈筋の腱に起始部があります。
指の屈筋腱と伸筋腱をつないでおり、指を伸展させるとともに、
中手指節間関節を屈曲させます。

虫様筋は握力に関係するので、とくにパソコン作業や芸術、音楽などで細かい手作業を行う人には、このストレッチが役に立つでしょう。また、手をよく使う人（たとえば、手作業やロッククライミングをする人）にも、虫様筋ストレッチはおすすめです。手の疲れや緊張を緩和するため、または可動域全般を高めるプログラムの一環として行いましょう。

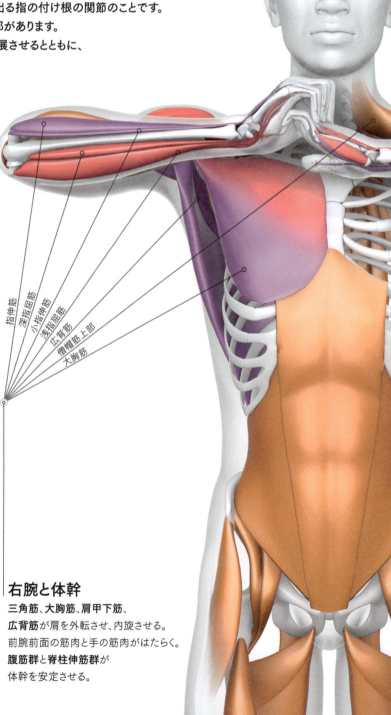

指伸筋
深指屈筋
小指伸筋
浅指屈筋
広背筋
僧帽筋_上部
大胸筋

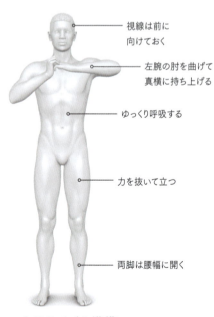

- 視線は前に向けておく
- 左腕の肘を曲げて真横に持ち上げる
- ゆっくり呼吸する
- 力を抜いて立つ
- 両脚は腰幅に開く

エクササイズの準備
立った状態で左の手指と関節の上から右手をかぶせるようにする。

右腕と体幹
三角筋、大胸筋、肩甲下筋、広背筋が肩を外転させ、内旋させる。
前腕前面の筋肉と手の筋肉がはたらく。
腹筋群と**脊柱伸筋群**が体幹を安定させる。

ストレッチエクササイズ｜肩・腕・手のストレッチ

> 虫様筋は4本あり、
> 第2指から第5指の各指に
> それぞれ1本ずつ対応している。

図中の記号と色の意味
- ●-- 関節
- ○— 筋肉
- ● 緊張を維持しながら短縮
- ● 緊張を維持しながら伸長
- ● 緊張させず伸長
- ● 動かさず保つ

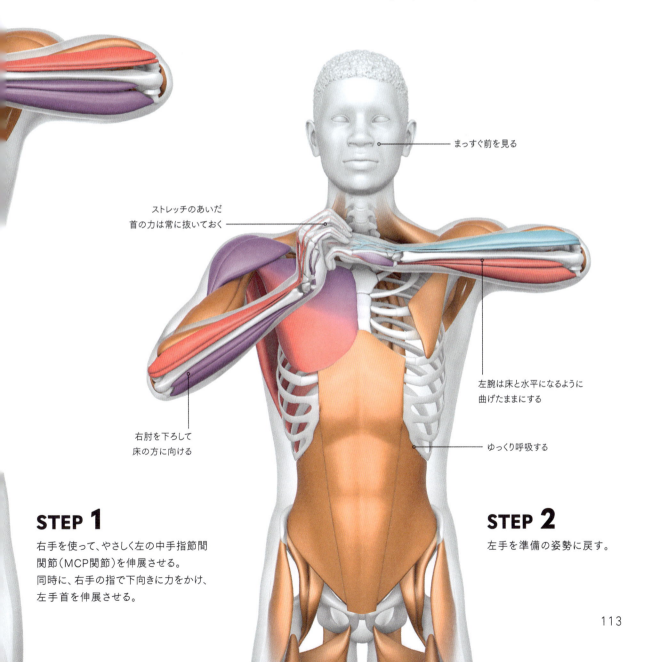

まっすぐ前を見る

ストレッチのあいだ首の力は常に抜いておく

左腕は床と水平になるように曲げたままにする

右肘を下ろして床の方に向ける

ゆっくり呼吸する

STEP 1
右手を使って、やさしく左の中手指節間関節（MCP関節）を伸展させる。
同時に、右手の指で下向きに力をかけ、左手首を伸展させる。

STEP 2
左手を準備の姿勢に戻す。

股関節の
ストレッチ

球関節（ボールとソケットの関節）である股関節は、
とても重要な役割を担っています。上半身を支えて安定させ、
体重のかかる動作を可能にするだけでなく、あらゆる運動面で動くこともできます。
このセクションでは、股関節周辺の筋肉にはたらきかけ、
この大切な関節の可動域を広げるためのストレッチを紹介します。

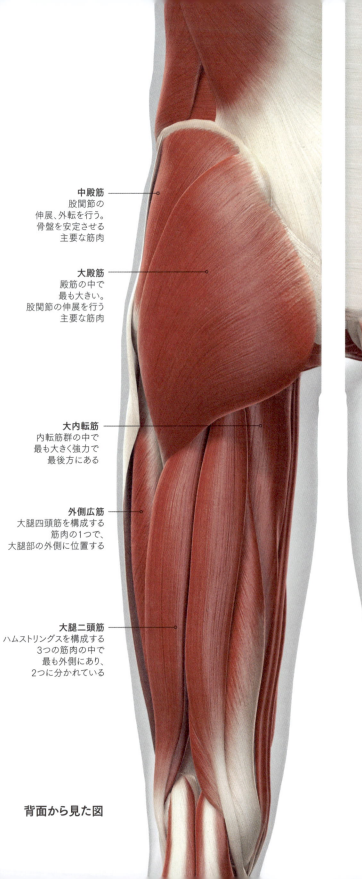

中殿筋
股関節の
伸展、外転を行う。
骨盤を安定させる
主要な筋肉

大殿筋
殿筋の中で
最も大きい。
股関節の伸展を行う
主要な筋肉

大内転筋
内転筋群の中で
最も大きく強力で
最後方にある

外側広筋
大腿四頭筋を構成する
筋肉の1つで、
大腿部の外側に位置する

大腿二頭筋
ハムストリングスを構成する
3つの筋肉の中で
最も外側にあり、
2つに分かれている

背面から見た図

内腹斜筋
胴体の側面にある腹筋で、
外腹斜筋の深部に位置する

小殿筋
小さい殿筋で、中殿筋の
深部に位置する

大腰筋
腸骨筋と合流して
腸腰筋を形成する。
股関節の屈曲を行う
主要な筋肉で、体幹の
屈曲筋としてもはたらく

恥骨筋
大腿の前部と内部をつなぎ
股関節の屈曲、内転、内旋
を行う

長内転筋
大腿の前部と内部をつなぐ
四角形の筋肉で、
股関節の屈曲、内転、内旋
を行う

薄筋（はっきん）
長くて薄い浅層筋で、
股関節と膝関節の
屈曲、内転を行う

縫工筋（ほうこうきん）
体の中で
一番長い筋肉。
股関節と膝関節をまたぐ。
屈曲と回転の両方が可能

外側広筋
大腿四頭筋の中で
最も外側にあり
最も強いとされる筋肉

正面から見た図

股関節の概要

股関節部および大腿部にある主な筋肉は、殿筋群（大殿筋、中殿筋、小殿筋）、
腸骨筋と大腰筋、大腿四頭筋（大腿直筋、外側広筋、内側広筋、中間広筋）、
ハムストリングス（大腿二頭筋、半腱様筋、半膜様筋）、内転筋群です。

股関節周辺の筋肉は、多方向の動きを助けたり骨盤や股関節を安定させたりと、さまざまなはたらきをします。腸腰筋や大腿直筋といった筋肉は股関節の屈曲を行い、殿筋群やハムストリングスなどは股関節の伸展を行います。

中殿筋や大腿筋膜張筋などの股関節外転筋は、片脚で体重を支える際に骨盤を安定させます。股関節内転筋群は内転以外の多くの動きにも関与し、股関節の回転を行う筋肉もあります。大腿四頭筋は膝関節の伸展を、ハムストリングスは膝関節の屈曲や股関節の伸展を行います。これらはランニング、サッカー、ウエイトリフティングといった運動で重要です。

SECTION CONTENTS

四つんばいで行うロックバック ———— 118

　バリエーション ———— 120

肩膝立ち股関節ロック ———— 122

　バリエーション ———— 124

ガーランド・スクワット ———— 126

4の字ストレッチ ———— 128

クロスボディ殿筋ストレッチ ———— 130

4の字股関節内旋ストレッチ ———— 132

肩膝立ち股関節ストレッチ ———— 134

　バリエーション ———— 136

ピジョンストレッチ ———— 138

ワールドグレイテストストレッチ ———— 140

パンケーキストレッチ ———— 142

ハッピーベイビーポーズ ———— 144

座って行うバタフライストレッチ ———— 146

立って行うヒップサークル ———— 148

　バリエーション ———— 150

四つんばいで行う
ロックバック

このストレッチは股関節の可動性を高めるのに非常に効果的で、初心者でも無理なく実践できます。
両手と膝を床に固定したまま骨盤と体幹を後ろに引くことで、股関節の屈曲可動域が広がります。

体重負荷の少ない軽度のストレッチのため、初心者や、股関節のリハビリの初期段階の人に適しています。股関節に接する骨盤を動かすことで少しずつ股関節部の可動域を広げていくため、動作に制限のある人も取り組みやすいでしょう。

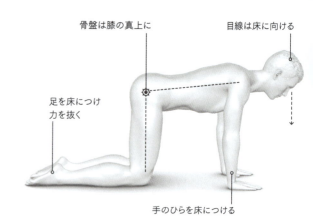

エクササイズの準備
肩の真下に手首、股関節の真下に膝がくるよう四つんばいの姿勢になり、頭と首は一直線になるようにする。背骨は、曲げきった状態と伸ばしきった状態の中間のニュートラルに保つ。

下半身と背中
脊柱起立筋は背中の姿勢を保持する。股関節が後ろに動くと股関節屈筋群が動き、殿筋群が引き伸ばされる。

胸棘筋（きょうちょくきん）
腸肋筋
腹横筋
大腿直筋
外側広筋
大腿二頭筋
大殿筋

STEP 1

股関節やその周辺が伸びているのを感じるまで、ゆっくりと股関節を後ろに引く。ストレッチの効果は骨盤の位置で決まるので、背中は楽な姿勢にしておく。心地よいと感じる状態で数秒間キープする。

ストレッチエクササイズ | 股関節のストレッチ

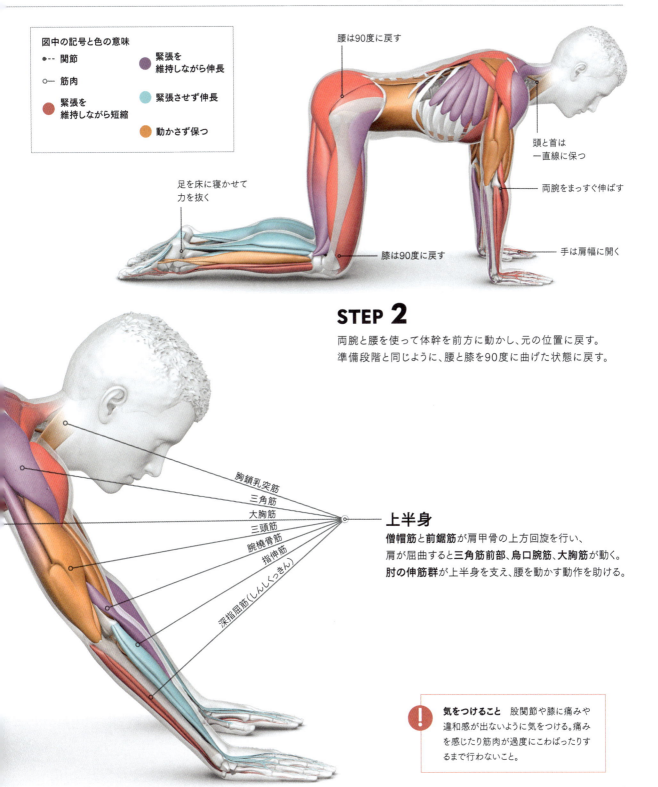

図中の記号と色の意味
- •--- 関節
- ○─ 筋肉
- 緊張を維持しながら短縮
- 緊張を維持しながら伸長
- 緊張させず伸長
- 動かさず保つ

腰は90度に戻す
頭と首は一直線に保つ
両腕をまっすぐ伸ばす
手は肩幅に開く
膝は90度に戻す
足を床に寝かせて力を抜く

STEP 2
両腕と腰を使って体幹を前方に動かし、元の位置に戻す。準備段階と同じように、腰と膝を90度に曲げた状態に戻す。

胸鎖乳突筋
三角筋
大胸筋
三頭筋
腕橈骨筋
指伸筋
深指屈筋（しんしくっきん）

上半身
僧帽筋と**前鋸筋**が肩甲骨の上方回旋を行い、肩が屈曲すると**三角筋前部、烏口腕筋、大胸筋**が動く。**肘の伸筋群**が上半身を支え、腰を動かす動作を助ける。

！ 気をつけること 股関節や膝に痛みや違和感が出ないように気をつける。痛みを感じたり筋肉が過度にこわばったりするまで行わないこと。

119

≫ バリエーション

股関節の屈曲を行いながらほかの筋肉群にも作用するロックバックのバリエーションを紹介します。下半身を使う運動や動作の前の動的ストレッチとしておすすめです。

図中の色の意味
● 主にターゲットとなる筋肉
● 副次的にターゲットとなる筋肉

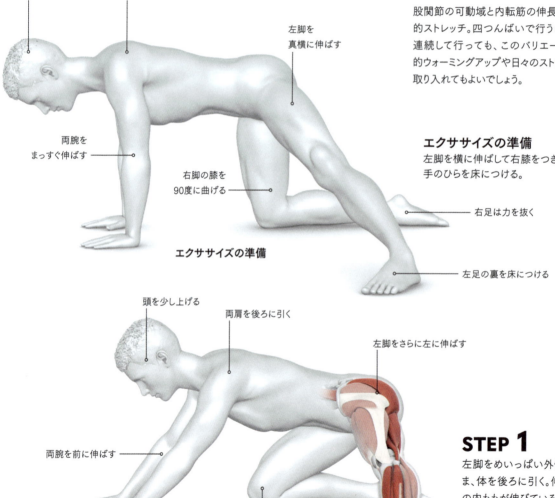

内転筋ロックバック

股関節の可動域と内転筋の伸長性に作用する動的ストレッチ。四つんばいで行うロックバックから連続して行っても、このバリエーションだけを動的ウォーミングアップや日々のストレッチルーチンに取り入れてもよいでしょう。

エクササイズの準備
左脚を横に伸ばして右膝をつき、手のひらを床につける。

- 目線は床に向ける
- 背中をまっすぐに保つ
- 左脚を真横に伸ばす
- 両腕をまっすぐ伸ばす
- 右脚の膝を90度に曲げる
- 右足は力を抜く
- 左足の裏を床につける

エクササイズの準備

- 頭を少し上げる
- 両肩を後ろに引く
- 左脚をさらに左に伸ばす
- 両腕を前に伸ばす
- 右脚の太ももをかかとに近づける

STEP 1

STEP 1
左脚をめいっぱい外側に伸ばしたまま、体を後ろに引く。伸ばした方の脚の内ももが伸びているのを感じる。

STEP 2
ついた膝より前に体を戻し、ストレッチを緩める。

120

ストレッチエクササイズ｜股関節のストレッチ

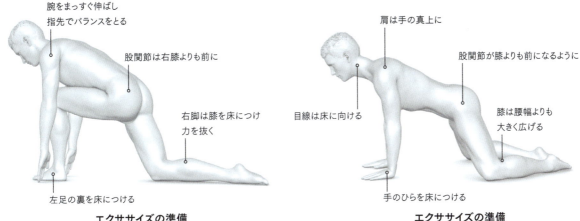

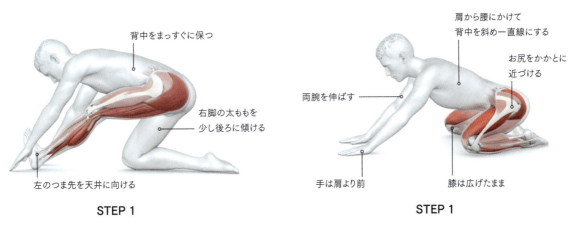

ハムストリング・ロックバック

ハムストリングスの動的なストレッチで、片方の脚（この場合は左脚）の股関節の屈曲、膝関節の伸展を行います。ランニングなど、脚に負担のかかる運動をする人に最適のストレッチ。

エクササイズの準備
左膝を立て、右膝は床につける。指先または手を床について体を支え、体幹を前屈させる。

STEP 1
左膝を伸ばし、背中はまっすぐのまま、手は床につけたままで体を後ろに引く。左のつま先を天井に向けてかかとでバランスをとり、左のハムストリングスが伸びているのを感じる。

STEP 2
体を前に戻しストレッチを緩める。

フロッグ・ロックバック

股関節の外転、外旋を行い、大腿部のインナーマッスルを伸ばす動的ストレッチ。股関節の可動性向上ルーチンやウォーミングアップに取り入れられる両側性エクササイズ。

エクササイズの準備
両手のひらと両膝を床につけ、膝は腰幅より広く開く。つま先は寝かせておく。

STEP 1
体を後ろに深く引き、股関節をかかとに近づける。膝は広げたままにしておく。

STEP 2
体を前に戻しストレッチを緩める。

片膝立ち股関節ロック

大腿四頭筋や腸腰筋など、股関節前部にはたらきかける動的ストレッチです。
片膝をついた姿勢が、脚を前後に開く動きを行いやすくします。

後ろの脚の膝を曲げることで股関節と膝関節をまたぐ大腿四頭筋が伸長し、股関節を伸ばすことで股関節周辺の筋肉のストレッチを深められます。この動的ストレッチは、静的ストレッチとは異なり、体重を前後に移動させることで股関節前部と足首が動き、後ろの脚のストレッチも行えます。下半身のウォーミングアップにおすすめです。

> **！ 気をつけること**
> 尾骨を軽く押し込むようにして、腰が伸びすぎないようストレッチの強度をコントロールする。動きによって腰や背中に痛みが生じたら、動きの範囲を調節するか、静的ストレッチに切り替えること。

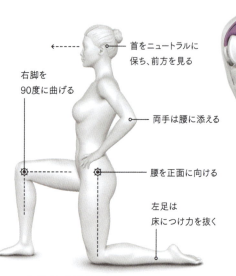

- 首をニュートラルに保ち、前方を見る
- 右脚を90度に曲げる
- 両手は腰に添える
- 腰を正面に向ける
- 左足は床につけ力を抜く

エクササイズの準備
左膝をついて膝立ちになり、右膝は立てて足の裏を床につける。脊柱はニュートラルに保ち、目線は前へ向ける。

ストレッチエクササイズ｜股関節のストレッチ

上半身と体幹

手を腰に添えておくのに**上腕二頭筋**がわずかに関与する。**脊柱伸筋群**と**腹斜筋群**が**腹筋群**とともにはたらいて、ストレッチ中の胴体を安定させる。

- 頭半棘筋
- 三角筋
- 小胸筋
- 上腕筋
- 上腕三頭筋
- 内腹斜筋

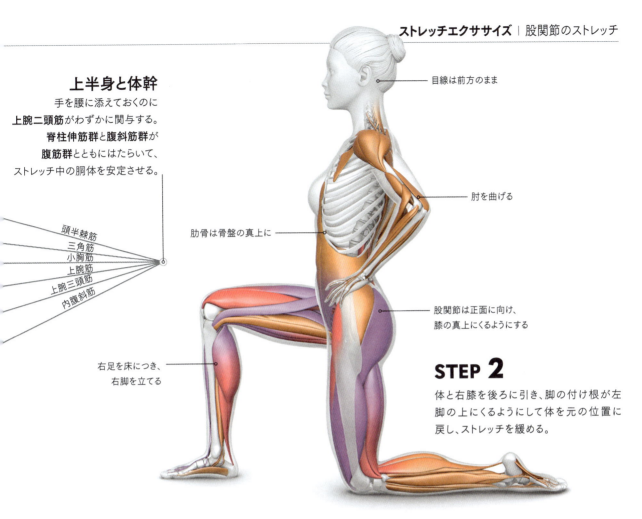

- 目線は前方のまま
- 肘を曲げる
- 肋骨は骨盤の真上に
- 股関節は正面に向け、膝の真上にくるようにする
- 右足を床につき、右脚を立てる

STEP 2

体と右膝を後ろに引き、脚の付け根が左脚の上にくるようにして体を元の位置に戻し、ストレッチを緩める。

下半身

腹筋群が収縮して骨盤を後傾させ、**殿筋群**も動く。股関節が伸展すると左の**股関節屈筋群**が伸び、**ハムストリングス**と**腓腹筋**が緩む。

- 中殿筋
- 大殿筋
- 大腿筋膜張筋
- 大腿直筋
- 大腿二頭筋長頭
- 外側広頭
- 大腿二頭筋短頭
- 腓腹筋
- 長腓骨筋
- ヒラメ筋
- 長趾伸筋

図中の記号と色の意味

- ●-- 関節
- ○- 筋肉
- 🔴 緊張を維持しながら短縮
- 🟣 緊張を維持しながら伸長
- 🟢 緊張させず伸長
- 🟠 動かさず保つ

STEP 1

手を添えた腰は正面に向けたまま。尾骨を少し傾けて前方にスライドさせ、左の股関節が伸展し右の股関節が屈曲するようストレッチする。

123

≫ バリエーション

股関節の周辺には、股関節伸筋群、股関節屈筋群、股関節外転筋群、股関節内転筋群をはじめとしたたくさんの筋肉群があります。股関節ストレッチの2つのバリエーションを続けて行い、左右両方の股関節の可動性を向上させましょう。

気をつけること
腰、背中、膝に痛みや違和感があればポーズを調整する。これらのバリエーションでは、左右の股関節が心地よく動くのを感じよう。

斜めに傾ける

脚の付け根を中心から45度ほど開いた状態で体重を前に移動させるため、内ももと鼠径部の筋肉への動的効果が大きいストレッチです。

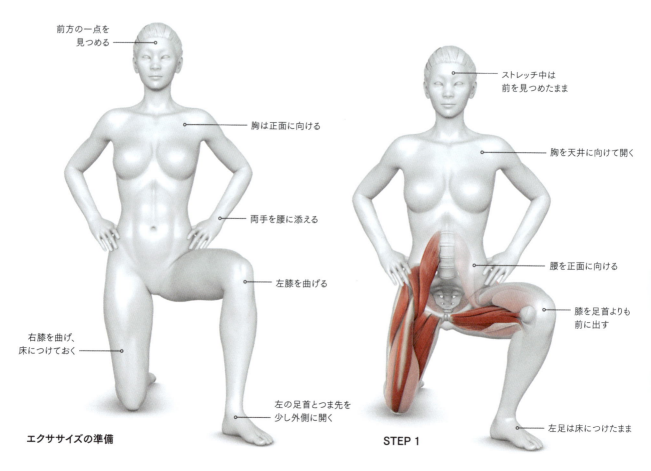

エクササイズの準備
左膝をついて膝立ちになり、右膝は床につけ、両膝とも90度に曲げる。左脚は中央よりやや左に置く。両手を腰に添え、脊柱をニュートラルに保って前方を見る。

STEP 1
手を添えた腰は正面に向けたまま。尾骨を軽く押し込むようにして脚の付け根を左足首に向かって前方にスライドさせ、右の股関節を伸展させ、左の股関節を屈曲させる。

STEP 2
右脚に体重を戻し、ストレッチを緩める。

ストレッチエクササイズ｜股関節のストレッチ

図中の色の意味
● 主にターゲットとなる筋肉
● 副次的にターゲットとなる筋肉

> " "
> これらのバリエーションでは、内転筋が左右の股関節を動かしつつストレッチされる。

横に傾ける

このバリエーションでは、股関節を真横に開いた状態で体重を前に移動させるため、内ももと鼠径部の筋肉を起点とした動的なストレッチを行うことができます。股関節を開き、内転筋の可動性を向上させる優れたストレッチです。

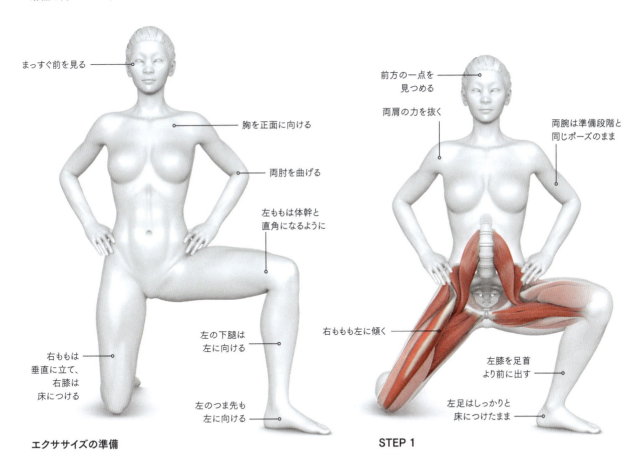

エクササイズの準備

STEP 1

STEP 2

エクササイズの準備

左膝を立てて膝立ちになり、右膝は床につけ、両膝とも90度に曲げる。左脚は外側に開き切る。脊柱をニュートラルに保って前方を見る。

STEP 1

手を添えた腰は正面に向けたまま。尾骨を軽く押し込むようにして、脚の付け根を左足首に向かって横にスライドさせる。右の股関節が伸展・外転し、左の股関節が屈曲・外転する。

STEP 2

右脚に体重を戻し、ストレッチを緩める。

125

ガーランド・スクワット

このスクワットは、股関節を広げ、足首と骨盤底を伸ばします。
補助具を使って行うこともできるので、
徐々に可動域を広げ深いスクワットにしていくことができます。

最初のうちは一番下まで腰を落とすのが難しければ、ヨガブロックなどを体の下に置きその地点までしゃがむようにしましょう。肘を使って膝を広げることで、膝に外向きの力が加わり、しゃがんだ状態で股関節を外旋させることができます。日々のストレッチルーチンの一部として、あるいは股関節、膝、足首の可動性を高めるウォーミングアップとして行いましょう。

> **！ 気をつけること**
> 股関節に痛みや過度なこわばりを感じるまで腰を落とさない。股関節の形や大きさは人によって異なるため、構造的な違いが可動域を制限する場合もある。新しいストレッチは新鮮さを感じるが、過度な違和感がある場合は調整する。

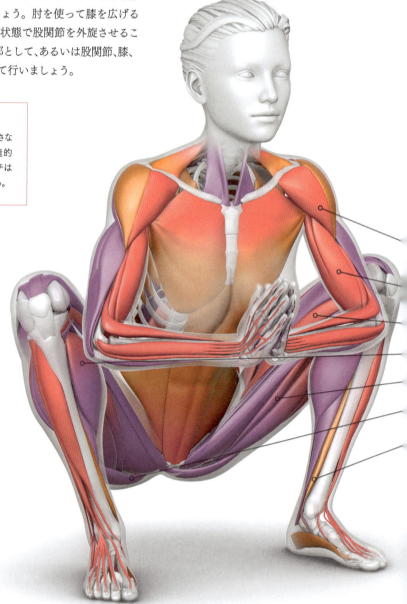

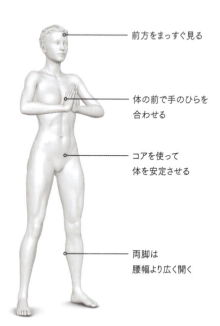

- 前方をまっすぐ見る
- 体の前で手のひらを合わせる
- コアを使って体を安定させる
- 両脚は腰幅より広く開く

エクササイズの準備
脚を腰幅より少し広げて立ち、つま先をやや外側に向ける。

126

ストレッチエクササイズ｜股関節のストレッチ

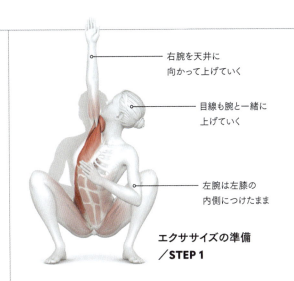

- 右腕を天井に向かって上げていく
- 目線も腕と一緒に上げていく
- 左腕は左膝の内側につけたまま

エクササイズの準備／STEP 1

バリエーション：腕を交互に伸ばす

エクササイズの準備
ガーランド・スクワットのSTEP1から始める。一番下まで腰を落とし、手は体の前で合わせる。

STEP 1
右腕を天井に向かって伸ばし、頭と首も腕と一緒に動かす。背すじはまっすぐ伸ばしたまま、左腕は左膝の内側につけたままにする。

STEP 2
右腕を下ろして右膝の内側に戻し、左腕を天井に向かって伸ばす。

腕と脚
手関節屈筋群が伸び、**肘関節屈筋群**と**肩関節外転筋群**が動く。**殿筋群**と**股関節内転筋群**が緊張を維持しながら伸長する。**足関節底屈筋群**と**背屈筋群**も動く。

- 三角筋
- 上腕二頭筋
- 縫工筋
- 腓腹筋
- 半膜様筋
- 大殿筋
- 長趾屈筋

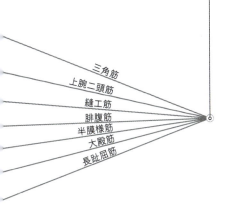

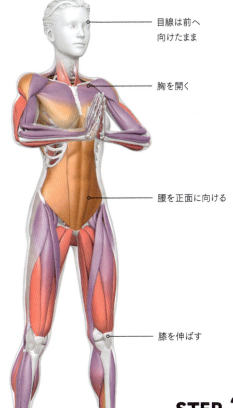

- 目線は前へ向けたまま
- 胸を開く
- 腰を正面に向ける
- 膝を伸ばす

図中の記号と色の意味
- ●─ 関節
- ○─ 筋肉
- ● 緊張を維持しながら短縮
- ● 緊張を維持しながら伸長
- ● 緊張させず伸長
- ● 動かさず保つ

STEP 1
腰を落としてしゃがむ。肘を膝の内側につけ、股関節を広げるように外側に向かって押す。体重を左右に移動させてもよい。

STEP 2
床から立ち上がり準備の姿勢に戻る。

127

ストレッチエクササイズ｜股関節のストレッチ

4の字ストレッチ

床に寝転んで行うストレッチで、殿筋群と股関節回旋筋群にはたらきかけ外旋の動きを向上させます。殿筋群の緊張をほぐすのに役立つストレッチです。

股関節の可動性向上エクササイズとして、あるいは、坐骨神経痛などの不快感の原因となる殿筋群の緊張を緩和するために、このストレッチを行いましょう。床で寝転ぶ基本形では背中の心地よさが得られ、座位のバリエーションでは机に座ったままで効果が得られます。股関節の可動性改善を目指すプログラムに組み込まれることの多いストレッチです。

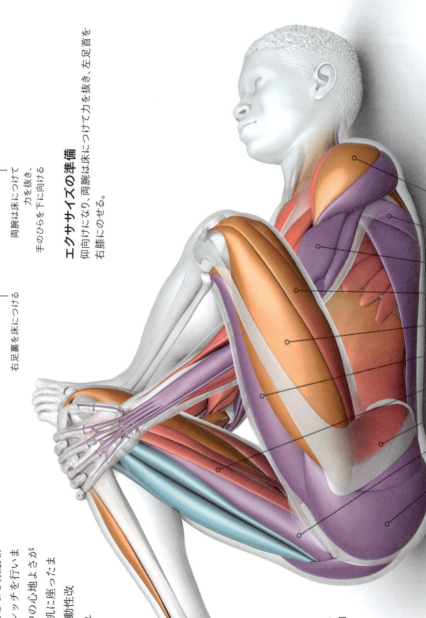

頭と首をニュートラルに保つ

左膝を曲げる

左足首を右膝にのせる

両腕は床につけて力を抜き、手のひらを下に向ける

右足裏を床につける

エクササイズの準備
仰向けになり、両腕は床につけて力を抜き、左足首を右膝にのせる。

STEP 1
両手で右膝を持って胸の方へ引き寄せ、左の殿部をストレッチする。右膝に違和感があれば、右ももの裏を持つ。

左の殿部

股関節が外旋、屈曲することで、殿筋群や股関節回旋筋群をはじめとした前部の筋肉が伸長する。股関節屈筋群と股関節内転筋群は緊張せずに短縮する。

バリエーション：座って行う

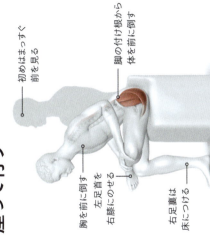

- 初めはまっすぐ前を見る
- 脚の付け根から体を前に倒す
- 胸を前に倒す
- 左足首をのせる
- 右膝を曲げる
- 右足裏は床につける

エクササイズの準備
座って左足を右膝にのせ、両手は左脚の膝と足首に軽くのせておく。

STEP 1
背すじをまっすぐ伸ばし、脚の付け根から体を前に倒して左の殿部をストレッチする。

STEP 2
準備の姿勢に戻る。

- 三角筋
- 小円筋
- 上腕三頭筋
- 大腿直筋
- 外側広筋
- 大腿二頭筋
- 薄筋
- 大腿筋膜張筋
- 大内転筋
- 大殿筋

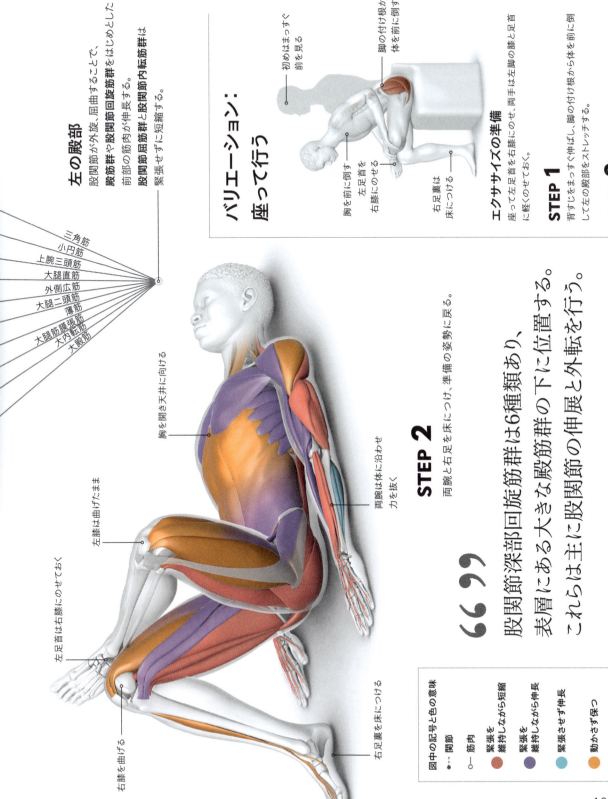

- 胸を開き天井に向ける
- 両腕は体に沿わせ力を抜く
- 左膝は曲げたまま
- 左足首は右膝にのせておく
- 右膝を曲げる
- 右足裏を床につける

STEP 2
両腕と右足を床につけ、準備の姿勢に戻る。

> 股関節深部回旋筋群は6種類あり、表層にある大きな殿筋群の下に位置する。これらは主に股関節の伸展と外転を行う。

図中の記号と色の意味
- ●— 関節
- ○— 筋肉
- ● 緊張を維持しながら短縮
- ● 緊張を維持しながら伸長
- ● 緊張させず伸長
- ● 動かさず保つ

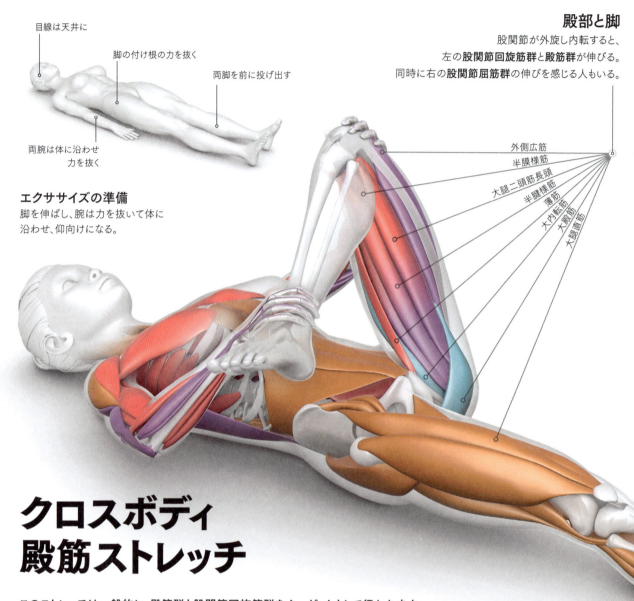

クロスボディ殿筋ストレッチ

このストレッチは一般的に、殿筋群と股関節回旋筋群をターゲットとして行われます。
股関節の可動性を向上させるシンプルなエクササイズにもなりますし、
股関節周辺の違和感の原因となる殿部の緊張緩和にも利用できます。

このストレッチでは、脚を引き寄せる角度が4の字ストレッチ（→P128）とは少し異なります。また、股関節を動かす範囲も違います。床に寝転ぶ基本形では背中の心地よさが得られますが、椅子に座った方がやりやすければ座位のバリエーションを行いましょう。このバリエーションは、仕事中机に座ったままでも行うことができます。ゆっくりとストレッチを深め、殿部が心地よく伸びるところで止めましょう。

ストレッチエクササイズ｜股関節のストレッチ

図中の記号と色の意味
- ● --- 関節
- ○ --- 筋肉
- ● 緊張を
　維持しながら短縮
- ● 緊張を
　維持しながら伸長
- ● 緊張させず伸長
- ● 動かさず保つ

! 気をつけること
股関節の構造は人によって異なるため、可動域が制限される人もいる。自分の許容範囲内の角度でストレッチを行うように。

バリエーション：座って行う

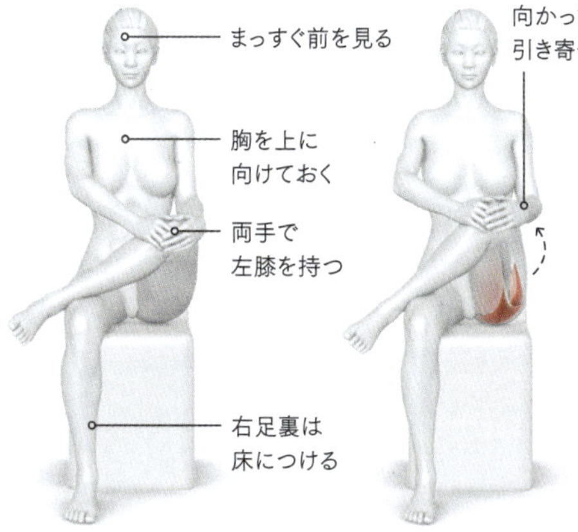

まっすぐ前を見る

胸を上に向けておく

両手で左膝を持つ

右足裏は床につける

左膝を右肩に向かって引き寄せる

エクササイズの準備
座った姿勢で左足首を右膝にのせる。両手で左膝を持つ。

STEP 1
背すじをまっすぐに保ったまま左膝を右肩の方に引き寄せ、股関節後部をストレッチする。準備の姿勢に戻る。

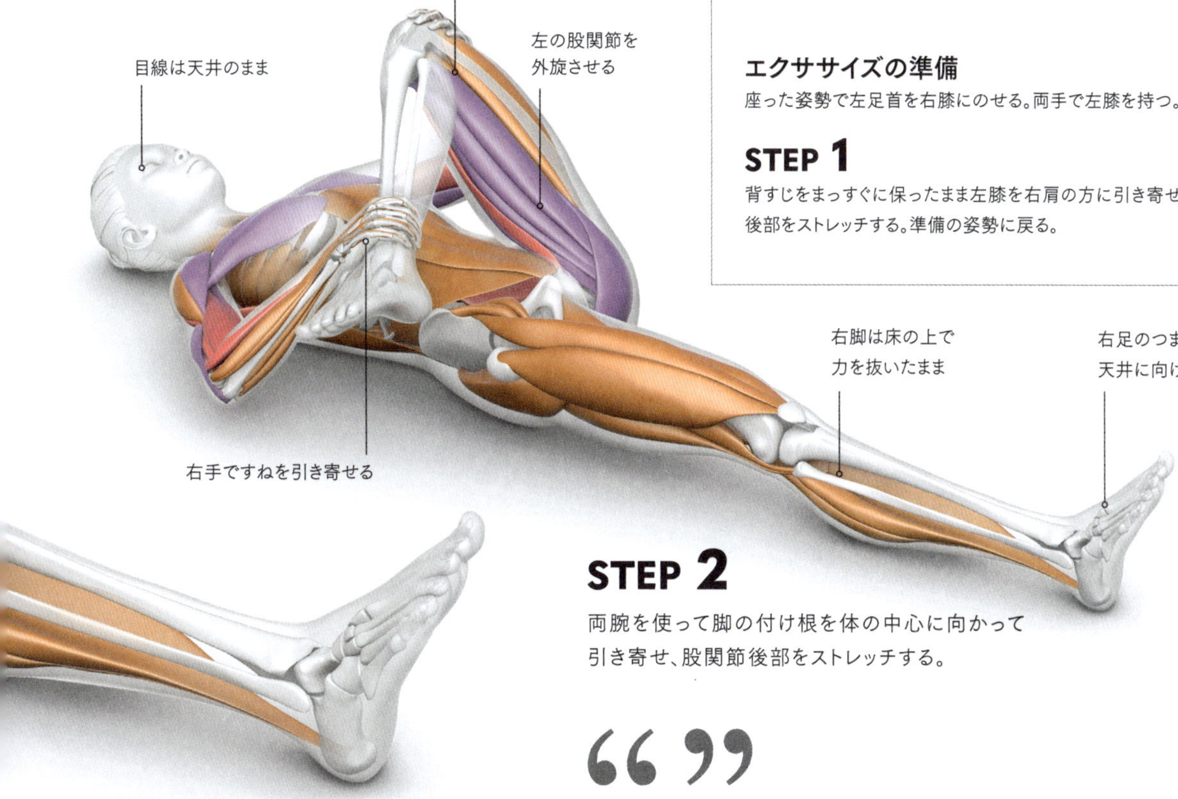

目線は天井のまま

左手で膝を引き寄せる

左の股関節を外旋させる

右手ですねを引き寄せる

右脚は床の上で力を抜いたまま

右足のつま先を天井に向ける

STEP 2
両腕を使って脚の付け根を体の中心に向かって引き寄せ、股関節後部をストレッチする。

STEP 1
左手を膝、右手をすねの下の方に置き、股関節をやや外旋させて左の殿部を持ち上げる。

❝❞

この殿筋群のストレッチは、
股関節の外旋が
難しい人に適している。

131

4の字股関節内旋ストレッチ

股関節に効果を発揮するストレッチで、腰椎を軽く回旋させることもできます。
股関節を屈曲させすぎない状態でやさしく内旋させるため、
屈曲が難しく内旋の可動域に制限のある人におすすめです。

股関節の内旋は、車の乗り降りやスポーツでの方向転換など、日常生活の動作に欠かせない動きです。内旋ができないと、股関節の機能に支障が出る恐れがあります。このシンプルなエクササイズは、股関節をやさしくストレッチしながら腰の緊張をほぐしてくれます。左足を置く位置を体から遠ざけたり近づけたりして、股関節の屈曲角度を調節しましょう。

! **気をつけること**
股関節の屈曲、内旋、内転を行う際に痛みがあれば、ストレッチの動きを小さくする。

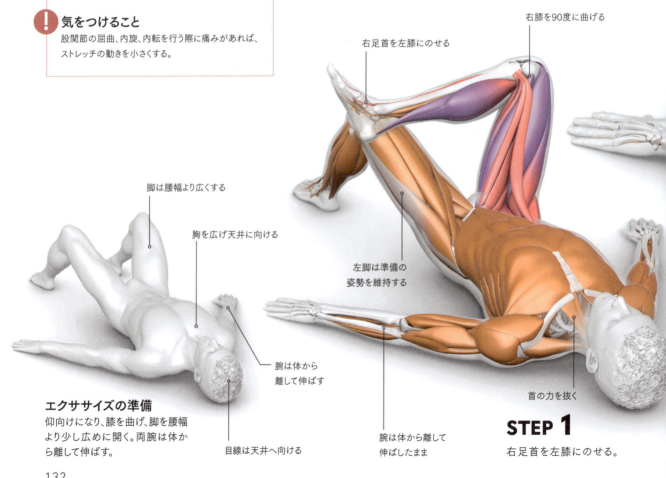

脚は腰幅より広くする
胸を広げ天井に向ける
腕は体から離して伸ばす
目線は天井へ向ける

エクササイズの準備
仰向けになり、膝を曲げ、脚を腰幅より少し広めに開く。両腕は体から離して伸ばす。

右膝を90度に曲げる
右足首を左膝にのせる
左脚は準備の姿勢を維持する
腕は体から離して伸ばしたまま
首の力を抜く

STEP 1
右足首を左膝にのせる。

ストレッチエクササイズ｜股関節のストレッチ

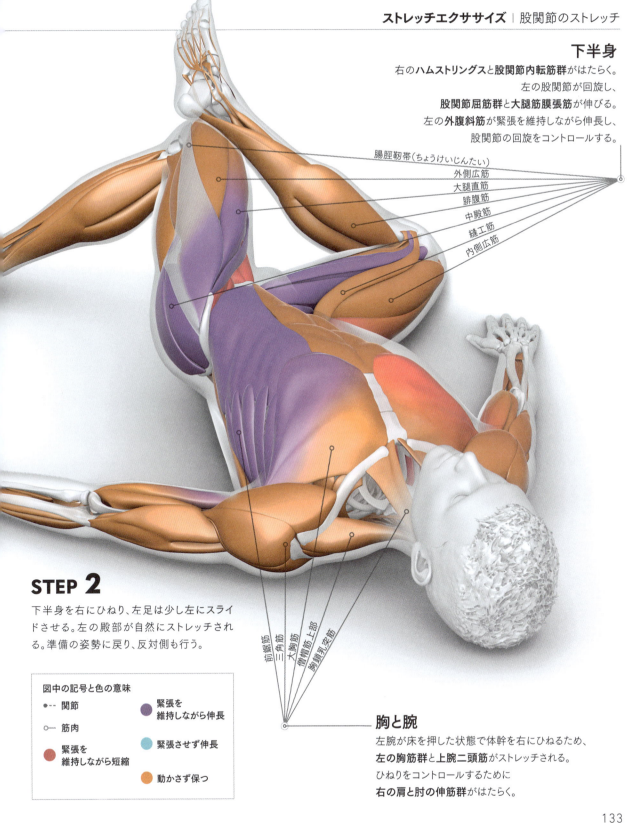

下半身
右の**ハムストリングス**と**股関節内転筋群**がはたらく。
左の股関節が回旋し、
股関節屈筋群と**大腿筋膜張筋**が伸びる。
左の**外腹斜筋**が緊張を維持しながら伸長し、
股関節の回旋をコントロールする。

腸脛靭帯（ちょうけいじんたい）
外側広筋
大腿直筋
腓腹筋
中殿筋
縫工筋
内側広筋

STEP 2
下半身を右にひねり、左足は少し左にスライドさせる。左の殿部が自然にストレッチされる。準備の姿勢に戻り、反対側も行う。

前鋸筋
三角筋
大胸筋
僧帽筋上部
胸鎖乳突筋

図中の記号と色の意味
- ● -- 関節
- ○ 筋肉
- ● 緊張を維持しながら短縮
- ● 緊張を維持しながら伸長
- ● 緊張させず伸長
- ● 動かさず保つ

胸と腕
左腕が床を押した状態で体幹を右にひねるため、
左の胸筋群と**上腕二頭筋**がストレッチされる。
ひねりをコントロールするために
右の肩と肘の伸筋群がはたらく。

片膝立ち股関節ストレッチ

大腿四頭筋や股関節屈筋など、
股関節前部にある筋肉をストレッチするのに最適なエクササイズです。
両脚を曲げ、片膝をついた姿勢で行うため、筋肉てこのアームが短いので、
対象部位を伸ばしやすくなっています。

このストレッチは、股関節の過度な伸展による緊張を緩和します。呼吸と殿筋群の短縮を利用し、股関節屈筋のストレッチを行います。関節の位置を大きく変えずにできるため、可動域に制限のある人や、股関節唇損傷（股関節のボールとソケットの部分をつなぐ組織の損傷）を負った人でも取り組みやすいでしょう。

図中の記号と色の意味
- ●― 関節
- ○― 筋肉
- ● 緊張を維持しながら短縮
- ● 緊張を維持しながら伸長
- ● 緊張させず伸長
- ● 動かさず保つ

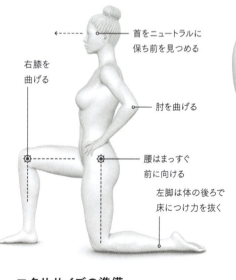

- 首をニュートラルに保ち前を見つめる
- 右膝を曲げる
- 肘を曲げる
- 腰はまっすぐ前に向ける
- 左脚は体の後ろで床につけ力を抜く

エクササイズの準備
左膝をついて膝立ちになり、右膝は体の前で立て右足裏を床につける。脊柱はニュートラルに保ち、目線は前に向ける。

ストレッチエクササイズ｜股関節のストレッチ

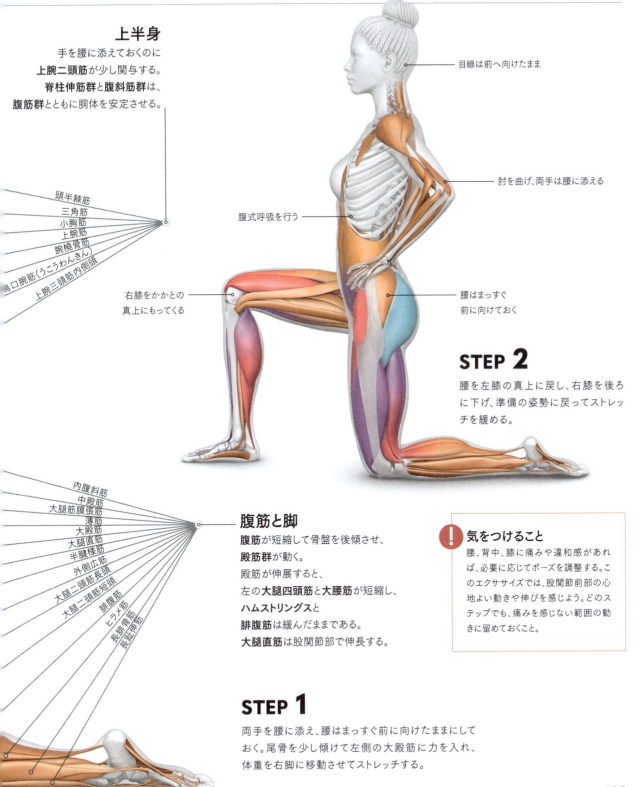

上半身
手を腰に添えておくのに**上腕二頭筋**が少し関与する。**脊柱伸筋群**と**腹斜筋群**は、**腹筋群**とともに胴体を安定させる。

- 頭半棘筋
- 三角筋
- 小胸筋
- 上腕筋
- 腕橈骨筋
- 烏口腕筋（うこうわんきん）
- 上腕三頭筋内側頭

- 目線は前へ向けたまま
- 肘を曲げ、両手は腰に添える
- 腹式呼吸を行う
- 右膝をかかとの真上にもってくる
- 腰はまっすぐ前に向けておく

STEP 2
腰を左膝の真上に戻し、右膝を後ろに下げ、準備の姿勢に戻ってストレッチを緩める。

腹筋と脚
腹筋が短縮して骨盤を後傾させ、**殿筋群**が動く。
殿筋が伸展すると、左の**大腿四頭筋**と**大腰筋**が短縮し、**ハムストリングス**と**腓腹筋**は緩んだままである。**大腿直筋**は股関節部で伸長する。

- 内腹斜筋
- 中殿筋
- 大腿筋膜張筋
- 薄筋
- 大殿筋
- 大腿直筋
- 半腱様筋
- 外側広筋
- 大腿二頭筋長頭
- 大腿二頭筋短頭
- 腓腹筋
- ヒラメ筋
- 長腓骨筋
- 長趾伸筋

！ 気をつけること
腰、背中、膝に痛みや違和感があれば、必要に応じてポーズを調整する。このエクササイズでは、股関節前部の心地よい動きや伸びを感じよう。どのステップでも、痛みを感じない範囲の動きに留めておくこと。

STEP 1
両手を腰に添え、腰はまっすぐ前に向けたままにしておく。尾骨を少し傾けて左側の大殿筋に力を入れ、体重を右脚に移動させてストレッチする。

135

» バリエーション

股関節屈筋の伸長性は股関節の伸展の可動性に影響を及ぼします。立ち姿勢のバリエーションは片膝立ちのストレッチと同様の効果が期待でき、階段をのぼるといった動作に発展させることができます。

立って行う

片膝立ちのバージョン（→P134）が難しい人におすすめのエクササイズ。骨盤の位置と殿筋を利用して股関節屈筋のストレッチを行い、筋肉の緊張を緩和し柔軟性を向上させます。

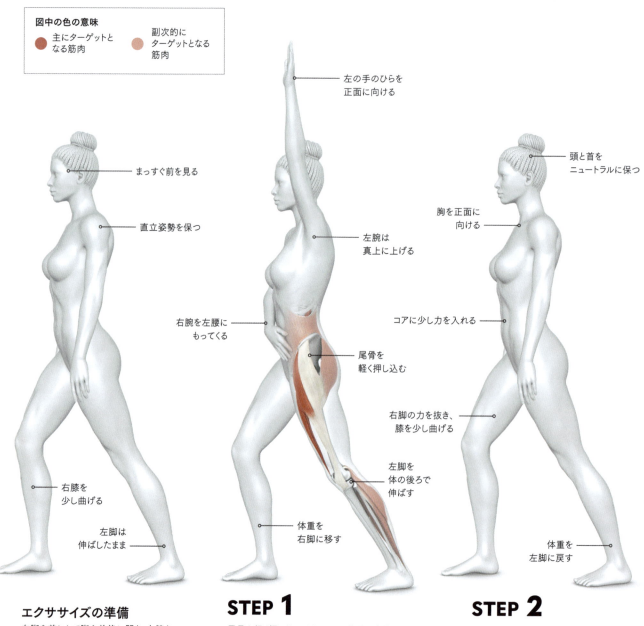

図中の色の意味
- 主にターゲットとなる筋肉
- 副次的にターゲットとなる筋肉

左の手のひらを正面に向ける

まっすぐ前を見る

直立姿勢を保つ

頭と首をニュートラルに保つ

胸を正面に向ける

左腕は真上に上げる

右腕を左腰にもってくる

尾骨を軽く押し込む

コアに少し力を入れる

右脚の力を抜き、膝を少し曲げる

左脚を体の後ろで伸ばす

右膝を少し曲げる

左脚は伸ばしたまま

体重を右脚に移す

体重を左脚に戻す

エクササイズの準備
右脚を前にして脚を前後に開き、右膝を少し曲げる。後ろ側の左脚は伸ばしたままにしておく。

STEP 1
尾骨を軽く押し込むようにして、体重を右脚に移動させながら左腕を上に伸ばす。同時に、右手は左の腰に添える。

STEP 2
左腕を下ろし、右腕を戻して、体重を後ろに戻す。

ストレッチエクササイズ｜股関節のストレッチ

椅子を使って行う

股関節の伸展可動域が限られる人にうってつけのバリエーション。椅子を使うことで反対側の股関節を屈曲させることができ、股関節屈筋のストレッチを行いやすくなります。

気をつけること
股関節深部に違和感がないか注意する。この部位の構造は人によって異なるため、股関節の可動域も人それぞれだ。床に置いた脚を伸ばしすぎないようにして調節する。

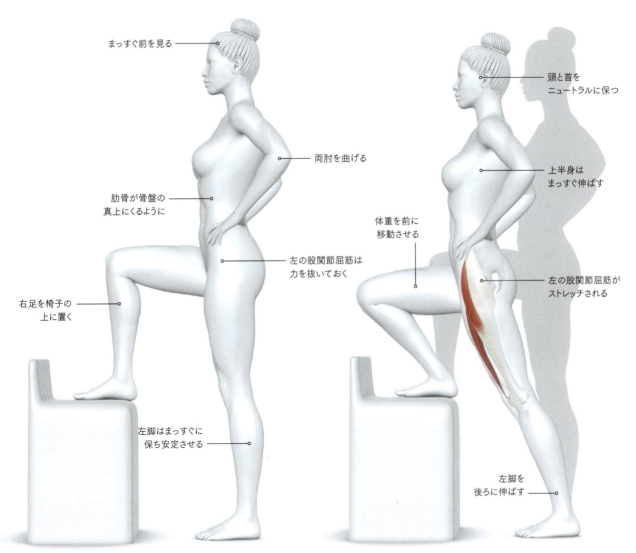

- まっすぐ前を見る
- 両肘を曲げる
- 肋骨が骨盤の真上にくるように
- 左の股関節屈筋は力を抜いておく
- 右足を椅子の上に置く
- 左脚はまっすぐに保ち安定させる

エクササイズの準備

- 頭と首をニュートラルに保つ
- 上半身はまっすぐ伸ばす
- 体重を前に移動させる
- 左の股関節屈筋がストレッチされる
- 左脚を後ろに伸ばす

STEP 1

エクササイズの準備
右足を椅子やベンチの上に置き、前側の脚を高くした状態で脚を前後に開いて立つ。

STEP 1
後ろの足のかかとを床に押しつけ、後ろの脚をしっかりと伸ばす。体重を少し前に移動させ、左の股関節屈筋のストレッチを感じる。

STEP 2
体重を後ろに戻してストレッチを緩める。

ピジョンストレッチ

股関節回旋筋群のストレッチには
さまざまな方法があります。
ピジョンストレッチの座位のバリエーションは、
体重のかけ方によって
ストレッチの強度をコントロールできます。

下半身のエクササイズや回旋運動をたくさん行うと、この部位がこわばりやすくなります。ターゲットとなる側の股関節の角度を調節し、ゆっくりと体を床に近づけてポーズを深めましょう。股関節後部と殿筋が伸びているのを感じるはずです。

図中の記号と色の意味
- ●-- 関節
- ○— 筋肉
- 緊張を維持しながら短縮
- 緊張を維持しながら伸長
- 緊張させず伸長
- 動かさず保つ

股関節前部と脚
右の**股関節内転筋群**がはたらき、右の**殿筋**と**股関節回旋筋**が緊張を維持しながら伸長する。**大腿四頭筋**と**股関節伸筋群**が脚を伸ばすと、左の**股関節屈筋群**が伸びる。

大殿筋／大内転筋／大腿直筋／内側広筋／半膜様筋／半腱様筋

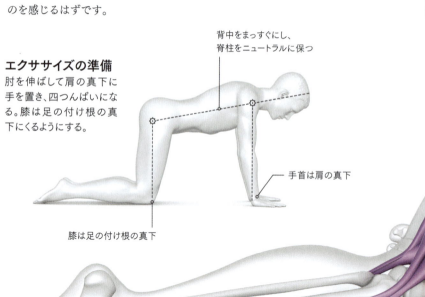

エクササイズの準備
肘を伸ばして肩の真下に手を置き、四つんばいになる。膝は足の付け根の真下にくるようにする。

背中をまっすぐにし、脊柱をニュートラルに保つ

手首は肩の真下

膝は足の付け根の真下

STEP 2
肘から下を床について体を沈め、好きな深さまでストレッチする。右膝を左肩に近づけたり遠ざけたりして股関節の屈曲角度を変え、ストレッチを調節する。その後、両手を床について腕を伸ばし、からめていた脚を元に戻す。反対側も同様に行う。

ストレッチエクササイズ｜股関節のストレッチ

STEP 1
右脚を左膝にからめ、右膝と左肩が一直線になるようにする。この姿勢になるために、右の股関節は少し外に開いてもよい。

右膝を左脚にかけ、右膝と左肩が一直線になるようにする

上半身
上腕三頭筋と**胸筋群**が上半身を支える。**腹筋群**と**脊柱伸筋群**が体幹と骨盤をコントロールする。

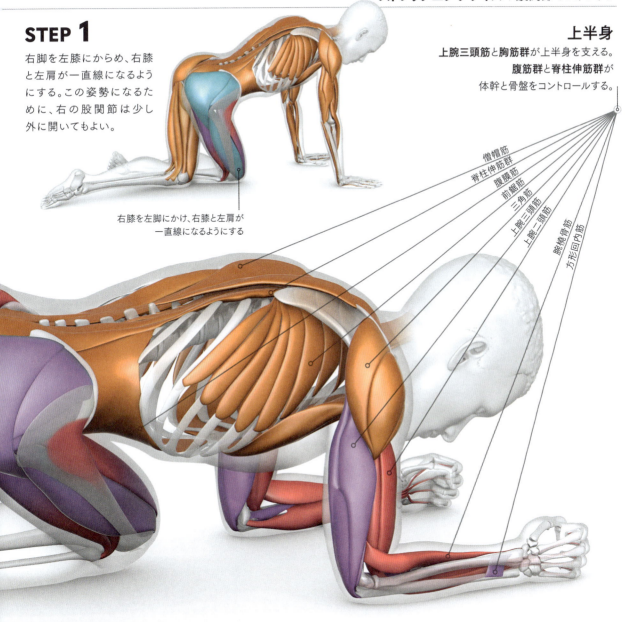

僧帽筋
脊柱伸筋群
腹腹筋
前鋸筋
三角筋
上腕三頭筋
上腕二頭筋
腕橈骨筋
方形回内筋

バリエーション：座って行う

右脚は体の後ろに伸ばしておく

左膝に向かって体を前傾させる

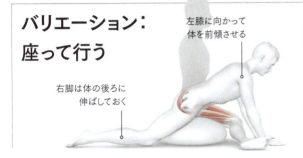

エクササイズの準備
ブロックやクッションの上に座り、右脚を後ろに伸ばして左脚を外旋させる。手の指先を左脚の横の床につけてバランスをとるか、クッションを使っている場合はクッションの上に手をつく。床に手が届かなければ、手の下にヨガブロックを置く。

STEP 1
両手を前方へと動かし、手を床につけたまま体を前に倒す。完全にストレッチするには、倒した体を左ももにつける。

STEP 2
上半身をまっすぐに立てた状態に戻し、準備の姿勢と同じように両手を戻す。

ワールド グレイテスト ストレッチ

このダイナミックな動的ストレッチは、その名にふさわしく、股関節、足関節、胸椎を伸ばすことができます。動きを通して体を伸ばし鍛えることもできるため、多くのアスリートや運動好きの人が好むエクササイズです。

ワールドグレイテストストレッチは、複数の部位に作用する三部構成のエクササイズです。脚を前後に開くことで股関節の可動性を高め、肘を床につけ回旋させることで胸の可動性を高めます。体の協調やコントロールが求められ、ウエイトリフティングやランニングなど、さまざまなスポーツの動的ウォーミングアップとして効果を発揮します。特に、サッカー、野球、バレーボールのような多面的運動を行う前のウォーミングアップに最適です。

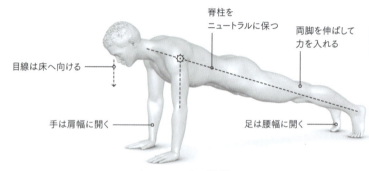

エクササイズの準備
両手とつま先でハイプランクの姿勢になる。脊柱をニュートラルに保ち、手は肩幅に開く。

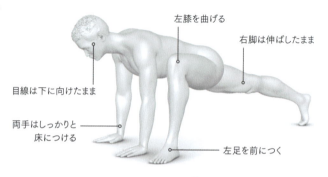

STEP 1
左足を前に踏み出して左手の外側に置き、脚を前後に開く。

STEP 2
脚を前後に開いたまま左腕の肘から下を左脚と直角になるよう床につけ、左肘を90度に曲げる。

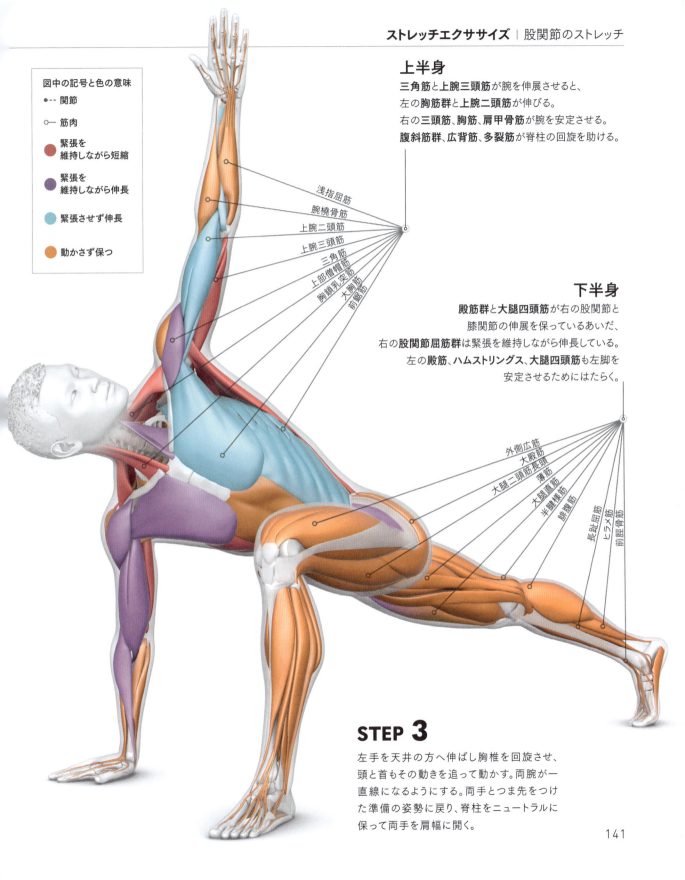

パンケーキストレッチ

このストレッチの最終形はパンケーキのように
真っ平らな姿勢になることですが、そのためには練習が必要です。
股関節、ハムストリングス、腰、股関節内転筋群（内もも）が動的にストレッチされます。

床の上で体幹を前屈させるパンケーキストレッチは下半身のストレッチルーチンの一部として行われ、特にダンスを行う前に効果を発揮します。両手で体を支えながら心地よく感じる範囲で体を床に近づけ、両脚はできるだけ広げます。時間をかけて練習を続ければ、ストレッチを深めていくことができます。床の上で行うのが難しければ、椅子に座った状態でのバリエーションに挑戦しましょう。

> ❝ ❞
> 内転筋群は内ももに存在し
> 脚の内転を主導するが、
> ほかの動きを助ける役目も担う。

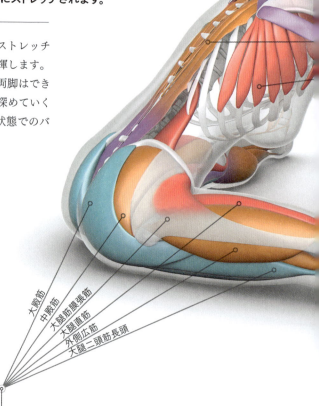

大殿筋
中殿筋
大腿筋膜張筋
大腿直筋
外側広筋
大腿二頭筋長頭

下半身と骨盤

胴部を床に近づける際に**股関節屈筋群**が短縮する。
股関節内転筋群、半腱様筋、半膜様筋、大腿二頭筋、ふくらはぎの筋群は
股関節の屈曲に伴い伸長し、
膝関節の伸展と足首の背屈に伴い股関節は外転する。

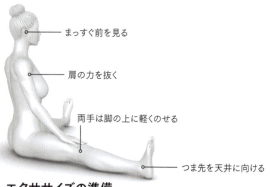

- まっすぐ前を見る
- 肩の力を抜く
- 両手は脚の上に軽くのせる
- つま先を天井に向ける

エクササイズの準備
脚をV字に開いて床に座り、
手は軽く脚に添える。

 気をつけること
このストレッチでは、内ももが心地よく動くのを感じよう。強度は徐々に上げるようにし、違和感があれば必ず動きを調節すること。

ストレッチエクササイズ｜股関節のストレッチ

上半身と背中

背すじをまっすぐに保つのに**背中の伸筋群**がはたらく。**上腕三頭筋**が上半身の体重をコントロールする。

- 胸最長筋
- 腸肋筋
- 前鋸筋
- 上腕筋
- 上腕三頭筋内側頭
- 腕橈骨筋

図中の記号と色の意味
- ●-- 関節
- ○— 筋肉
- ● 緊張を維持しながら短縮
- ● 緊張を維持しながら伸長
- ● 緊張させず伸長
- ● 動かさず保つ

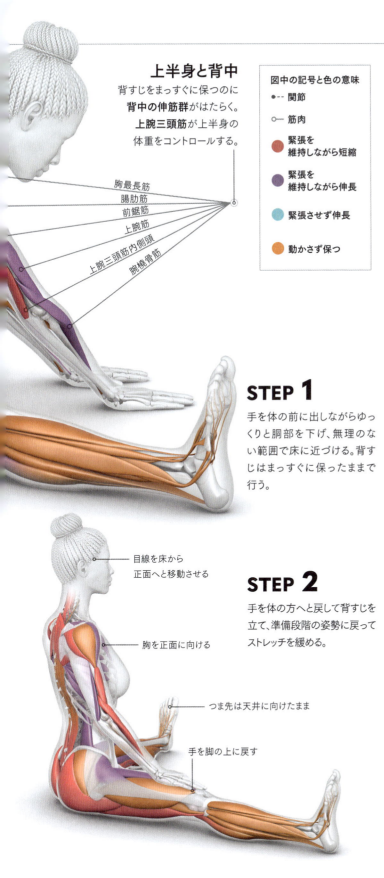

STEP 1
手を体の前に出しながらゆっくりと胴部を下げ、無理のない範囲で床に近づける。背すじはまっすぐに保ったまま行う。

STEP 2
手を体の方へと戻して背すじを立て、準備段階の姿勢に戻ってストレッチを緩める。

- 目線を床から正面へと移動させる
- 胸を正面に向ける
- つま先は天井に向けたまま
- 手を脚の上に戻す

バリエーション：座って行う

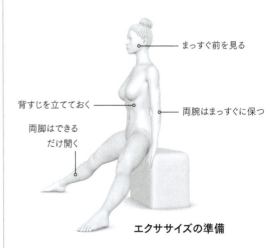

- まっすぐ前を見る
- 背すじを立てておく
- 両腕はまっすぐに保つ
- 両脚はできるだけ開く

エクササイズの準備

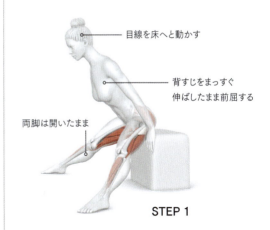

- 目線を床へと動かす
- 背すじをまっすぐ伸ばしたまま前屈する
- 両脚は開いたまま

STEP 1

エクササイズの準備
ベンチに座り、無理のない範囲で脚をV字に開いて力を抜き、手はベンチを持つ。

STEP 1
背すじをまっすぐに伸ばしたまま股関節から前屈し、ハムストリングスと内転筋群をストレッチする。

STEP 2
背すじをまっすぐに伸ばしたまま準備の姿勢に戻る。

143

ハッピーベイビーのポーズ

仰向けになって両足を持ち、機嫌のいい赤ちゃんのような姿勢になります。体を開いたポーズで行う軽度のストレッチで、股関節や足首を伸ばし、骨盤底を緩め、腰部と殿部の緊張を緩和します。

膝を胸に近づけ、股関節を開き、腹式呼吸に意識を集中させることで、骨盤底を緩めることができます。足を持つのが難しければ、足首やすねを持ってもかまいません。体を左右にやさしく揺らせば、さらなる弛緩効果が得られます。

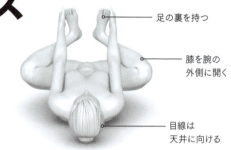

エクササイズの準備
仰向けになる。膝を胸に近づけ、足を外側から握る。

- 足の裏を持つ
- 膝を腕の外側に開く
- 目線は天井に向ける

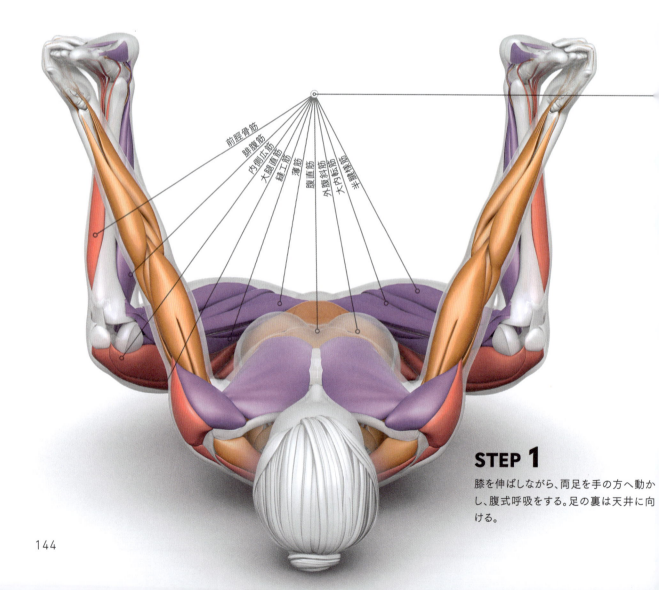

前脛骨筋
腓腹筋
内側広筋
大腿直筋
縫工筋
薄筋
腹直筋
外腹斜筋
大内転筋
半腱様筋

STEP 1
膝を伸ばしながら、両足を手の方へ動かし、腹式呼吸をする。足の裏は天井に向ける。

ストレッチエクササイズ｜股関節のストレッチ

バリエーション：片脚で行う

エクササイズの準備
床に仰向けになる。左足の外側を左手で持ち、左の膝を胸に引き寄せる。右脚は伸ばしたまま力を抜いておく。

STEP 1
左の膝を伸ばしながら、左足を手の方へ動かし、腹式呼吸をする。右脚は伸ばしたままにしておく。

STEP 2
左脚をストレッチしたまま体をやさしく左右に揺らす。床につけた右手で動きをコントロールする。

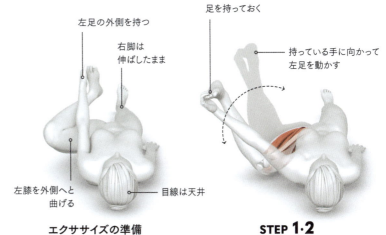

左足の外側を持つ
右脚は伸ばしたまま
揺れている間も足を持っておく
持っている手に向かって左足を動かす
左膝を外側へと曲げる
目線は天井

エクササイズの準備　　STEP 1・2

骨盤と脚
手で脚を引っ張ってストレッチする際、胸は真上に向けたままにしておく。
この姿勢では、**股関節内転筋群**、**ハムストリングス**、**ふくらはぎの筋群**がストレッチされる。
足首が背屈し、**股関節**は屈曲および外転する。

> **!** 気をつけること
> 股関節や膝に痛みのある人は、ハッピーベイビーポーズでの姿勢に注意が必要。妊娠初期をすぎた妊婦には、このストレッチは適さない。

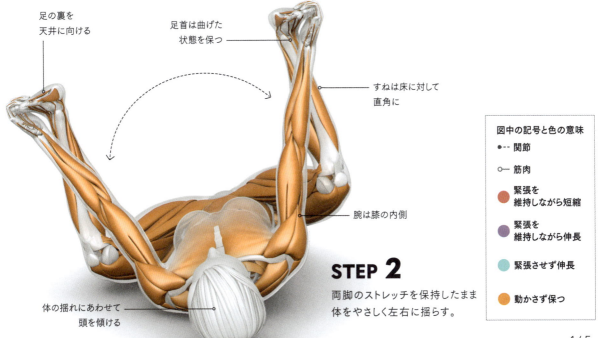

足の裏を天井に向ける
足首は曲げた状態を保つ
すねは床に対して直角に
腕は膝の内側
体の揺れにあわせて頭を傾ける

STEP 2
両脚のストレッチを保持したまま体をやさしく左右に揺らす。

図中の記号と色の意味
- ●-- 関節
- ○— 筋肉
- ● 緊張を維持しながら短縮
- ● 緊張を維持しながら伸長
- ● 緊張させず伸長
- ● 動かさず保つ

145

まっすぐ前を見る

胸を開く

足の裏を合わせる

膝は上に向ける

エクササイズの準備
床に座って両足の裏を合わせ、両手で足首を持って体の方へ引き寄せる。膝は天井の方へ向ける。

STEP 1
膝を床の方に落とし、股関節を緩めてさらに外旋させ、鼠径部の筋肉に受動的な伸長を感じる。

座って行うバタフライストレッチ

この座位エクササイズは、股関節と股関節内転筋群（内もも）を外転・外旋させ効果的にストレッチします。内転筋群の緊張をほぐせば、股関節や膝の痛みを緩和できることもあります。

ヨガのポーズとして有名なバタフライストレッチは、多くのフィットネスクラスで行われる基本的なストレッチです。足の裏を合わせて股関節を外旋させる動きに重力あるいは外的な力を利用して前屈を加えることで、ストレッチの強度を上げたり、鼠径部と内ももを意識する練習をしたりできます。足首を体に引き寄せるのが難しければ、できる範囲でかまいません。ストレッチがきついようであれば、膝の下にクッションを置き可動域を狭くしましょう。

ストレッチエクササイズ｜股関節のストレッチ

体幹と下半身

背すじをまっすぐに保つのに**背中の伸筋群**がはたらく。内転を主導する**恥骨筋、長内転筋、短内転筋**は、緊張せずに伸長する。

胸鎖乳突筋
小円筋
腸肋筋
胸最長筋
大腰筋
腹横筋
腸骨筋
薄筋
縫工筋
内側広筋

バリエーション：あおむけで行う

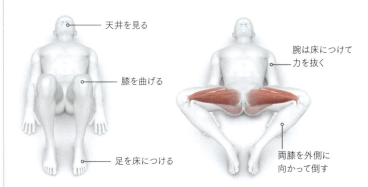

- 天井を見る
- 膝を曲げる
- 足を床につける
- 腕は床につけて力を抜く
- 両膝を外側に向かって倒す

エクササイズの準備
床にあおむけに寝転んで膝を曲げ、足の力を抜き、腕は体に沿って伸ばしておく。

STEP 1
膝を外側に向かってゆっくりと倒し、好みの深さまでストレッチする。両膝を中央に戻し、伸びを緩める。

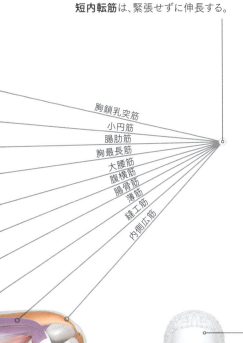

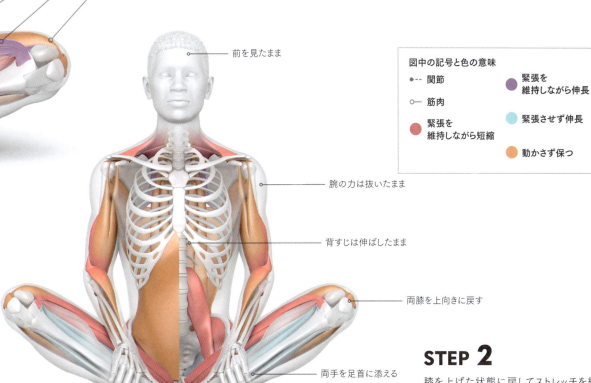

- 前を見たまま
- 腕の力は抜いたまま
- 背すじは伸ばしたまま
- 両膝を上向きに戻す
- 両手を足首に添える

図中の記号と色の意味
- ●-- 関節
- ○ 筋肉
- ● 緊張を維持しながら短縮
- ● 緊張を維持しながら伸長
- ● 緊張させず伸長
- ● 動かさず保つ

STEP 2
膝を上げた状態に戻してストレッチを緩め、準備の姿勢に戻る。

立って行うヒップサークル

股関節をコントロールしながら回旋させ、
すべての可動面に対して股関節を動的にストレッチできるエクササイズです。
股関節の動的可動性を高めながら、
片足立ちの姿勢でのバランスや安定性の向上も期待できます。
膝立ちや寝転んだ状態で行うバリエーションもあります(→P150)。

このエクササイズでは、可動性、筋力、協調性を向上させることができ、日々の股関節・下半身のプログラムやウォーミングアップに利用できます。実際に股関節を動かしてみることは、自分の股関節の可動域を知る上で重要です。特定のスポーツを目的とした筋力トレーニングの前に行い、関節の柔軟性を高めるのに効果的なエクササイズです。

> **！気をつけること**
> 腰、背中、膝に痛みや違和感がないか注意しておく。関節にはたらきかける際には痛みが出ないようにし、圧迫感や鋭い痛みがあればそれ以上は動かさないこと。どのステップでも、痛くない範囲で動かすようにしよう。

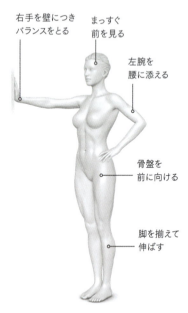

エクササイズの準備
両脚に均等に体重をかけて立つ。右手を壁につけ、STEP1でバランスがとれるよう準備する。

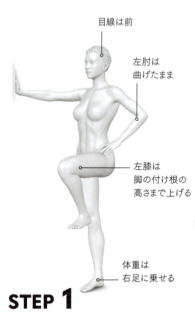

STEP 1
背すじを伸ばしたまま体重を右脚に移動させる。左膝を体の前で無理のない高さまで上げる。

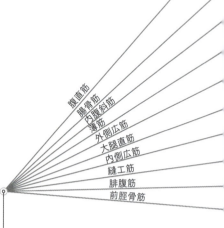

立っている脚と腹部
**腹筋、大腿筋膜張筋、
殿筋群**が股関節を安定させる。
大腿四頭筋が膝の伸展を維持させる。
腓腹筋や**前脛骨筋**などの
下腿の筋肉が足と足首を安定させる。

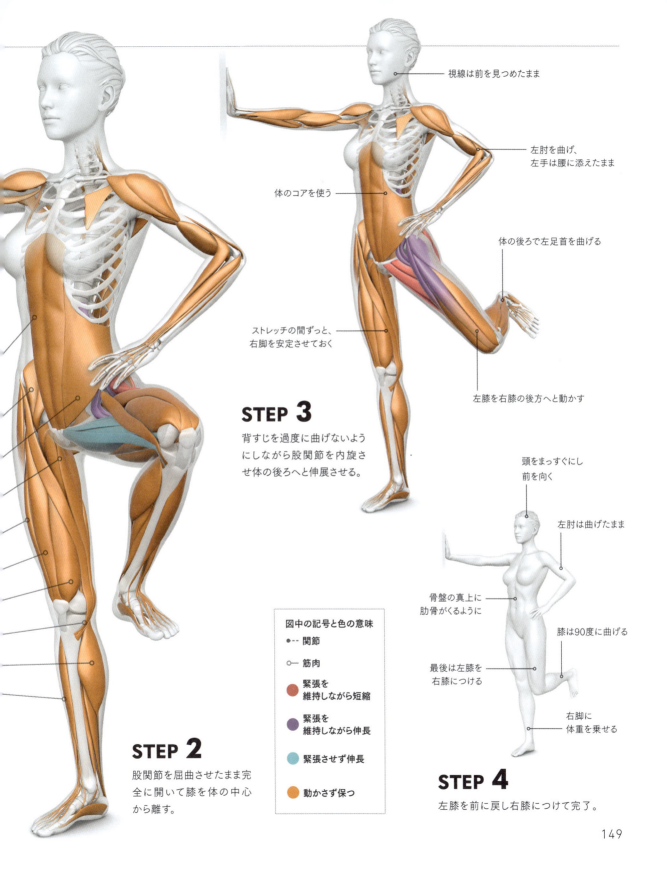

≫ バリエーション

ヒップサークルは、その人のレベルや作用させたい筋肉に応じ、さまざまな姿勢で行うことができます。

図中の色の意味
● 主にターゲットとなる筋肉
● 副次的にターゲットとなる筋肉

四つんばいで行う

ヒップサークルの四つんばいのバリエーションでは、重力に逆らって動くことに挑戦しましょう。このエクササイズは立位のバージョンよりも強度が低く、股関節に不安を抱える人におすすめです。

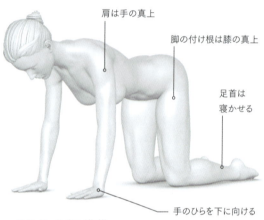

エクササイズの準備
手と膝を床につけ四つんばいのポーズになる。

- 肩は手の真上
- 脚の付け根は膝の真上
- 足首は寝かせる
- 手のひらを下に向ける

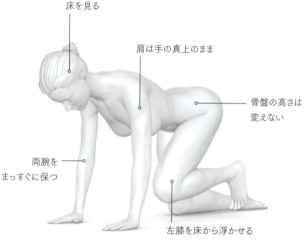

STEP 1
左膝を上げ、左脚の付け根を曲げて左膝を左肘に近づける。骨盤の高さは変えず、腰椎を安定させておく。

- 床を見る
- 肩は手の真上のまま
- 骨盤の高さは変えない
- 両腕をまっすぐに保つ
- 左膝を床から浮かせる

横向きに寝て行う

このバリエーションでは、前額面で重力に逆らって動きます。四つんばいや立ち姿勢でのバリエーションが難しい人も無理なく行えるので、股関節に不安がある人にもおすすめです。

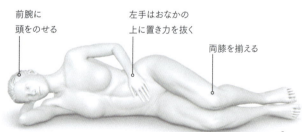

エクササイズの準備
右側を下にして横向きに寝転び、両膝と両足首を揃え、脚の付け根から曲げる。頭を右の前腕にのせる。

- 前腕に頭をのせる
- 左手はおなかの上に置き力を抜く
- 両膝を揃える

STEP 1
骨盤をまっすぐ前に向けたまま左脚を胸の方に引き寄せる。腰椎は極力動かさないようにする。

- 胸は正面に向けたまま
- 左脚を曲げ胸に引き寄せる

STEP 2
膝を体の中心から離し股関節を開く。胴体や骨盤が一緒に動いてしまわないようにする。

- 左脚を上に開く

ストレッチエクササイズ | 股関節のストレッチ

> 体のコアと骨盤にちょうどよい負荷がかかる
> バリエーションを選ぶことが重要。

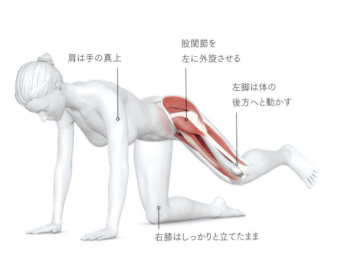

STEP 2
両手と右膝は床につけたまま左膝を体の中心から離し、股関節が完全に左に開いた状態にする。

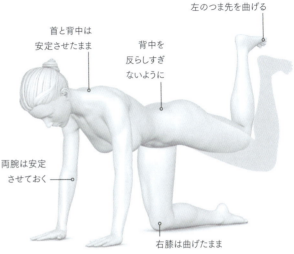

STEP 3
左の股関節を体の後方へと伸展させた後、左脚を上げ、足の裏が天井に、膝が床に向くようにする。

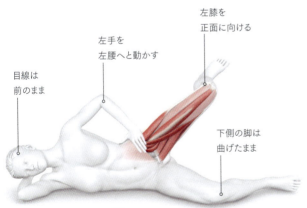

STEP 3
股関節を内旋させ、左脚を体の後方へと引く。背中を反らしすぎないよう意識するため、左手を左腰に添えるとよい。

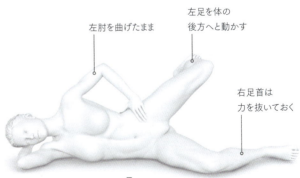

STEP 4
左の股関節をめいっぱい伸ばし、左足を体の後方へと動かす。左膝は正面に向ける。両膝を揃えた準備の姿勢に戻る。

151

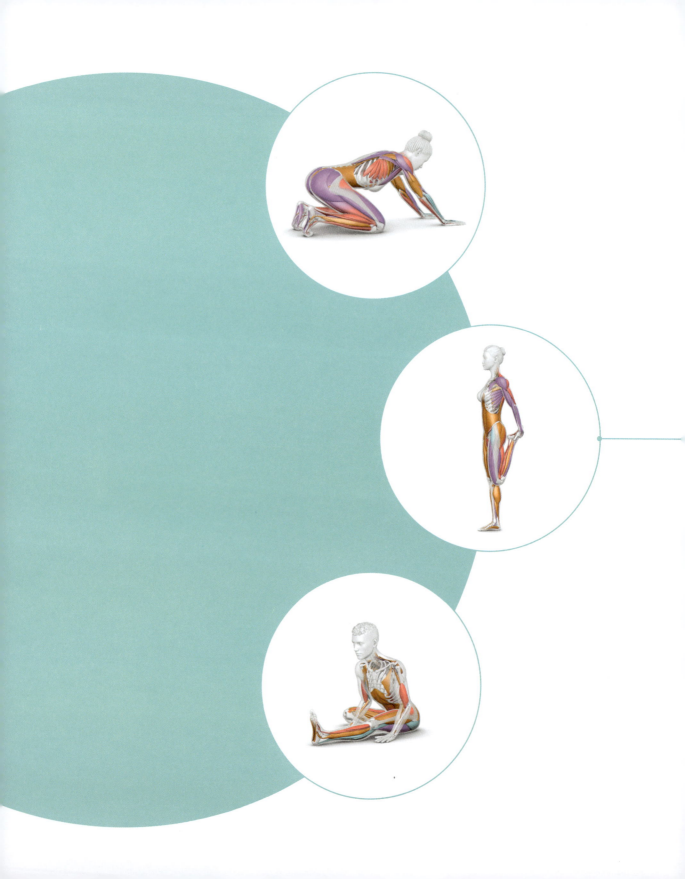

脚・足の
ストレッチ

脚は、体重を支えるという重要な役割を担っています。また、体を動かし、体のバランスを保つはたらきもしています。ストレッチによって膝、足、足首の関節の十分な可動域を保つことで、歩行などの動作パターンを自然に行えるようになり、階段をのぼるといった機能的な動作も楽に行えるようになります。柔軟で強靭な脚・足は、ランニングやサイクリングといったスポーツのパフォーマンス向上にもつながります。

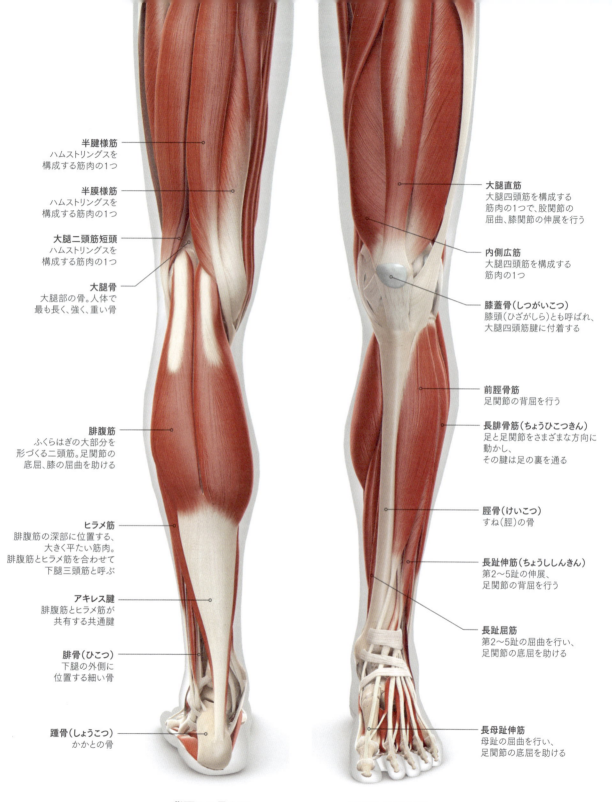

背面から見た図 / 正面から見た図

脚・足の概要

下腿、足関節まわり、足にある主な筋肉は、ふくらはぎの筋肉（腓腹筋とヒラメ筋）、
前脛骨筋、後脛骨筋、腓骨筋、足指屈筋、足部内在筋です。
これらの筋肉は、底屈、背屈、内がえし、外がえし、足指の運動といった動きに関与します。

下腿と足の筋肉が協調し、体を安定、前進させます。ふくらはぎの筋群は、歩く、走る、跳ぶといった地面を蹴り出す動きを伴う日常動作に欠かせません。前脛骨筋、腓骨筋、後脛骨筋、長母趾屈筋などは足首と足のコントロールを助け、足部内在筋は足のアーチを維持し、バランスを保ったり足指の運動を助けたりします。ふくらはぎのストレッチなどの柔軟性エクササイズはこの部位の可動域を広げ、これらの筋肉群にはたらきかける筋力トレーニングは、安定性、パワー、持久力を向上させます。脚部の筋肉を強くしなやかにすることで、毎日の動作が容易になり、日常生活やスポーツの際のケガのリスクを低下させます。

SECTION CONTENTS

立って行う四頭筋ストレッチ ——————— 156
  バリエーション（足を上げたまま行う／
  片膝立ちで椅子を使って行う）——————— 158
静的ハムストリングストレッチ ——————— 160
  バリエーション（座って行う／
  動的ハムストリング・ローワーズ）——————— 162
腓腹筋ステップストレッチ ——————— 164
腓腹筋ウォールストレッチ ——————— 166
  バリエーション（膝を曲げるカーフストレッチ／
  交互に膝を曲げるダウンドッグ／
  足首背屈ストレッチ）——————— 168
膝をついて行う足指屈筋ストレッチ ——————— 170
  バリエーション
  （壁を使って行う／膝を曲げる）——————— 172

ストレッチエクササイズ｜脚・足のストレッチ

立って行う四頭筋ストレッチ

自宅でも、ランニングやウォーキングのときでも、いつでもどこでも行えるシンプルなストレッチです。大腿前面にある大腿四頭筋に作用します。これらの筋肉は、膝関節の伸展および股関節の屈曲を行います。

このストレッチを行う際、足首に手が届かなければ、足にベルトやタオルを巻きそれを持つようにしましょう。バランスをとる必要があれば、片手を壁や手すりに置きます。下半身のルーチンに取り入れてもよいですし、毎日のストレッチに利用することもできます。筋肉を伸ばす効果を最大にするため、膝が前に出すぎたり、背中が反りすぎたりしないように気をつけましょう。

! 気をつけること

尾骨を軽く押し込むようにして、骨盤が傾いて腰が伸びてしまわないようにする。膝の可動域や痛みに注意し、心地よくストレッチを行うこと。

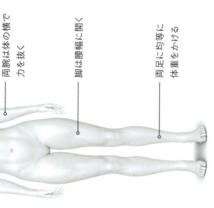

- まっすぐ前を見る
- 両腕は体の横で力を抜く
- 脚は腰幅に開く
- 両足に均等に体重をかける

エクササイズの準備

脚を腰幅に開いて立ち、腕は体の横で力を抜く。

図中の記号と色の意味
- ●--- 関節
- ○— 筋肉
- ● 緊張を維持しながら短縮
- ● 緊張を維持しながら伸長
- ● 緊張させずに伸長
- ● 動かさず保つ

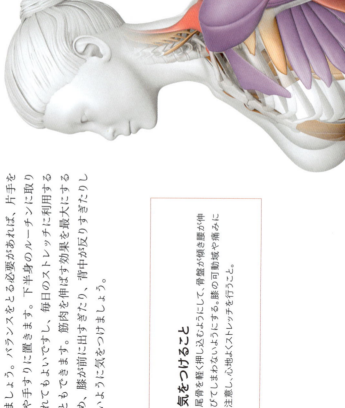

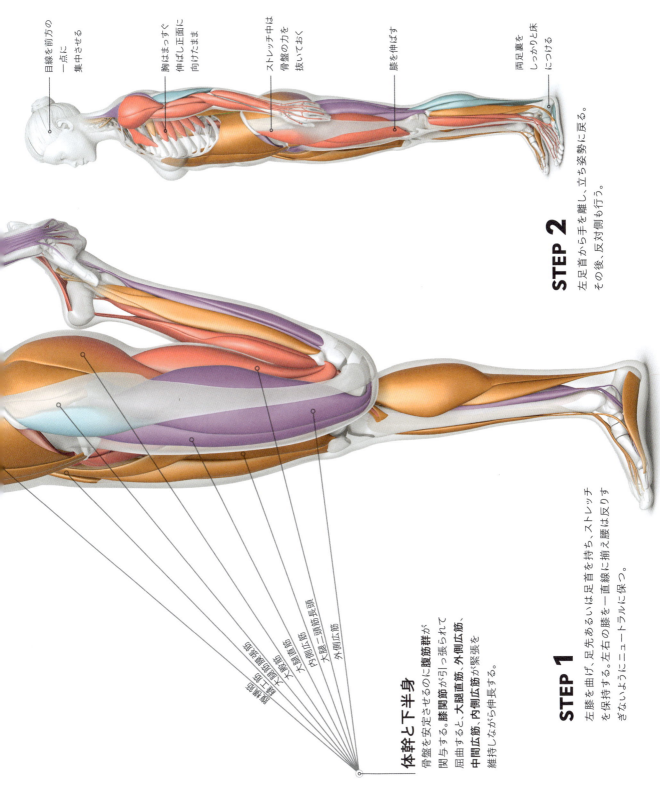

体幹と下半身

骨盤を安定させるのに腹筋群が関与する。膝関節が引っ張られて屈曲すると、大腿直筋、外側広筋、中間広筋、内側広筋が緊張を維持しながら伸長する。

- 腹直筋
- 縫工筋
- 大臀筋
- 大腿筋膜張筋
- 大腿直筋
- 内側広筋
- 大腿二頭筋長頭
- 外側広筋

STEP 1
左膝を曲げ、足先あるいは足首を持ち、ストレッチを保持する。左右の膝を一直線に揃え腰は反りすぎないようにニュートラルに保つ。

目線を前方の一点に集中させる

胸はまっすぐ伸ばし正面に向けたまま

ストレッチ中は骨盤の力を抜いておく

膝を伸ばす

両足裏をしっかりと床につける

STEP 2
左足首から手を離し、立ち姿勢に戻る。その後、反対側も行う。

157

》バリエーション

その人の関節可動域やストレッチ能力、あるいは求めるストレッチ強度によって、別の大腿四頭筋ストレッチが適している場合もあります。軽めのストレッチがよければフットエレベーテッドを、強度を上げたければカウチストレッチを行いましょう。

足を上げたまま行う

膝を曲げにくい人や、足に手が届かない人に最適のバリエーションです。
バランスをとる必要があれば、近くの壁に手をついて行いましょう。

 気をつけること
尾骨を軽く押し込むようにして、骨盤が傾き腰が伸びてしまわないようにする。膝の可動域や痛みに注意し、心地よくストレッチを行うこと。

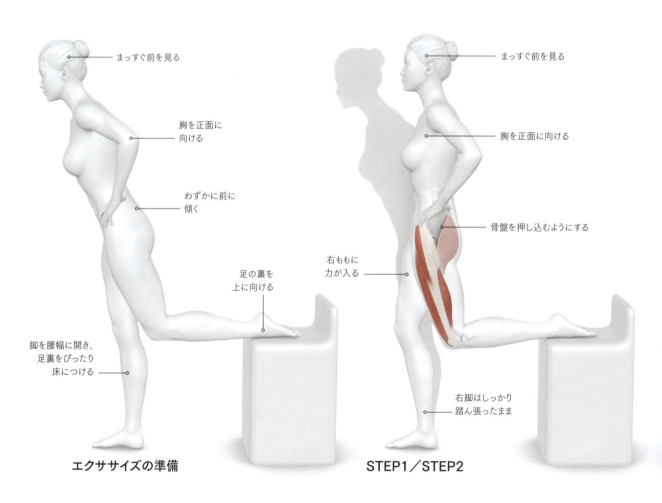

エクササイズの準備　　　　STEP1／STEP2

エクササイズの準備
左足の甲を体の後ろの椅子の上にのせて立ち、かかとを上に向ける。両手は軽く腰に添えるか、バランスをとる必要があれば右手を壁につく。

STEP 1
骨盤を軽く押し込むようにして体幹を垂直に起こし、左の大腿四頭筋をストレッチする。

STEP 2
骨盤の力を抜き、体を前に倒してストレッチを緩め、やや前傾した準備の姿勢に戻る。

ストレッチエクササイズ｜脚・足のストレッチ

> 膝を深く曲げるほど、
> 大腿四頭筋の伸びを感じられる。

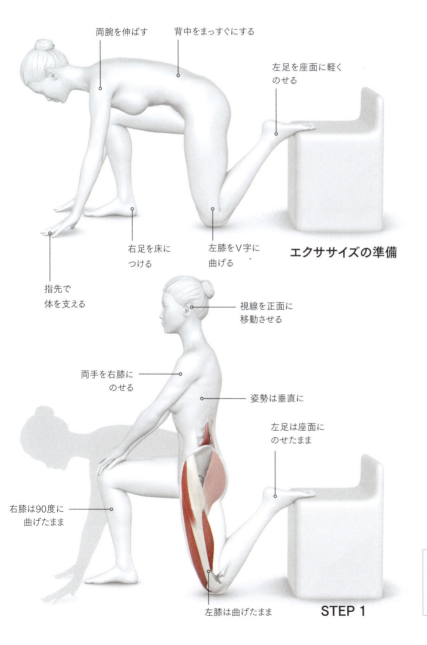

片膝立ちで椅子を使って行う

大腿四頭筋と股関節屈筋群に作用するストレッチ。エクササイズを効果的に行うため、床につけた膝はしっかりと曲げて床に押しつける必要があります。

エクササイズの準備
片膝立ちの姿勢で、左足の先を椅子やソファにのせる。背中をまっすぐにして前傾し、体の前の床に指先をついて体を支える。

STEP 1
上体を倒して両腕を右膝にのせる。尾骨は軽く押し込んだままにし、腰が反りすぎないようにする。

STEP 2
上体を下げてストレッチを緩め、準備の姿勢に戻る。指先を床につけて体を支える。

図中の色の意味
● 主にターゲットとなる筋肉
● 副次的にターゲットとなる筋肉

159

静的ハムストリングストレッチ

ハムストリングスに作用するクラシックなストレッチです。
下半身のプログラムに組み込んでもよいですし、膝関節や股関節の
可動性向上エクササイズとしても効果的です。大腿部の後ろ側に伸びを感じましょう。

ハムストリングスは骨盤から始まり、大腿骨の後ろを通って膝関節の下に付着します。ハムストリングスは、股関節の伸展と膝関節の屈曲を主導します。ハムストリングスがこわばると、膝関節がうまく伸展できなくなり、膝に痛みが生じます。坐骨神経（骨盤の後ろから始まり足で終わる神経）の可動性の問題もハムストリングスに影響を及ぼします。筋力トレーニングと組み合わせてこのストレッチを行い、重要なハムストリングスの強さと柔軟性を向上させましょう。

図中の記号と色の意味
- ●-- 関節
- ○— 筋肉
- ● 緊張を維持しながら短縮
- ● 緊張を維持しながら伸長
- ● 緊張させず伸長
- ● 動かさず保つ

> ハムストリングスは、半腱様筋、半膜様筋、大腿二頭筋という3つの筋肉で構成される。

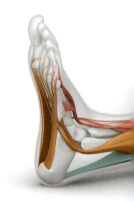

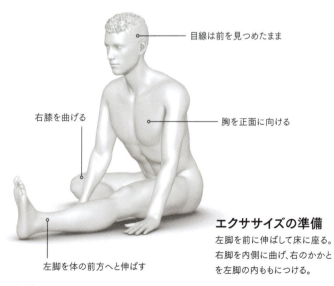

目線は前を見つめたまま
右膝を曲げる
胸を正面に向ける
左脚を体の前方へと伸ばす

エクササイズの準備
左脚を前に伸ばして床に座る。
右脚を内側に曲げ、右のかかとを左脚の内ももにつける。

下半身
股関節が屈曲し膝関節が伸展すると、
ハムストリングスは緊張を維持しながら伸長する。
腓腹筋は緊張せずに伸長し、足関節は背屈する。

ストレッチエクササイズ｜脚・足のストレッチ

STEP 1

肘を曲げて胸を膝に近づけ、体を前に倒す。背すじはまっすぐに保つ。

上半身
背中の伸筋群が前傾時に背すじをまっすぐに保つ。また、**ハムストリングス**が骨盤を引き寄せる力と反対の力を発揮しストレッチを促進する。

- 菱形筋
- 棘下筋（きょくかきん）
- 小胸筋
- 烏口腕筋
- 腹直筋
- 上腕筋

- 前脛骨筋
- 長腓骨筋
- 腓腹筋
- 外側広筋
- 大腿直筋
- 大腿四頭筋浅頭
- 大腿二頭筋長頭

ストレッチ中は目線は前を見つめたまま

両腕を伸ばして準備の姿勢に戻る

右膝は曲げたままにしておく

左足のつま先を天井に向ける

STEP 2

最初の姿勢に戻り、反対側も同様に行う。

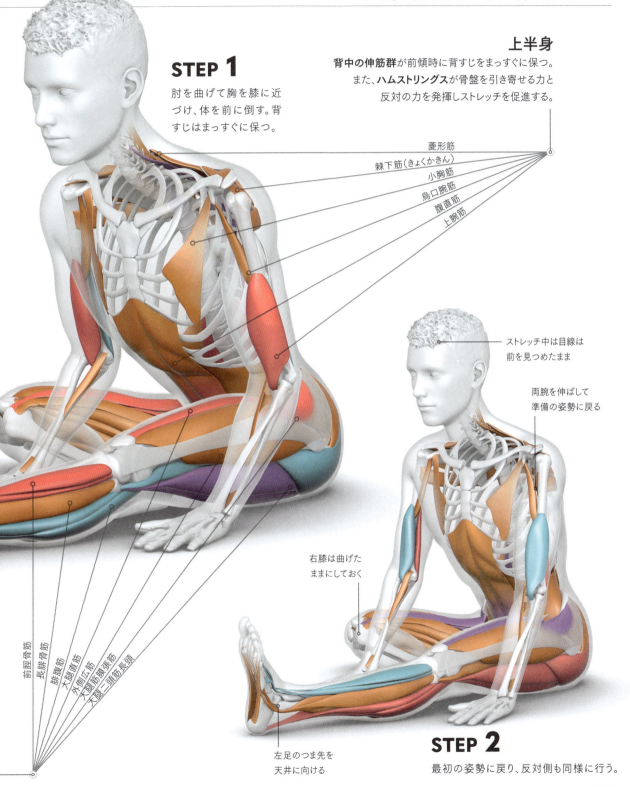

161

》バリエーション

これらのバリエーションは、静的ハムストリングストレッチ（→P160）の低強度バージョンです。こわばりを緩和したり可動域を広げたりするのにおすすめです。

> **気をつけること**
> 背中に違和感があったり脚に焼けるような感覚があったりすれば、動きの範囲を狭くする、背中をまっすぐに保つなどの対策をとる。症状が続くようなら、専門家に診てもらうこと。

座って行う

座位で行うこのバリエーションは、デスクワーク中や長時間座り姿勢を続けているときに行うのに最適なストレッチです。下半身のプログラムに組み込んでもよいですし、膝や股関節の可動性向上のエクササイズとしても効果的です。大腿部の後ろ側に心地よい伸びを感じましょう。

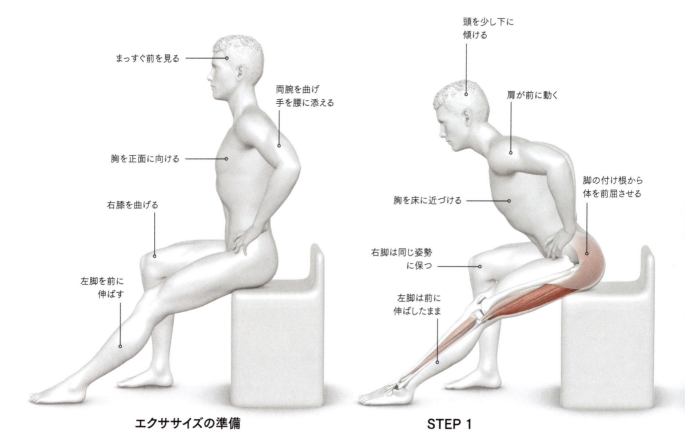

エクササイズの準備 / STEP 1

エクササイズの準備
椅子の端に座り、左脚を右脚より前に伸ばし、左膝を軽く曲げる。両手を腰に添える。

STEP 1
背すじをまっすぐに保ったまま、脚の付け根から体を前に倒す。

STEP 2
背中を起こして準備の姿勢に戻る。

ストレッチエクササイズ ｜ 脚・足のストレッチ

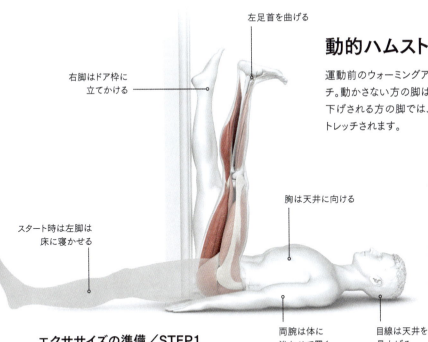

左足首を曲げる

右脚はドア枠に立てかける

胸は天井に向ける

スタート時は左脚は床に寝かせる

両腕は体に沿わせて置く

目線は天井を見上げる

エクササイズの準備／STEP1

動的ハムストリング・ローワーズ

運動前のウォーミングアップとして行えるハムストリングスのストレッチ。動かさない方の脚は、静的にストレッチされます。反対側の上げ下げされる方の脚では、ハムストリングスと股関節屈筋が動的にストレッチされます。

エクササイズの準備

床に寝転び、右脚を上げ、軽い伸びを感じる程度の距離と角度でドア枠に立てかける。左脚は床の上で力を抜く。

STEP 1

左脚を上げ、右脚よりもさらに胸に近づける。左足首は曲げる。

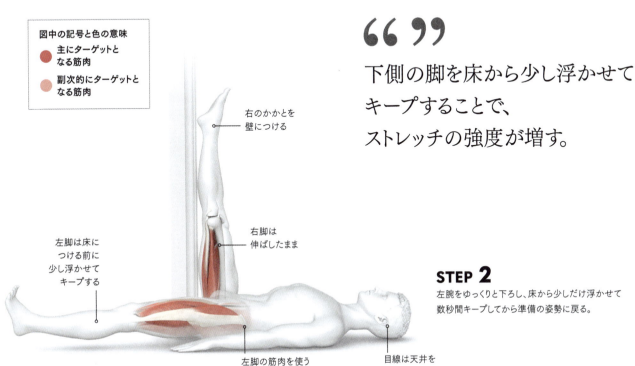

図中の記号と色の意味
● 主にターゲットとなる筋肉
● 副次的にターゲットとなる筋肉

右のかかとを壁につける

左脚は床につける前に少し浮かせてキープする

右脚は伸ばしたまま

左脚の筋肉を使う

目線は天井を見つめたまま

STEP 2

"下側の脚を床から少し浮かせてキープすることで、ストレッチの強度が増す。"

STEP 2

左腕をゆっくりと下ろし、床から少しだけ浮かせて数秒間キープしてから準備の姿勢に戻る。

163

ストレッチエクササイズ｜脚・足のストレッチ

腓腹筋
ステップストレッチ

腓腹筋は脚の筋肉の中で最も大きいものの1つで、膝関節の上に2つの起始があり、ふくらはぎの筋肉の大部分を構成します。体を前進させるのに重要な役割を果たします。

主要な足関節底屈筋である腓腹筋は、膝関節の屈曲を助けます。また、特に歩行中に、足首を安定させるコントロールする役割を果たしています。このストレッチにはより小さな踏み合いが必要ですが、階段の最下段を使ってもよいでしょう。徐々にかかとを下げてストレッチを行う際には、手すりを使ってバランスをとりましょう。強度を下げるには、片方の足を完全に台に合わせたまま、反対の足のかかとを下げてストレッチを行います。エクササイズ中は、つま先だけを台にのせておきます。かかとを上げ下げする際は、ふくらはぎとアキレス腱に意識を向けましょう。

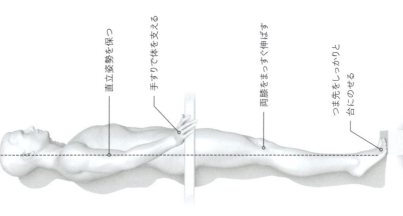

直立姿勢を保つ
手すりで体を支える
両膝をまっすぐ伸ばす
つま先をしっかりと台にのせる

エクササイズの準備
脚の付け根の真下に足がくるようにし、つま先を台にのせる。体重は両足の10本の指に均等にかかるようにし、足と床とを平行にする。かかとをできるだけ高く上げる。

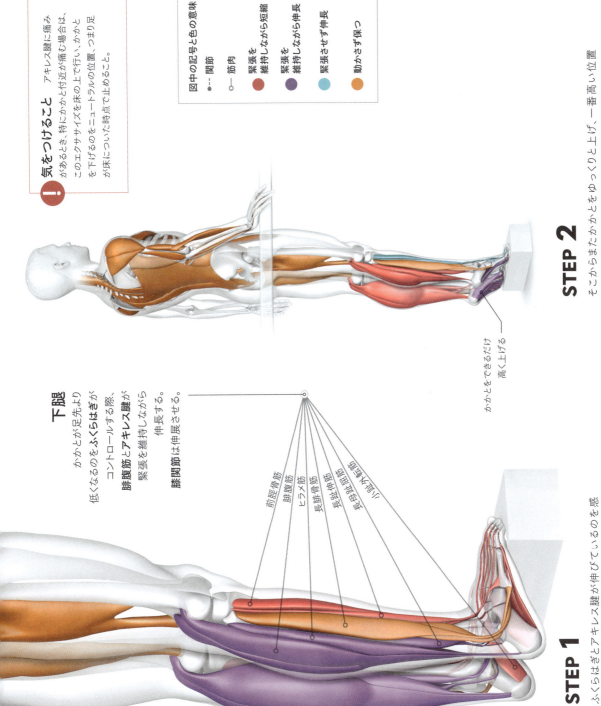

気をつけること

アキレス腱に痛みがあるとき、特にかかと付近が痛む場合は、このエクササイズを床の上で行い、かかとを下げるのをニュートラルの位置、つまり足が床についた時点で止めること。

図中の記号と色の意味
- ---● 関節
- ─○ 筋肉
- 緊張を維持しながら短縮
- 緊張を維持しながら伸長
- 緊張させず伸長
- 動かさず保つ

STEP 1

ふくらはぎとアキレス腱が伸びているのを感じるまで、ふくらはぎの筋肉を使いゆっくりとかかとを下げる。

下腿

かかとが足先より低くなるのをふくらはぎがコントロールする際、腓腹筋とアキレス腱が緊張を維持しながら伸展させる。
膝関節は伸展させる。

- 前脛骨筋
- 腓腹筋
- ヒラメ筋
- 長腓骨筋
- 長趾伸筋
- 長母趾屈筋
- 小趾外転筋

STEP 2

そこからまたかかとをゆっくりと上げ、一番高い位置まで上げる。体重は両足の10本の指に均等にかけ、できるだけつま先で合図をつかまないようにする。

かかとをできるだけ高く上げる

腓腹筋ウォールストレッチ

ステップストレッチ（→P164）の代わりになるストレッチ。
腓腹筋とアキレス腱に作用するシンプルな体重負荷エクササイズです。

STEP 1 と STEP 2 の停止時間を変えることで、静的ストレッチから動的ストレッチに変更することができます。ふくらはぎの柔軟性と足首の可動性の維持に効果的なストレッチです。ステップストレッチ（→ P164）より強度が低いので、かかとを大きく下げて足を背屈させるのが困難な人にはこちらの方がいいかもしれません。かかとをさらに強く床に押しつけその脚に体重をかけるか、1つの姿勢の保持時間を長くして、ストレッチを発展させていきましょう。

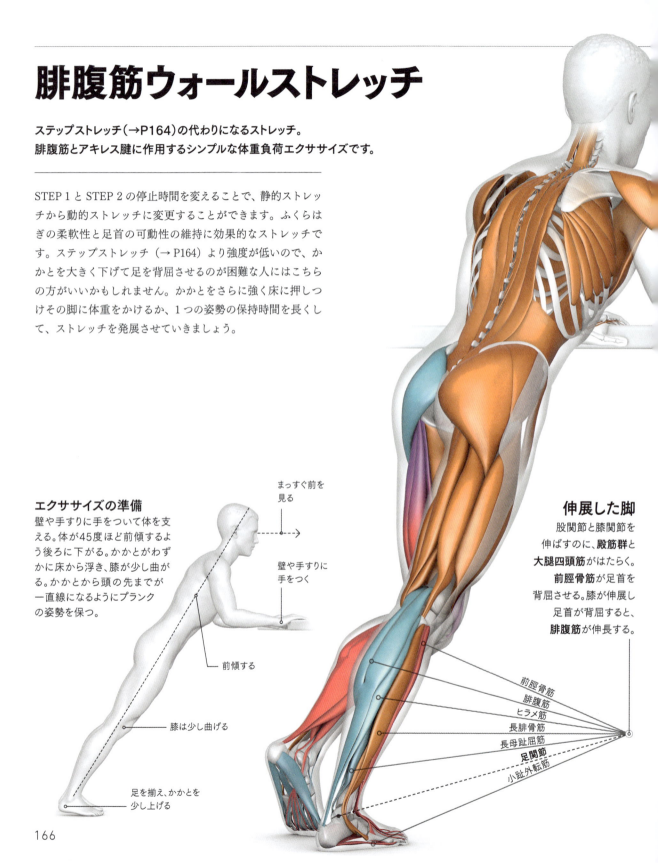

エクササイズの準備
壁や手すりに手をついて体を支える。体が45度ほど前傾するよう後ろに下がる。かかとがわずかに床から浮き、膝が少し曲がる。かかとから頭の先までが一直線になるようにプランクの姿勢を保つ。

まっすぐ前を見る
壁や手すりに手をつく
前傾する
膝は少し曲げる
足を揃え、かかとを少し上げる

伸展した脚
股関節と膝関節を伸ばすのに、**殿筋群**と**大腿四頭筋**がはたらく。**前脛骨筋**が足首を背屈させる。膝が伸展し足首が背屈すると、**腓腹筋**が伸長する。

前脛骨筋
腓腹筋
ヒラメ筋
長腓骨筋
長母趾屈筋
足関節
小趾外転筋

ストレッチエクササイズ｜脚・足のストレッチ

STEP 1

左膝を曲げ、つま先は床につけたままかかとを上げる。体重は右脚に移動する。右膝を伸展させ、右のかかとを床に押しつけて右のふくらはぎをストレッチする。ストレッチを感じたら、STEP 2 に進む。

STEP 2

右膝を緩めて右のかかとを床から離し、左のかかとを床に押しつけて左膝を伸展させる。背すじは終始伸ばしたままにし、両足を交互に伸ばす。

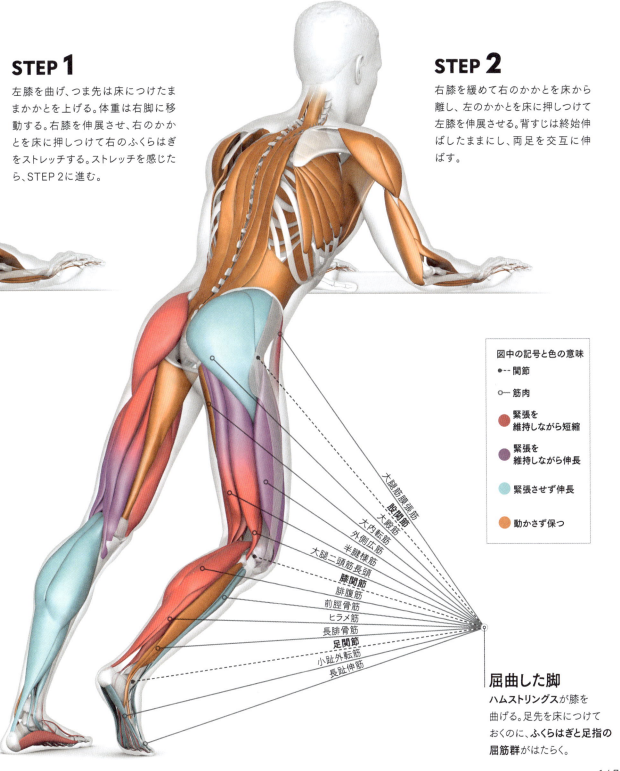

図中の記号と色の意味
- ●--- 関節
- ○— 筋肉
- 緊張を維持しながら短縮
- 緊張を維持しながら伸長
- 緊張させず伸長
- 動かさず保つ

大腿筋膜張筋
股関節
大殿筋
大内転筋
外側広筋
半腱様筋
大腿二頭筋長頭
膝関節
腓腹筋
前脛骨筋
ヒラメ筋
長腓骨筋
足関節
小趾外転筋
長趾伸筋

屈曲した脚

ハムストリングスが膝を曲げる。足先を床につけておくのに、**ふくらはぎと足指の屈筋群**がはたらく。

167

≫ バリエーション

ふくらはぎと足首のストレッチにはさまざまな種類があり、それぞれ体重のかけ方や関節の角度が異なります。自分の運動目標や現在の能力に合わせ、最適なエクササイズを選びましょう。

図中の記号と色の意味	
● 主にターゲットとなる筋肉	● 副次的にターゲットとなる筋肉

膝を曲げるカーフストレッチ

2つの主要なふくらはぎの筋肉のうち下側にあるヒラメ筋をストレッチするには、基本のカーフストレッチから膝を軽く曲げる必要があります。このバリエーションは立位のカーフストレッチを補うことができ、足首の可動性とふくらはぎの柔軟性を維持するのに役立ちます。

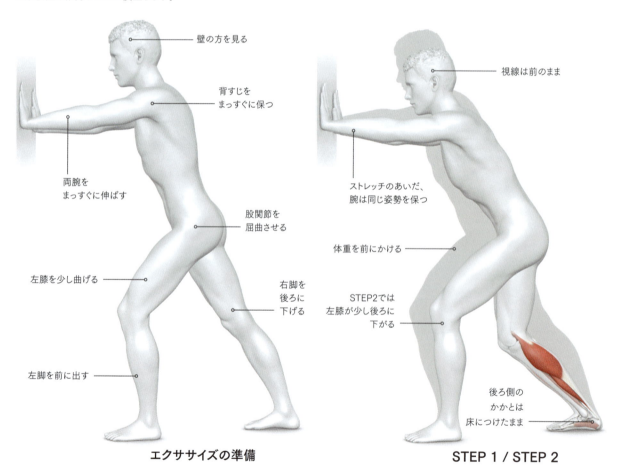

エクササイズの準備

STEP 1 / STEP 2

エクササイズの準備
左脚を前、右脚を後ろにして脚を前後に開いて立ち、両手を壁につく。

STEP 1
体重を前の脚に移動させ、後ろの脚のふくらはぎをストレッチする。後ろの脚のかかとは床につけたままにする。

STEP 2
後ろの脚の膝を曲げ、体重もそれに合わせて移動させる。これによってターゲットとなるヒラメ筋がストレッチされる。後ろ側のかかとは床につけたまま。

ストレッチエクササイズ｜脚・足のストレッチ

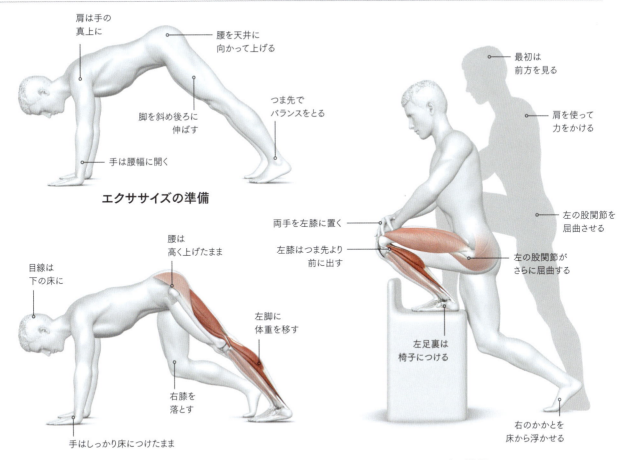

交互に膝を曲げるダウンドッグ

運動前のウォーミングアップとして行えるふくらはぎの動的ストレッチ。ヨガでおなじみの「ダウンドッグ（下向きの犬のポーズ）」の変形版とも言え、左右の脚をやさしく交互に伸ばします。

エクササイズの準備
両手両足を床につけ、腰を引き上げる。膝関節を伸展させ、かかとを浮かせてつま先で体を支える。

STEP 1
体重を左脚に移動させ、右膝を落とす。伸ばした左脚は力をかけたままにし、数秒間キープする。

STEP 2
右脚に体重を移動させ、左膝を落とす。「犬の散歩」のように脚をリズムよく交互に動かす。

足首の背屈ストレッチ

足首の背屈の可動性を向上させるエクササイズ。日常生活において重要な足関節の背屈は、足首や膝がうまく機能するために欠かせない動きです。スクワットやランニングといった運動前の足関節のウォーミングアップとして行いましょう。

エクササイズの準備
左足を椅子などにのせ、右脚は床につける。両手は左膝に置く。

STEP 1
左のかかとを椅子につけたままゆっくりと左膝をつま先よりも前に出し、ストレッチを感じる。

STEP 2
右のかかとを床に戻し、体を後ろに引いてまっすぐにし、準備の姿勢に戻る。

169

膝をついて行う足指屈筋ストレッチ

足指屈筋群を伸ばすことによってつま先をやさしく伸展させるストレッチです。四つんばいの姿勢で行うため足指の関節にかかる体重をコントロールでき、この部位にこわばりがある人にも適しています。

足首をまたぐ強力な長母趾屈筋は、母趾を屈曲させます。足底面（足の裏の厚みのある組織）には足筋が4層に連なっており、1種類の筋肉だけが足の甲側にあります。これらの筋肉は、足指の微細運動を担います。足底弓（土踏まず）を支えたり、歩行時の姿勢保持を行ったりもしています。

! 気をつけること
関節が過可動の人には可動域を押し広げるタイプのストレッチは逆効果となり得るため、このストレッチを行わないこと。足や足首に痛みがないか注意し、どのステップでも痛みの出ない範囲で動かすこと。

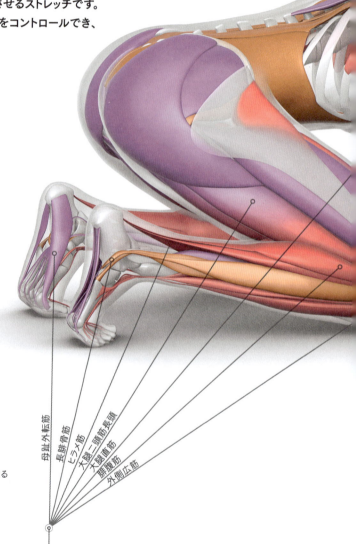

母趾外転筋
長腓骨筋
ヒラメ筋
大腿二頭筋長頭
大腿直筋
腓腹筋
外側広筋

下腿と足首
長母趾屈筋の腱や足部内在屈筋群などの**足指屈筋群**は緊張を維持しながら伸長し、つま先は伸展（背屈）する。**ハムストリングス**と**股関節屈筋群**が、ストレッチの強度をコントロールしながら腰を足に近づけ膝を屈曲させる。

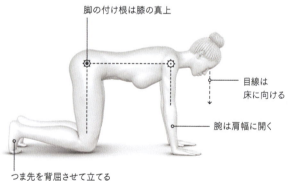

脚の付け根は膝の真上
目線は床に向ける
腕は肩幅に開く
つま先を背屈させて立てる

エクササイズの準備
肩の真下に手首、脚の付け根の真下に膝をついて四つんばいの姿勢になり、頭と首を一直線にする。脊柱は、完全に屈曲した状態と完全に伸展した状態の中間の、心地よいニュートラルな状態に保つ。つま先を立てる。

ストレッチエクササイズ | 脚・足のストレッチ

STEP **1**

両手を床につき、背すじは伸ばしたまま、腰を後ろに引いて足に近づける。この動きにより、腕は自然と伸展する。つま先や足が伸びているのを感じるまで腰を足に近づける。

棘下筋
三角筋
上腕三頭筋
上腕二頭筋
円回内筋
腕橈骨筋
深指屈筋

腕

僧帽筋と**前鋸筋**が肩甲骨の上方回旋を行い、**三角筋前部**、**烏口腕筋**、**大胸筋**が肩関節の屈曲を行う。**肘の伸筋群**が上半身を支え股関節の動きを助ける。

図中の記号と色の意味

●-- 関節

○— 筋肉

● 緊張を
維持しながら短縮

● 緊張を
維持しながら伸長

● 緊張させず伸長

● 動かさず保つ

お尻を膝の上に戻す

目線はずっと
床のまま

腕をまっすぐに伸ばし
肩と垂直になるように戻す

STEP **2**

四つんばいの姿勢に戻り、ストレッチを緩める。

つま先は立てたまま

膝を曲げる

手のひらは床に
つけたまま

171

》バリエーション

足部筋群と足底腱膜（踵骨と足指の付け根をつなげる組織）は、立ったり歩いたりするのを助けます。ここで紹介するバリエーションを活用し、日常動作の可動性を向上させましょう。

図中の記号と色の意味	
● 主にターゲットとなる筋肉	● 副次的にターゲットとなる筋肉

壁を使って行う

この立位バリエーションは、簡単に足指屈筋群をストレッチでき、足指の伸展（背屈）可動性を高めます。立ったままで足指を背屈させる、ウォーキングやランニングに効果的なストレッチです。

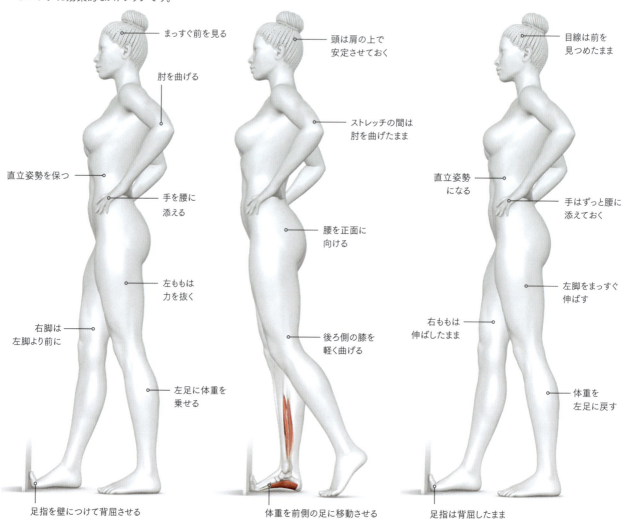

エクササイズの準備
右足の指を壁につけて軽く伸展させ、体重は左足にかける。手は腰に添える。

STEP 1
体重を前側の足に移動させ、さらに背屈を深める。

STEP 2
後ろ側の足に体重を戻し、ストレッチを緩める。

ストレッチエクササイズ｜脚・足のストレッチ

 気をつけること
関節が過可動の人には可動域を押し広げるタイプのストレッチは逆効果となり得るため、このストレッチを行わないこと。足や足首に痛みがないか注意し、どのステップでも痛みの出ない範囲で動かすこと。

膝を曲げる

足底腱膜に作用する足指のストレッチ。膝を曲げることで足首がさらに背屈し、足底腱膜を十分に伸ばすことができます。足の筋力や可動性の向上を目指すルーチンにこのストレッチを取り入れましょう。

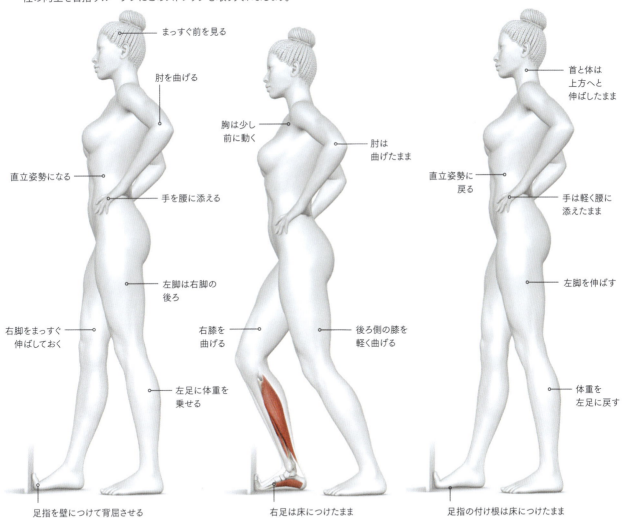

エクササイズの準備
右足の指を階段などにつけて軽く背屈させ、体重は左足にかける。

STEP 1
右足を床にしっかりとつけたまま右膝を曲げ、前に押し出す。

STEP 2
後ろ側の足に体重を戻し、ストレッチを緩める。

173

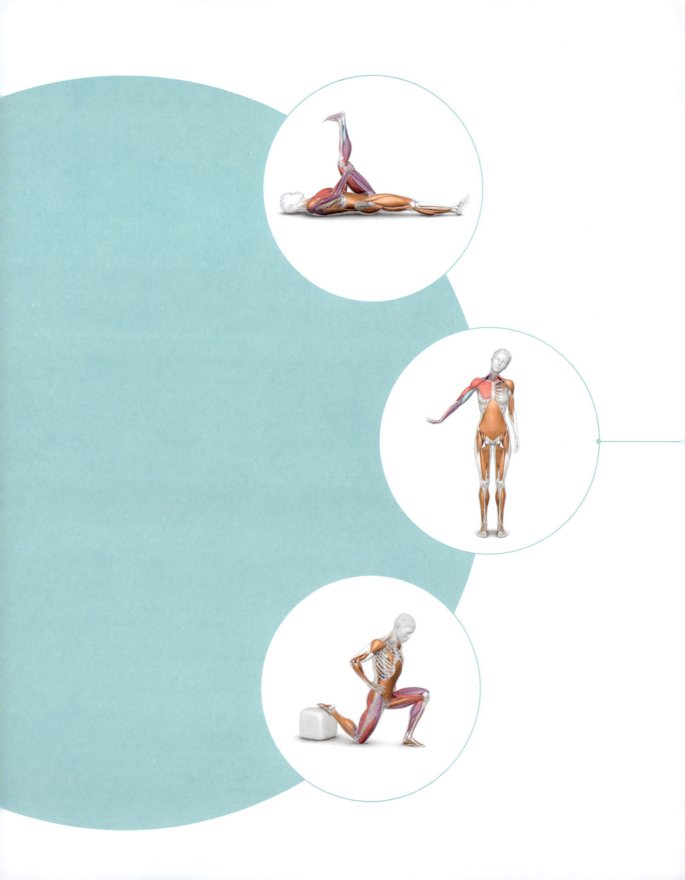

神経可動性ストレッチ

神経系同士の連絡や神経系と筋骨格系のやりとりは、動作や可動域に影響を及ぼすだけでなく、こわばり（タイトネス）などの症状の原因になることもあります。この章で紹介するストレッチを利用し、前上腕部を走る正中神経や、腰部から出て両脚へとつながる坐骨神経など、上下肢の主要神経の可動性を向上させましょう。

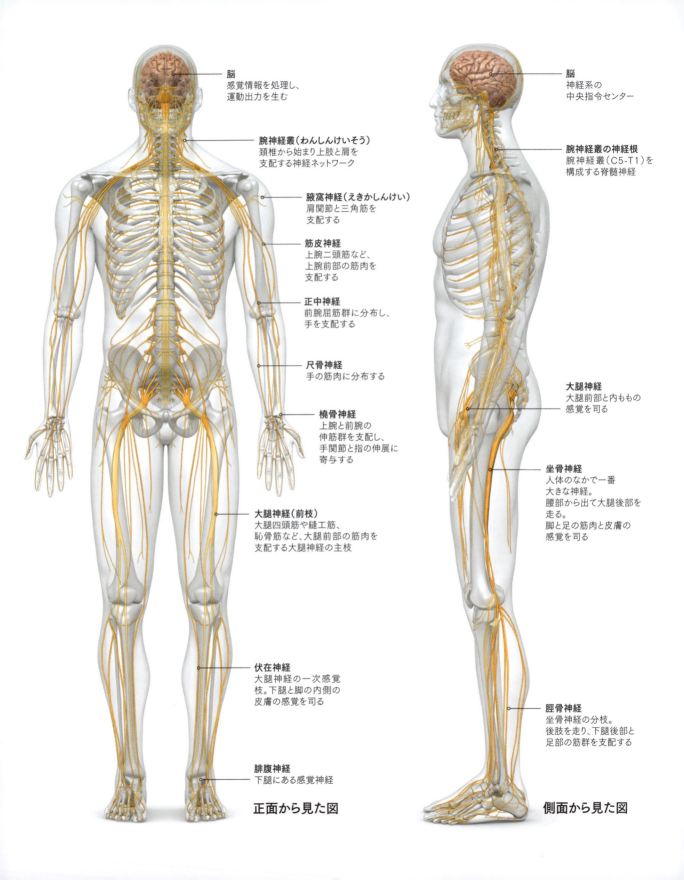

神経可動性の概要

神経系は身体機能の協調と制御を司り、内外の刺激の伝達や刺激への反応を担います。
腕にある主な神経は、正中神経、尺骨神経、橈骨神経です。脚にある主な神経は、坐骨神
経、大腿神経、脛骨神経です。

腕にある正中神経、尺骨神経、橈骨神経は、感覚機能と運動機能の両方を担います。皮膚、関節、筋肉から入った感触、温度、身体知覚といった感覚情報は、これらの神経を通って中枢神経系へと伝達されます。運動シグナルは中枢神経系から筋肉へと送られ、腕の随意運動やコントロール

を可能にします。脚でも同様に、坐骨神経、大腿神経、脛骨神経やその他の神経枝が、感覚入力と運動制御を行います。これらの神経は、四肢の感覚、協調、運動において重要な役割を担い、全身機能や体内外の環境とのやりとりに寄与しています。

SECTION CONTENTS

橈骨神経ナーブグライド ————— 178
　バリエーション
　（正中神経／尺骨神経）————— 180
坐骨神経ナーブグライド ————— 182
　バリエーション
　（脛骨神経／腓骨神経／腓腹神経）—— 184
大腿神経ナーブグライド ————— 186

177

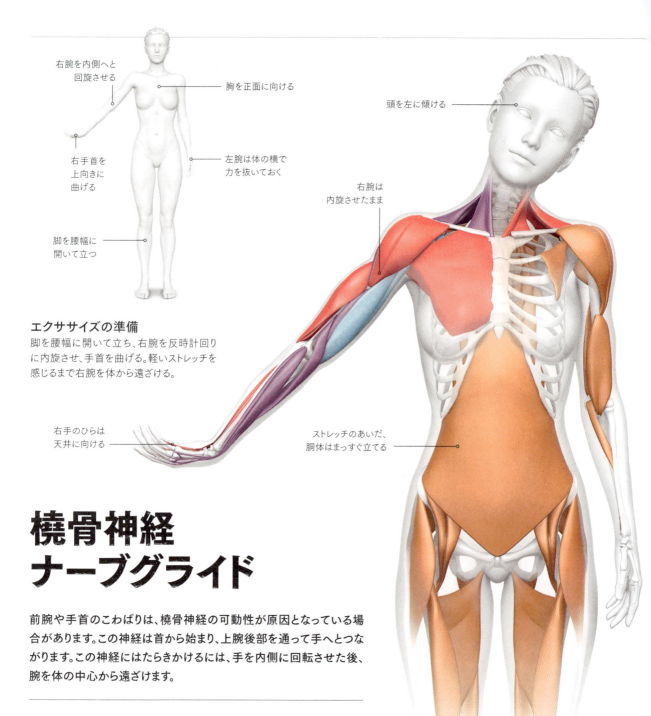

右腕を内側へと回旋させる
胸を正面に向ける
頭を左に傾ける
右手首を上向きに曲げる
左腕は体の横で力を抜いておく
右腕は内旋させたまま
脚を腰幅に開いて立つ
右手のひらは天井に向ける
ストレッチのあいだ、胴体はまっすぐ立てる

エクササイズの準備
脚を腰幅に開いて立ち、右腕を反時計回りに内旋させ、手首を曲げる。軽いストレッチを感じるまで右腕を体から遠ざける。

橈骨神経ナーブグライド

前腕や手首のこわばりは、橈骨神経の可動性が原因となっている場合があります。この神経は首から始まり、上腕後部を通って手へとつながります。この神経にはたらきかけるには、手を内側に回転させた後、腕を体の中心から遠ざけます。

頭と首を腕から離すように傾けることで、神経をさらに伸長させることができます。このナーブグライド（神経滑走）エクササイズを短期間実践すれば、神経に起因する上腕後部のこわばりを和らげ、前腕の緊張をほぐす効果が期待できます。首に痛みがある、神経痛を発症したことがあるなどの場合は、十分に注意して行いましょう。

STEP 1

首を右腕から離すように左に傾け、ストレッチを深める。

首と腕

右の**斜角筋**と**胸鎖乳突筋**が伸長する。**肩甲下筋**と**胸筋群**が肩を内旋させ、**三頭筋**が肘の伸展を維持する。**円回内筋**と**方形回内筋**が前腕を回内させる。

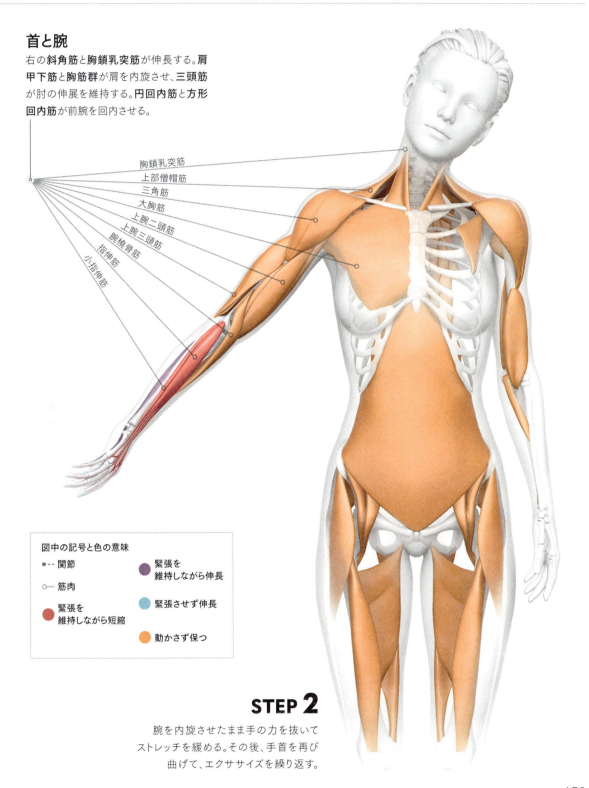

- 胸鎖乳突筋
- 上部僧帽筋
- 三角筋
- 大胸筋
- 上腕二頭筋
- 上腕三頭筋
- 腕橈骨筋
- 指伸筋
- 小指伸筋

図中の記号と色の意味

- ●-- 関節
- ○ 筋肉
- ● 緊張を維持しながら短縮
- ● 緊張を維持しながら伸長
- ● 緊張させず伸長
- ● 動かさず保つ

STEP 2

腕を内旋させたまま手の力を抜いてストレッチを緩める。その後、手首を再び曲げて、エクササイズを繰り返す。

» バリエーション

腕、手首、手にはたくさんの神経が通っています。これらの領域にある主要な神経は独自の神経経路を持っており、それぞれ決まった筋肉を動かしています。

図中の記号と色の意味	
● 主にターゲットとなる筋肉	● 副次的にターゲットとなる筋肉

正中神経ナーブグライド

前腕や手首のこわばりは、正中神経の可動性が原因となっている場合があります。この神経は首から始まり、上腕前部を通ります。この神経にはたらきかけるには、手を外側に回転させ、手首を伸展させた後、腕を体の中心から遠ざけます。頭と首を腕から離すように傾けることで、神経をさらに伸長させましょう。このストレッチは、手首と前腕の緊張をほぐす効果が期待できます。

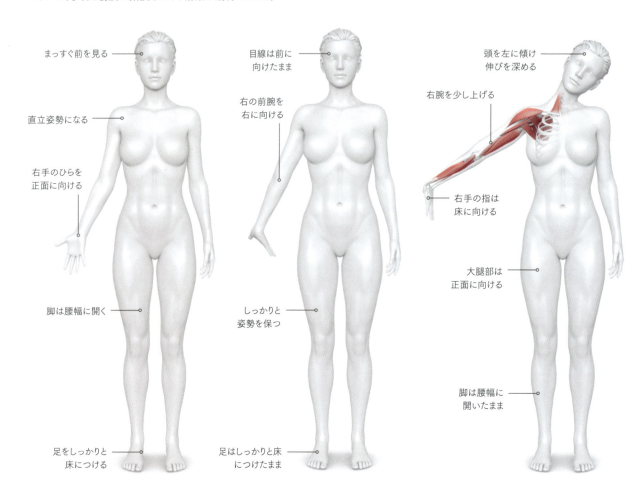

エクササイズの準備
背すじを伸ばして立ち、右腕と右手のひらを正面に向ける。

STEP 1
腕を体の外側に向けて回転させ前腕が右を向くようにし、手首を後方へと引っ張る。

STEP 2
右腕を少し上げ、頭を左に傾けてストレッチを深める。その後、手首を準備段階のニュートラルな状態に戻す。

尺骨神経ナーブグライド

前腕や手首のこわばりは、尺骨神経の可動性が原因となっている場合があります。この神経は首から始まり、肘の内側を通って薬指と小指へつながります。この神経が通る肘の部分は、一般的に「ファニーボーン」と呼ばれています。この神経にはたらきかけるには、肩を屈曲させ肘を曲げて、手のひらを下に向けて回転させます。頭と首を腕から離すように傾けることで、神経をさらに伸長させることができます。このナーブグライドエクササイズを短期間実践すれば、神経に起因する上腕後部のこわばりを和らげ、前腕の緊張をほぐす効果が期待できます。

 気をつけること
首に鋭い痛みのある人はこのストレッチを行わないこと。前腕、肩、首に過度な違和感や痛みが出ないか気をつけておく。このエクササイズでは、上腕後部に心地よい動きを感じること。どのステップでも、痛みを感じない範囲の動きに留めておくこと。STEP1では少し強めに引っ張られる程度にし、STEP2でそれを緩める。過度なしびれやうずき、痛みを感じたら、エクササイズを中止すること。

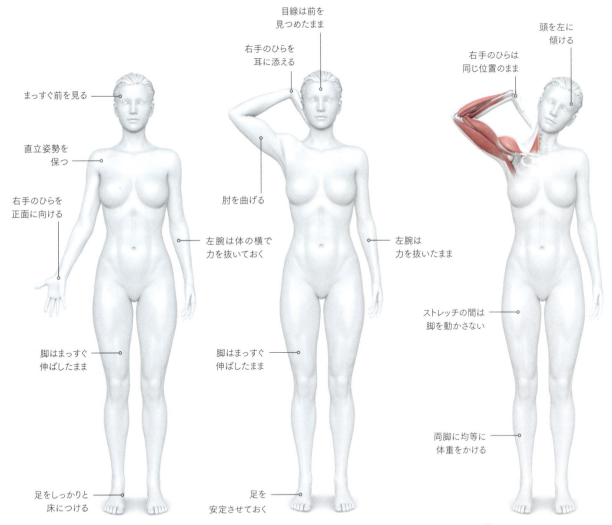

エクササイズの準備
右の腕と手のひらを正面に向けて立つ。

STEP 1
手のひらを下に向けて右腕を耳の近くまで上げ、指先を下にして手のひらで耳を覆うようにする。無理のない範囲で動かすこと。

STEP 2
頭を手から離して左に傾け、ストレッチを深める。

坐骨神経ナーブグライド

坐骨神経の可動性が限られると、大腿後部や脚の後面に不快感を生じることがあります。この神経の可動性を高める方法の1つは、股関節を屈曲、膝関節を伸展させ、足関節を上下に動かすことです。

頭と首を屈曲させることで、神経をさらに伸長させることができます。このナーブグライドエクササイズを短期間実践すれば、神経に起因する股関節後部や大腿後部のこわばりを和らげ、ハムストリングスやふくらはぎの緊張をほぐし、股関節や膝関節の可動域を広げる効果が期待できます。このエクササイズは、膝を曲げずに足首を動かして、もしくは膝の動的伸展を連携させて行います。足首を背屈させた状態で膝をまっすぐに伸ばせば伸ばすほど神経の緊張が強くなることに注意してください。

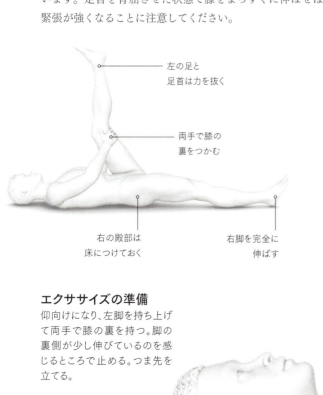

- 左の足と足首は力を抜く
- 両手で膝の裏をつかむ
- 右の殿部は床につけておく
- 右脚を完全に伸ばす

腕

上腕二頭筋、上腕筋、腕橈骨筋が肘の屈曲を行う。脚を持つのに**手首と指の屈筋群**がはたらく。**横隔膜**がリラックスした呼吸を可能にする。

- 指伸筋
- 腕橈骨筋
- 深指屈筋
- 上腕三頭筋
- 上腕筋
- 上腕二頭筋
- 三角筋

エクササイズの準備
仰向けになり、左脚を持ち上げて両手で膝の裏を持つ。脚の裏側が少し伸びているのを感じるところで止める。つま先を立てる。

STEP 1
左の足とつま先を頭の方に向かって屈曲させ、神経のストレッチを深める。

ストレッチエクササイズ｜神経可動性のストレッチ

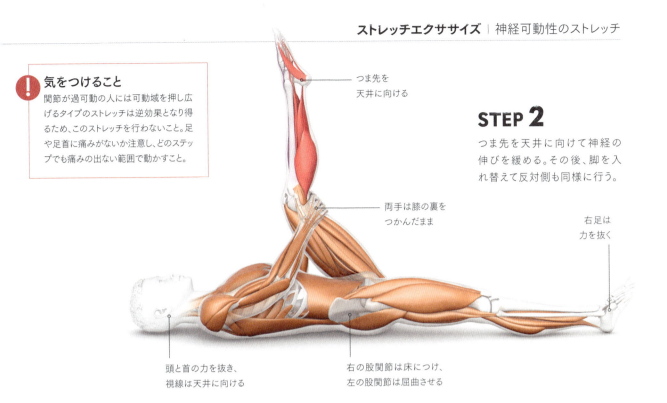

> **!** **気をつけること**
> 関節が過可動の人には可動域を押し広げるタイプのストレッチは逆効果となり得るため、このストレッチを行わないこと。足や足首に痛みがないか注意し、どのステップでも痛みの出ない範囲で動かすこと。

- つま先を天井に向ける

STEP 2
つま先を天井に向けて神経の伸びを緩める。その後、脚を入れ替えて反対側も同様に行う。

- 両手は膝の裏をつかんだまま
- 右足は力を抜く
- 頭と首の力を抜き、視線は天井に向ける
- 右の股関節は床につけ、左の股関節は屈曲させる

股関節と脚
大腿四頭筋が膝を伸展させ**ハムストリングス**を伸長させる。**前脛骨筋**が左の足と足首を屈曲させると、**腓腹筋・ヒラメ筋群**が伸長する。**左の股関節屈筋群**がはたらき、右の股関節屈筋群は弛緩したままである。

図中の記号と色の意味
- ●-- 関節
- ○— 筋肉
- 🔴 緊張を維持しながら短縮
- 🟣 緊張を維持しながら伸長
- 🔵 緊張させず伸長
- 🟠 動かさず保つ

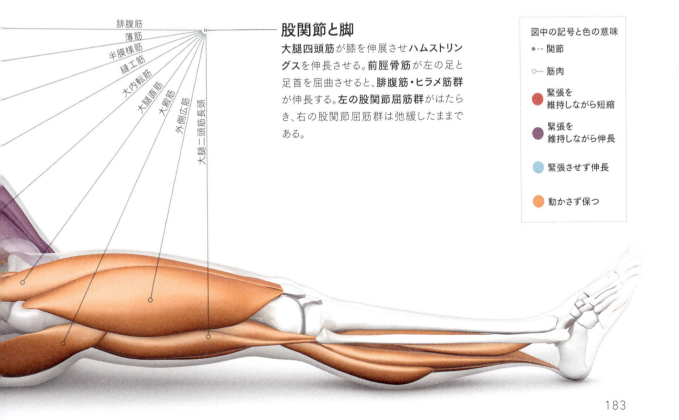

腓腹筋／薄筋／半膜様筋／縫工筋／大内転筋／大腿直筋／大殿筋／外側広筋／大腿二頭筋長頭

183

›› バリエーション

坐骨神経は、脛骨神経と腓骨神経とに分岐します。これらの神経から出た分枝が合流して腓腹神経となり、下腿、足、足首に感覚機能を与えます。

図中の記号と色の意味	
● 主にターゲットとなる筋肉	● 副次的にターゲットとなる筋肉

脛骨神経ナーブグライド

より特殊なナーブグライドエクササイズを行うことで、脚のさまざまな領域の不調にはたらきかけることができます。脛骨神経は坐骨神経の分枝であり、足首の内側を走行します。この神経の可動性を向上させるには、股関節を屈曲させ、膝関節は伸展し、足首を立てます（背屈および外がえし）。首を足に向かって曲げることで、神経をさらに伸長させることができます。

> **！ 気をつけること**
> 腰に鋭い痛みのある人はこのストレッチを行わないこと。腰、背中、膝に過度な違和感や痛みが出ないか気をつけておく。

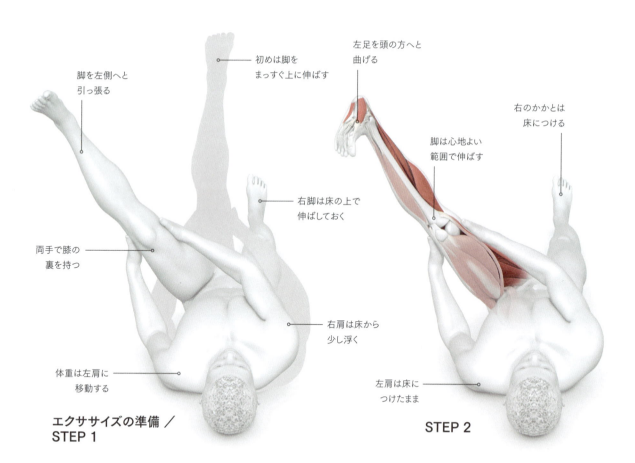

エクササイズの準備／STEP 1

STEP 2

エクササイズの準備
床に寝転ぶ。左脚を上げ、両手で膝の裏を持つ。膝を伸ばして大腿部の後ろ側に伸びを感じる。

STEP 1
股関節を外転させて脚を左側へと引っ張る。骨盤と背中は床にぴったりとつけておく。

STEP 2
左足を体の中心から離すようにしながら頭に向かって曲げ、ストレッチをする。

ストレッチエクササイズ｜神経可動性のストレッチ

腓骨神経ナーブグライド

腓骨神経は坐骨神経の分枝で、下腿と足首の外側を走行し、下腿外側部の筋肉を支配します。この神経の可動性を向上させるには、股関節を屈曲、膝を伸展させて、足首を体に向かって立てます。首を足に向かって持ち上げれば、神経をさらに伸長させることができます。

エクササイズの準備
仰向けになって左脚を上げ、両手で膝の裏を持つ。膝を伸ばして大腿部の後ろ側に伸びを感じる。

STEP 1
左脚を体の中心に向かって右側へと引っ張り、股関節を内転させる。骨盤と背中は床にぴったりとつけておく。

STEP 2
左足を体の中心へと近づけるようにしながら頭に向かって曲げ、ストレッチする。

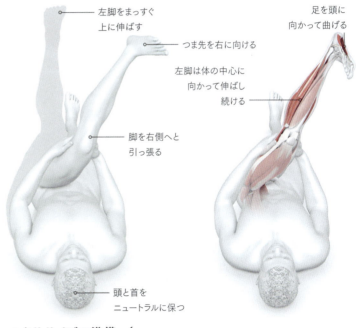

エクササイズの準備／STEP 1　　STEP 2

腓腹神経ナーブグライド

腓腹神経は坐骨神経の分枝で、下腿と足首の後ろ側および外側を走行します。仰向けに寝た状態でこの神経の可動性を向上させるには、股関節を屈曲、膝関節を伸展させて、足首を体に向かって寝かせます（底屈および内がえし）。簡単すぎると感じたら、首を足に向かって曲げ、神経をさらに伸長させましょう。

エクササイズの準備
仰向けに寝転んで左脚を上げ、両手で膝の裏を持つ。膝を伸ばして大腿部の後ろ側に伸びを感じる。

STEP 1
左脚を体の中心に向かって右側へと引っ張り、股関節を内転させる。骨盤と背中は床にぴったりとつけておく。

STEP 2
左足首を伸ばし、ストレッチする。

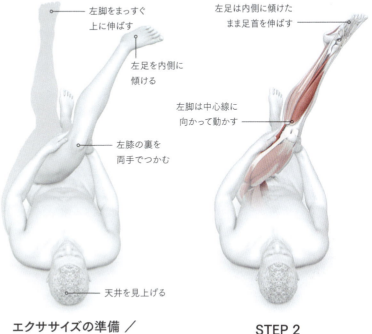

エクササイズの準備／STEP 1　　STEP 2

185

ストレッチエクササイズ｜神経可動性のストレッチ

大腿神経ナーブグライド

大腿神経は、股関節の屈曲・膝関節の伸展を行う大腿部および股関節周辺の筋肉に神経を供給します。大腿神経を伸長させるには、このストレッチのように、股関節を伸ばして膝を曲げます。

大腿神経が関与する症状は、一般的に大腿部付近や脚の前部に現れます。このナーブグライドエクササイズを短期間実践すれば、神経の緊張に起因する股関節前部のこわばりを和らげ、股関節の伸展可動域を広げ、大腿前部の不快感を緩和する効果が期待できます。頭と首を動かして目線を上げ下げすることで、神経をさらに伸長させることができます。

エクササイズの準備

左脚を立て、右膝を床につけた姿勢になり、右の足首はクッションかフットスツールにのせる。脊柱をニュートラルに保ち、床を見つめる。股関節屈筋と大腿前部が伸びているのを感じる。

- 右足はクッションやフットスツールにのせる
- 目線は床に向ける
- 肘を曲げる
- 左足を床にしっかりとつける

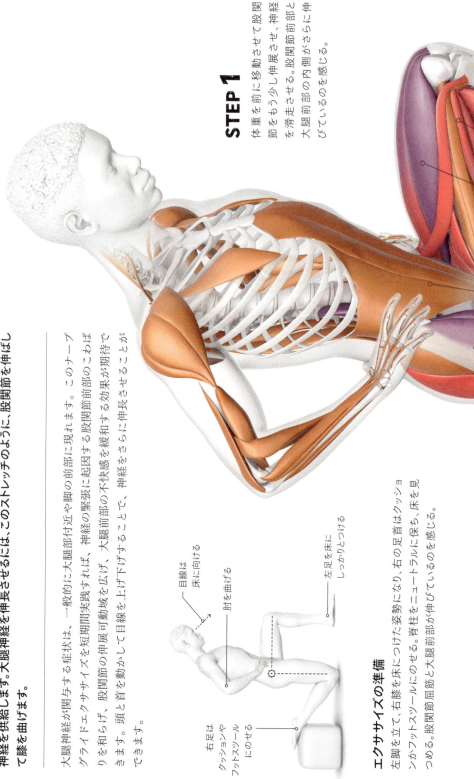

STEP 1

体重を前に移動させて股関節をもう少し伸展させ、神経を滑走させる。股関節前部と大腿前部の内側がさらに伸びているのを感じる。

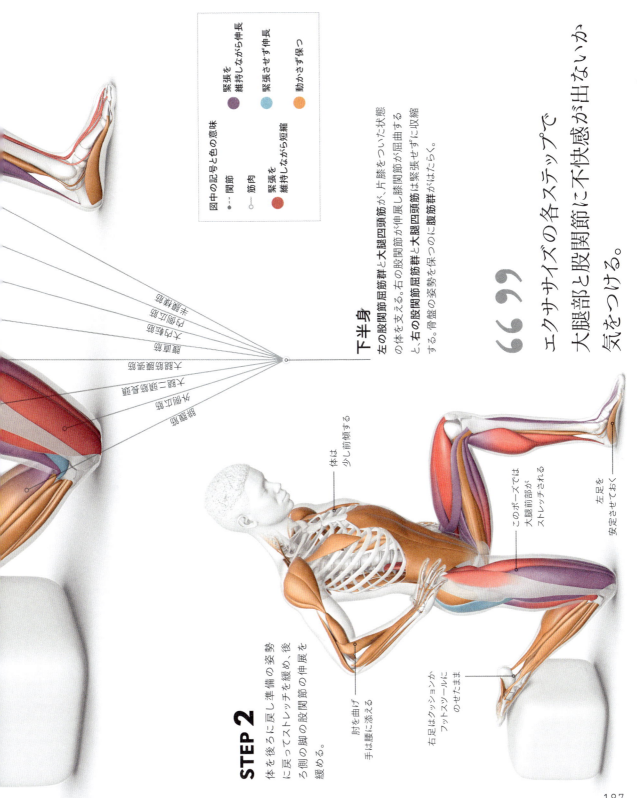

STEP 2

体を後ろに戻し準備の姿勢に戻ってストレッチを緩め、後ろ側の脚の股関節の伸展を緩める。

下半身

左の股関節屈筋群と大腿四頭筋が、片膝をついた状態の体を支える。右の股関節が伸展し膝関節が屈曲すると、右の股関節屈筋群と大腿四頭筋は緊張せずに収縮する。骨盤の姿勢を保つのに腹筋群がはたらく。

図中の記号と色の意味
- ╍╍ 関節
- ○ 筋肉
- ● 緊張を維持しながら伸長
- ● 緊張させず伸長
- ● 動かさず保つ
- ● 緊張を維持しながら短縮

— 縫工筋
— 大腿直筋
— 外側広筋
— 大腿筋膜張筋
— 大腿二頭筋
— 薄筋

肘を曲げ手は腰に添える

右足はクッションかフットスツールにのせたまま

体は少し前傾する

このポーズでは大腿前部がストレッチされる

左足を安定させておく

" " エクササイズの各ステップで大腿部と股関節に不快感が出ないか気をつける。

ストレッチルーチン

運動の目標を達成するのに重要なのは、自分に合ったプログラムを構築することです。スポーツ（筋力トレーニングやさまざまな競技スポーツ）を上達させ、よりアクティブなライフスタイルを実現させたい人もいるでしょう。あるいは、脊柱や股関節、膝関節といった特定の部位にはたらきかけるのが目的の人もいるでしょうし、全身のルーチンで体全体をストレッチしたい人もいるかもしれません。ここで紹介するルーチンは、ストレッチを初心者用／上級者用別にリストアップし、実践しやすいようにまとめたものです。エクササイズをさらに発展させ、目的の明確なトレーニングを実践するのに役立ちます。

ルーチンを行う前に

本書では、さまざまなレベルに応じた多様なストレッチを紹介しています。可動性や柔軟性、健康状態を改善するには、自分の体の声にしっかりと耳を傾け、必要に応じて動きを調節するようにしましょう。

　ストレッチに関する研究は日々進化しています。どの程度のストレッチが最適かは、その人の活動度合いや経験によって異なります。研究によって、ストレッチの程度が可動域や筋肉痛といったさまざまな結果に与える影響が明らかになりつつあります。ここからは、目標や経験別のストレッチガイドラインをご紹介しましょう。

初心者
　初心者は、1日1回、週に3〜5日ストレッチを行い、柔軟性を向上させることから始めます。低強度の軽いウォーミングアップから始め、筋肉を温めます。静的ストレッチを30秒以内で行い、主要な筋肉群にはたらきかけましょう。

　少しきついと感じるまでストレッチを行ってもかまいませんが、長引く痛みを伴わないようにします。自分の体の感覚や限界に意識を向けると、身体意識を研ぎ澄ますことができます。柔軟性が高まると感覚も変化し、さらなる変化を生むには新たな領域をターゲットにする必要が出てくるでしょう。

　心地よく行えるようになってきたら、徐々に強度を上げるか保持時間を延ばし、レベルを上げていきましょう。ストレッチの間はリラックスして呼吸をコントロールするよう心がけます。個別の指導や特定の問題の対処法については、資格を有する専門家にアドバイスを受けましょう。慣れるためには、エクササイズを継続して行うことが重要です。

上級者
　運動やスポーツの経験が豊富な人であれば、より高度なストレッチ（複数の筋肉群に一度に作用できる多面的なストレッチ→P14）を選択してもかまいません。現在の柔軟性レベルを評価し、集中的に改善やメンテナンスを行うべき領域を特定します。まずは特定の筋肉群をターゲットにした動的ポーズを含むウォーミングアップから行いましょう。上級者向けのストレッチとは、その後に行う動作を再現するような動的エクササイズです。高強度で補助や器具が必要なPNFストレッチやエキセントリック運動といったストレッチテクニック（→P42）を利用してもよいでしょう。上級者向けのストレッチでは、より筋肉へと作用させるために保持時間を長くしたり強度を上げたりしてもかまいません。武術やダンスといった高い柔軟性が求められるスポーツ前のストレッチであればなおさらです。注目すべきは、より強度の高いストレッチはより広い可動域を生むため、筋力をアップさせるだけでなく、傷害のリスクも減らすという

初心者
静的ストレッチ：
15〜30秒間を1〜2セット
動的ストレッチ：
1〜2秒間保持で10〜15回を1〜2セット

主要な筋肉群をターゲットに、ハムストリングスやふくらはぎといったシンプルな単関節筋や二関節筋をストレッチする。感覚や姿勢に慣れ、身体意識を身につける。ストレッチの最中や後、そして翌日の自分の感覚に意識を向ける。少なくとも週に3日は行い、より大きなエクササイズルーチンの一部として行うのが理想的。

上級者
静的ストレッチ：
15〜60秒間を1〜3セット
動的ストレッチ：
1〜2秒間保持で10〜20回を1〜2セット

主要な筋肉群と、自分が行うスポーツやエクササイズで使う筋肉をターゲットにする。可能な範囲で柔軟性を向上させるため、自分の限界を超えるつもりでストレッチする。複数の関節に作用する多面的エクササイズを含めたルーチンへと発展させていく。自分の運動目標に向かって、最大限の成果を出し、筋力を向上させ、柔軟性を高められるよう、より大きなエクササイズルーチンの一部として活用しよう。

ストレッチルーチン

静的ストレッチ
1つの静止姿勢のまま
筋肉や関節を保持するストレッチ
例：子どものポーズ（P78）、
コブラのポーズ（P80）、
シーテッド・バタフライストレッチ
（P146）

動的ストレッチ
筋肉や関節を可動域
いっぱいに動かすストレッチ
例：猫と牛のポーズ（P74）、
糸通しのストレッチ（P94）、
ワールドグレイテストストレッチ
（P140）

ことです。また、運動後に適切なクールダウンを行うことも非常に重要です。自分の体の声に常に耳を傾け、無理をしすぎないようにしましょう。

静的ストレッチと
動的ストレッチ

　静的ストレッチと動的ストレッチの主な違いは、ポーズを保持する時間の長さです。どちらのストレッチも可動域を広げることができます。静的ストレッチは、ストレッチをした状態でより長い時間（一般的に15〜60秒間）保持します。筋肉は徐々に伸長し、最も緊張のかかった状態が維持されます。通常は、運動の後や、柔軟性や可動性のトレーニングプログラムの一部として行われます。静的ストレッチは動きがシンプルなことが多いため、初心者にも行いやすくなっています。動的ストレッチでは、関節や筋肉を可動域いっぱいに動かしながら制御された反復運動を行いま

す。保持時間は1〜2秒間、もしくは15秒以下です。協調性が求められ、関節の動的安定性や神経筋制御、筋パフォーマンスの向上が期待できます。動的ウォーミングアップとして行う場合、通常もしくはそれより速いスピードで、動かせる範囲内でストレッチします。また、通常のスピードで可動域の限界までストレッチし、柔軟性トレーニングとして利用することもできます。ご紹介する動的ウォーミングアップは動的ストレッチで構成されていますが、同じストレッチがほかの項目（可動性向上に関する項目など）では静的ストレッチとして挙げられていることもあります。結局、ストレッチがどちらのタイプであるかは、その目的次第で決まるのです。

　静的ストレッチと動的ストレッチの組み合わせ例を紹介します。静的ストレッチで柔軟性を高め、動的ストレッチで運動前の準備体操を行いましょう。

覚えておくべきポイント

柔軟性の向上に取り組む際は、以下のポイントに留意しよう。

● ストレッチの前に**ウォーミングアップを行**い、筋肉への血流を高める。

● 目標とする動作に応じ、**静的ストレッチか動的ストレッチか**を選ぶ。

● **軽度のストレッチからスタート**し、徐々に強度を上げ保持時間を延ばす。

● 能動的ストレッチと受動的ストレッチの両方に**挑戦する**。能動的ストレッチとは、1つの筋肉群を集中的に使って別の筋肉群を伸ばすストレッチ。受動的ストレッチとは、体の別の部位やパートナーなど外的な力を利用して行うストレッチ。

● 自分の目標に応じた筋肉に作用するストレッチと筋力トレーニングを組み合わせ、適切な筋肉を**鍛える**。

● 週に3〜5日、ストレッチを**継続して行う**。

● 不快感が続くようならプログラムを**修正する**。必要に応じ、資格を有する専門家にアドバイスを求める。

" "

静的ストレッチも動的ストレッチも可動域を広げることができる。
どちらを選択するかは、自分の目標や活動レベルによる。

首と肩のルーチン

首と肩の筋肉は、痛みを和らげたい、正常な可動域を保ちたいといった悩みを抱える人の多い部位です。
胸椎がこの部位の可動性に関係しているケースもあります。

背面から見た図

　頚部をコントロールする主要な筋肉には、肩甲骨まわりの筋肉、胸鎖乳突筋、後頭下筋のほか、斜角筋、深頚筋、頚部伸筋群などがあります。首と肩はつながっているため、ある部位に痛みやケガがあったり使い過ぎたりすると、その近くの部位にこわばりなどの症状が出ることがあります。頚部周辺の神経が刺激されたり首そのものにケガをしたりすると、腕や肩甲骨の症状の原因となることもあります。このような場合は、ストレッチは行わず、必ず診察を受けるようにしましょう。基本的な可動性を向上させる場合は、首、肩、胸椎、そしてそれらを支える筋肉に作用するストレッチを行います。関連する筋肉の筋力トレーニングも一緒に行うようにしましょう。

初心者

静的ストレッチ：
15〜30秒間保持
動的ストレッチ（D）：
1〜2秒間保持を10〜15回

- 1. 肩甲挙筋ストレッチ　P68
- 2. 手を使った後頭下部ストレッチ　P69
- 3. 胸鎖乳突筋ストレッチ　P70
- 4. 斜角筋ストレッチ　P72
- 5. ドア枠を使った胸筋ストレッチ　P102
- 6. 座って行う猫と牛のポーズ（D）　P75
- 7. クロスボディ殿筋ストレッチ　P130

上級者

動的ストレッチ：
1〜2秒間保持を10〜15回

- 1. 手を頭の後ろに当てる糸通しのストレッチ　P96
- 2. 立って行うハーフムーン　P92
- 3. 子犬のポーズ　P86
- 4. フロア・エンジェル　P106
- 5. 壁を使った胸部伸展ストレッチ　P84
- 6. 糸通しのストレッチ　P94
- 7. 猫と牛のポーズ　P74

脊柱のルーチン

脊柱をターゲットにしたストレッチには、屈曲、伸展、側屈、回旋などの動きを伴います。
これらは、脊柱機能のメンテナンスやスポーツなどの活動で重要となる動きです。

脊柱は体を支え脊髄を保護します。この部位をターゲットにした基本的なストレッチは、多くのスポーツに欠かせない可動域の維持に役立ちます。とは言え、常に無理のない範囲で行うよう気をつけましょう。

エクササイズの選択

どのストレッチを選択すべきかは、その人の心地よさを感じるレベルとストレッチのスキルによります。一般的に、最も可動域が広いのは頸部で、次に背中、最も狭いのが腰です。さまざまな脊柱ストレッチをルーチンに組み込むことによって、脊柱の健康を維持し、背中の痛みを和らげ、健康を促進することができます。脊柱ストレッチは、指示通りのやり方で、自分の体の限界を尊重しながら行うことが重要です。脊柱管狭窄症や骨粗しょう症といった加齢による脊柱の変化によって可動域が制限されることがあります。そうした場合は、ルーチンを修正するか、無理のない範囲で行うようにしましょう。自分のニーズに応じた最適なプログラムについては、医療提供者に相談してください。

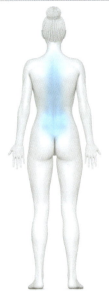

背面から見た図

初心者

静的ストレッチ：
15～30秒間保持
動的ストレッチ（D）：
1～2秒間保持を10～15回

1. 猫と牛のポーズ（D）　P74
2. 糸通しのストレッチ（D）　P94
3. 子どものポーズ　P78
4. コブラのポーズ　P80
5. 壁を使った胸部伸展ストレッチ（D）　P84
6. 床で行うハーフムーン（D）　P93
7. 椅子に腕をのせる胸部伸展ストレッチ（D）　P86

上級者

静的ストレッチ：
15～30秒間保持
動的ストレッチ（D）：
1～2秒間保持を10～15回

1. 横に傾ける子どものポーズ　P79
2. 椅子に腕をのせる胸部伸展ストレッチ（D）　P86
3. 片膝立ち胸部回旋ストレッチ（D）　P88
4. 糸通しのストレッチ（D）　P94
5. 手を頭の後ろに当てる糸通しのストレッチ（D）　P96
6. 床で行うハーフムーン（D）　P93
7. プレッツェル・ストレッチ　P91

> 脊柱は部位によって可動性が異なるが、どの部位も屈曲、伸展、回旋を行うことができる。

股関節と膝関節のルーチン

股関節と膝関節の可動性および足関節との連携は、私たちが歩き、走り、動く上で非常に重要な役割を担っています。これらの関節の可動性を保つこと、そして周辺筋肉の筋力や柔軟性を鍛えることが大切です。

正面から見た図

股関節と膝関節に影響を及ぼす主要な筋肉は、殿筋群、股関節外転筋、股関節屈筋群、大腿四頭筋、ハムストリングス、股関節回旋筋群です。体幹の筋肉は骨盤に影響を及ぼし、腓腹筋は膝関節を通過するため膝にも影響を及ぼします。

運動をするにはこれらの筋肉が生涯を通じて不可欠で、特にスクワット、ランジ、ジャンプといった機能運動には重要です。股関節屈筋とハムストリングスの柔軟性は歩いたり走ったりするのに役立ち、スポーツのパフォーマンスも向上させます。その人の年齢や活動レベル、あるいは特定のスポーツや運動のニーズによって目標は異なりますが、股関節と膝関節が柔軟であれば、適切なフォーム、効果的な動き、関節や周辺組織への負担軽減が期待できます。

初心者

静的ストレッチ：
15〜30秒間保持

1. 4の字ストレッチ　P128
2. クロスボディ殿筋ストレッチ　P130
3. 立って行う股関節ストレッチ　P136
4. パンケーキストレッチ　P142
5. 座って行うバタフライストレッチ　P146
6. 立って行う四頭筋ストレッチ　P156
7. 静的ハムストリングストレッチ　P160

上級者

静的ストレッチ：
15〜30秒間保持
動的ストレッチ（D）：
1〜2秒間保持を10〜15回

1. 片膝立ち股関節ロック（D）　P122
2. ハムストリング・ロックバック（D）　P121
3. 片膝立ちで椅子を使って行う四頭筋ストレッチ　P159
4. 4の字股関節内旋ストレッチ（D）　P132
5. ピジョンストレッチ　P138
6. 内転筋ロックバック（D）　P120
7. ガーランド・スクワット（D）　P126

ストレッチルーチン

足と足関節のルーチン

足と足首には多くの関節があり、たくさんの筋肉がそうした関節に影響を及ぼしています。
内在筋と外在筋を含めた足部の筋肉と足関節は、下肢を安定させ、支え、動かすのに重要な役割を担っています。

足部内在筋は足（足首より下）の中にあり、アーチ（土踏まず）を形成し、運動を制御し、足を安定させます。足部外在筋は、足や下腿の外に起始部があり、足関節をまたぐ筋肉です。これらの筋肉はより大きな動きを担い、足関節の背屈、底屈、内がえし、外がえしといった動き（語句の意味についてはP208〜209の用語集を参照）に力を供給しコントロールをします。

この部位を酷使したりケガしたり固定したりすると、関節がこわばります。ふくらはぎの緊張は、足底腱膜炎（足裏のかかとや土踏まずの周辺の炎症）に関係があります。母趾の伸展に問題があれば、安定性や足関節の動きに影響が出ます（→P58）。

体のほかの部位に比べ足や足関節のエクササイズは軽視されがちですが、体全体の体重を支えるこれらの部位を強くしなやかに保つことはとても重要です。

こうした筋肉の強化とストレッチに力点を置いたエクササイズは、適切に行えば、足や足関節の機能やバランスを向上させ、下肢全体のパフォーマンスを高める効果が期待できます。

正面から見た図

初心者

静的ストレッチ：
15〜30秒間保持
動的ストレッチ(D)：
1〜2秒間保持を10〜15回

1. 腓腹筋ウォールストレッチ(D)　P166

2. 膝を曲げるカーフストレッチ　P168

3. 壁を使って行う足指屈筋ストレッチ
   P172

4. 足首背屈ストレッチ(D)　P169

上級者

静的ストレッチ：
15〜30秒間保持
動的ストレッチ(D)：
1〜2秒間保持を10〜15回

1. 腓腹筋ステップストレッチ(D)　P164

2. 交互に膝を曲げるダウンドッグ(D)
   P169

3. 膝をついて行う足指屈筋ストレッチ
   P170

4. 膝を曲げる足指屈筋ストレッチ
   P173

全身のルーチン

シンプルな全身のストレッチルーチンは、気分を高めてくれる効果があります。低強度の動きを単独で行ったり、より大がかりなルーチンの一部として利用したりできます。また、全身の可動性を維持するのにも最適です。短時間で行えるため、ほかのトレーニングと組み合わせやすいのも特徴です。

正面から見た図

背面から見た図

全身のルーチンは各自のニーズに合わせて作ることができますが、股関節など日常動作に最も影響を与える部位や、胸椎などあまりストレッチをする機会のない部位を中心に構成するのが一般的です。

継続して行うことが大切

私たちの関節は、エクササイズを継続し定期的に動かしている限り、その可動性を維持することができます。そのためには、可動域いっぱいにストレッチをし、強化を図ることが大切です。全身のルーチンは、体がきちんと動き続けられるようにする優れたメンテナンス法なのです。

ここで紹介するルーチンは一例であり、同じ関節に作用する別のストレッチを組み込んで自分だけのプログラムを追求するのもよいでしょう。自分用の全身ルーチンを構成する上でのおすすめは、主要な筋肉群や部位(股関節、肩、腕、上肢、下肢など、本書の項目として取り上げられている領域)に対して1〜2種類ずつのストレッチを取り入れることです。

初心者

静的ストレッチ：
15〜30秒間保持
動的ストレッチ(D)：
1〜2秒間保持を10〜15回

1. 坐骨神経ナーブグライド(D)　P182
2. ハッピーベイビーのポーズ　P144
3. 立って行う股関節ストレッチ　P136
4. 立って行う胸部回旋ストレッチ(D)　P90
5. コブラのポーズ　P80
6. 横に傾ける子どものポーズ　P79
7. 猫と牛のポーズ(D)　P74

上級者

静的ストレッチ：
15〜30秒間保持
動的ストレッチ(D)：
1〜2秒間保持を10〜15回

1. 交互に膝を曲げるダウンドッグ(D)　P169
2. ハムストリング・ロックバック(D)　P121
3. 糸通しの内転筋ストレッチ(D)　P96
4. 腰方形筋ストレッチ　P76
5. 壁を使った胸部伸展ストレッチ(D)　P84
6. ワールドグレイテストストレッチ(D)　P140
7. ガーランド・スクワット(D)　P126

骨盤底筋のリラクゼーション

骨盤底筋の過活動は、股関節や背中や骨盤の痛み、泌尿器症状や大腸機能障害、性機能障害といった問題を誘発する恐れがあります。骨盤底筋は骨盤の最下部にある筋肉の総称で、横隔膜などの呼吸筋と連動して最適な呼吸機能を実現し、エクササイズを行う、重い物を持ち上げる、日常動作を行うといったさまざまな動きに際してコアを安定させています。自分のニーズに応じ、これらの筋肉を鍛えたり弛緩させたりするエクササイズを行いましょう。

これらのストレッチ（特に股関節と骨盤の位置に関わるもの）を行う際は、息を吐いて骨盤底筋を弛緩させ、骨盤の筋肉の伸長を促しましょう。自分のニーズについては、骨盤底筋に詳しい専門家に相談してください。

基本的なリラクゼーション

静的ストレッチ：
15〜30秒間保持

動的ストレッチ（D）：
1〜2秒間保持を10〜15回

1. 猫と牛のポーズ（D）　P74
2. 子どものポーズ　P78
3. 内転筋ロックバック（D）　P120
4. フロッグ・ロックバック（D）　P121
5. 子犬のポーズ　P86
6. 4の字ストレッチ　P128
7. ハッピーベイビーのポーズ　P144

正面から見た図

ナーブグライド

神経は体中の筋肉や組織を巡っており、動きによって生じる負荷に適応してはたらきます（→P31）。腕や脚の神経の引きつり、痛み、うずき、しびれといった症状は、ケガなどで動けなかった後や、神経路や神経根が炎症を起こしているときに動かすと、さらに悪化する可能性があります。

神経可動性向上エクササイズは「ナーブグライド」や「ナーブフロッシング」とも呼ばれ、健康的な神経滑走を促進し、症状を軽減する効果があります。同じ関節に作用する動的ストレッチと一緒に行いましょう。自分のニーズについては、専門家に相談してください。

上半身

動的ストレッチ：
1〜2秒間保持を10〜20回

1. 橈骨神経ナーブグライド　P178
2. 正中神経ナーブグライド　P180
3. 尺骨神経ナーブグライド　P181
4. ドア枠を使った胸筋ストレッチ　P102
5. 立って行うハーフムーン　P92

下半身

動的ストレッチ：
1〜2秒間保持を10〜20回

1. 坐骨神経ナーブグライド　P182
2. 脛骨神経ナーブグライド　P184
3. 腓骨神経ナーブグライド　P185
4. 腓腹神経ナーブグライド　P185
5. 大腿神経ナーブグライド　P186

デスクワーカー向けのルーチン

在宅で仕事をする人の数は増加の一途をたどっています。
こうした在宅ワーカーたちの多くが、時折立ち上がったり動き回ったりすることもなく、
一日中机に向かっています。

背面から見た図

運動不足と長時間のデスクワークが引き起こすよくある症状が、首や肩や背中の痛みです。軽い運動やストレッチで、こうした問題を軽減することができます。

運動のための休憩

平均的なデスクワーカーは労働時間の75％を座って過ごし、30分以上座り続けることも少なくありません。首や腰の痛みは長時間の座り姿勢に関連があるとされており、上半身の問題はパソコン作業によって悪化している可能性があります。

仕事中は定期的に休憩を取り、座っている時間をできるだけ短くすることが大切です。また、その際に運動を行うことをおすすめします。痛みを和らげるだけでなく、集中力や気分や記憶力などを高める効果もあります。胸椎にはたらきかければ首の痛みを緩和でき、全身をストレッチすれば健康状態の改善にもつながるでしょう。

基本的なリラクゼーション

静的ストレッチ：
15〜30秒間保持
動的ストレッチ（D）：
1〜2秒間保持を10〜15回

1. 肩甲挙筋ストレッチ　P68
2. 手を使った後頭下部ストレッチ　P69
3. 胸鎖乳突筋ストレッチ　P70
4. 座って行う猫と牛のポーズ（D）　P75
5. 座って行う腰方形筋ストレッチ（D）　P77
6. 手首の伸展と手首の屈曲　P108
7. 座って行う4の字ストレッチ　P129

毎日のストレッチ休憩

静的ストレッチ：
15〜30秒間保持
動的ストレッチ（D）：
1〜2秒間保持を10〜15回

1. 壁を使った胸部伸展ストレッチ（D）　P84
2. 腰方形筋ストレッチ（D）　P76
3. 立って行うハーフムーン（D）　P92
4. 糸通しのストレッチ（D）　P94
5. ドア枠を使った胸筋ストレッチ　P102
6. 椅子を使って行う片膝立ち股関節ストレッチ　P137
7. 座って行うハムストリングストレッチ　P162

高齢者向けのルーチン

歳を重ねた骨格筋にも、適応力は残っています。高齢者こそアクティブな生活を続ける努力をすべきです。
ストレッチという軽強度の運動を実践し、協調性と神経筋制御の習得を目指しましょう。

バランス運動、有酸素運動、中強度の筋力トレーニング(→P54)を含む多彩なルーチンにストレッチを組み込みましょう。ウォーキングや楽しめる活動への参加といった日常的な機能や目標を見据えたプログラムにしましょう。

高齢者の運動は、心血管疾患、高血圧、Ⅱ型糖尿病、認知症、睡眠障害などを改善する効果があります。また、死亡リスクも軽減し、転倒やそれに関連するケガ、骨の健康悪化も予防することができます。股関節、体幹、下腿など、日常生活で使う関節のストレッチを集中的に行いましょう。体幹の筋肉をストレッチすれば脊柱の可動性が、股関節屈筋群をストレッチすれば歩行機能がそれぞれ向上します。静的ストレッチと動的ストレッチの両方を取り入れ、無理のない強度で行うようにしましょう。65歳未満の人はPNFストレッチ(→P42)への反応がよく、65歳以上の人は静的ストレッチ(→P41)の方が効果的だという研究結果もあります。高齢者が静的ストレッチで柔軟性を改善するには、保持時間を長めにとる必要があります。

> " "
> 高齢者の
> ストレッチルーチンは、
> 柔軟性を維持し、
> 可動性を改善し、
> 身体の健康を
> 促進するのに役立つ。

上半身を集中的に

静的ストレッチ：
20〜60秒間保持
動的ストレッチ（D）：
2〜3秒間保持を10〜15回

1. 座って行う猫と牛のポーズ(D)　P75
2. 座って行う腰方形筋ストレッチ(D)　P77
3. コブラのポーズ（バリエーション）　P82
4. 立って行う胸部回旋ストレッチ(D)　P90
5. ドア枠を使った胸筋ストレッチ　P102

下半身を集中的に

静的ストレッチ：
20〜60秒間保持
動的ストレッチ（D）：
2〜3秒間保持を10〜15回

1. クロスボディ殿筋ストレッチ　P130
2. 4の字股関節内旋ストレッチ(D)　P132
3. 立って行う股関節ストレッチ　P136
4. 膝を曲げるカーフストレッチ（各ステップで保持）　P168
5. 座って行うハムストリングストレッチ　P162

ウォーキングのためのルーチン

ウォーキングは、アクティブな生活を持続するために利用しやすいシンプルな手段です。ウォーキングで最もよく使われるのは、股関節、膝関節、足関節の周辺の筋肉で、負荷のかかる度合いは、歩く場所の地形や傾斜によって異なります。

いくつかのシンプルなガイドラインに沿ってウォーキングを行えば、ケガのリスクを軽減できます。適切なシューズを履き、目標を定め、持久力と忍耐力を向上させましょう。ウォーミングアップを行い、体の声に耳を傾け、適切な定期トレーニングを実践しましょう。

下半身に集中する

ウォーキングではさまざまな筋肉を使いますが、特に下半身の筋肉をよく使います。股関節屈筋群が脚を持ち上げ、前進動作をスタートさせます。一歩を踏み出す際には、大腿四頭筋が膝関節を伸展させます。すねの前側にある前脛骨筋は足関節の背屈を助け、脚が前に動くときに足を地面から離します。大腿後部にあるハムストリングスは、膝関節を屈曲させ、脚の後方への振りをコントロールします。

殿筋群の中でも特に中殿筋は、股関節の伸展と骨盤を水平に保つのに重要な役割を果たします。地面の蹴り出しの際に力を提供し、骨盤も安定させます。

ふくらはぎの筋群は足の底屈に不可欠で、底屈によって一歩ずつ体を前に進めることができます。

これらの筋肉がどの程度関与するかは、歩行スピード、地面の傾斜、その人の運動機能といった要因によって異なります。適切なウォーミングアップを行いこれらの筋肉を柔軟に保っておけば、生涯を通して健康的な歩行能力を維持できるでしょう。

動的ウォーミングアップ

動的ストレッチ：
1～2秒間保持を10～15回

1. 腓腹筋ウォールストレッチ　P166
2. 腓腹筋ステップストレッチ　P164
3. 座って行うハムストリングストレッチ　P162
4. 立って行うヒップサークル　P148
5. 立って行う股関節ストレッチ　P136
6. 立って行うハーフムーン　P92
7. 腰方形筋ストレッチ　P76

初心者

静的ストレッチ：
15～30秒間保持
動的ストレッチ（D）：
1～2秒間保持を10～15回

1. 猫と牛のポーズ（D）　P74
2. コブラのポーズ　P80
3. 静的ハムストリングストレッチ　P160
4. クロスボディ殿筋ストレッチ　P130
5. 片膝立ち股関節ストレッチ　P134
6. 四つんばいで行うヒップサークル（D）　P150
7. 立って行う四頭筋ストレッチ　P156

上級者

静的ストレッチ：
15～30秒間保持
動的ストレッチ（D）：
1～2秒間保持を10～15回

1. 腰方形筋ストレッチ　P76
2. 片膝立ち胸部回旋ストレッチ　P88
3. プレッツェル・ストレッチ　P91
4. 動的ハムストリング・ローワーズ（D）　P163
5. ハムストリング・ロックバック（D）　P121
6. 腓腹筋ウォールストレッチ（D）　P166
7. 立って行うヒップサークル（D）　P148

ストレッチルーチン

ランニングのためのルーチン

ランニングはウォーキングに比べて高強度で衝撃が大きく、全身の筋肉をさらに動員して協調させなければなりません。ウォーキングとジョギングを組み合わせた動きから始め、徐々にランニングへと発展させていきましょう。

多くのスポーツが「走る」という動きを伴い、ランニング自体が1つのアクティビティでもあります。複数の筋肉群が協調したり作用し合ったりして力を生み、バランスを保ち、衝撃を吸収する複雑な動きで成り立っています。

傷害のリスクを軽減する

下半身の筋肉群の適切な筋力トレーニングと調整を行えば、ランニングのパフォーマンスを向上させケガのリスクを減らすことができます。そのほかに注意すべき点は、ランニングの距離や強度や持続時間を徐々に上げるプログラムにすること、適切なシューズを着用することです。ランニングに必要な下半身の筋肉を整えておくことが大切です。

ランニングで使われる筋肉は、股関節の屈筋群と伸筋群、膝関節の屈筋群と伸筋群、足底屈筋群などです。大腿四頭筋と殿筋群は力を生んで体を前進させ、ハムストリングスは脚の振りをコントロールし体を安定させます。ふくらはぎの筋群は足関節による推進と衝撃吸収に寄与します。

不具合の **80%** は使いすぎによる障害で、組織の損傷抵抗性とランニングの程度とのミスマッチが原因だ。

動的ウォーミングアップ

動的ストレッチ：
1〜2秒間保持を10〜15回

1. 腓腹筋ウォールストレッチ　P166
2. 腓腹筋ステップストレッチ　P164
3. ワールドグレイテストストレッチ　P140
4. ガーランド・スクワット　P126
5. 立って行うヒップサークル　P148
6. 片膝立ち股関節ロック　P122
7. 動的ハムストリング・ローワーズ　P163

初心者

静的ストレッチ：
15〜30秒間保持
動的ストレッチ（D）：
1〜2秒間保持を10〜15回

1. 猫と牛のポーズ（D）　P74
2. 立って行う四頭筋ストレッチ　P156
3. 静的ハムストリングストレッチ　P160
4. 椅子を使って行う股関節ストレッチ　P137
5. 腓腹筋ウォールストレッチ（D）　P166
6. 四つんばいで行うヒップサークル（D）　P150
7. 動的ハムストリング・ローワーズ　P163

上級者

動的ストレッチ：
1〜2秒間保持を10〜15回

1. 足首背屈ストレッチ　P169
2. 内転筋ロックバック　P120
3. 斜めに傾ける股関節ロック　P124
4. ハムストリング・ロックバック　P121
5. 動的ハムストリング・ローワーズ　P163
6. 腓腹筋ステップストレッチ　P164
7. 立って行うヒップサークル　P148

サイクリングのためのルーチン

体にあまり負担をかけずに心血管系のトレーニングができるサイクリングやエアロバイクは、
主に下半身の筋肉にはたらきかけます。
ストレッチはよく使う筋肉の緊張をほぐし、準備運動になります。

サイクリングで主に使われる筋肉群は、股関節屈筋群、大腿四頭筋、ハムストリングス、殿筋群、ふくらはぎの筋群、そして身体のコアの筋肉です。筋肉の適切な協調と活性化は、ペダリングを上達させ、パワーを生み、全体的なサイクリングパフォーマンスを向上させる上で欠かせません。

サイクリングはエアロバイクに比べ、より上半身を使って体を安定させコントロールしますが、どちらの運動でも、コアの筋肉など、似たような筋肉群が使われます。こうした筋肉群を強化、調整することで、サイクリングの効率や持久力を高め、使いすぎによる障害のリスクを軽減させることができます。ペダルを踏み込む際は、大腿四頭筋が膝関節の伸展を助けます。ペダルが上がる際には、ハムストリングスが膝関節を屈曲させ、股関節屈筋群が脚を上げて膝を上昇させスムーズなペダリングを助けます。トレーニングではこれらの筋肉群にはたらきかけ、高い可動性を維持しましょう。

サイクリストの傷害の

17%が、

筋肉もしくは腱に関するものだという報告がある。

動的ウォーミングアップ

動的ストレッチ：
1〜2秒間保持を10〜15回

1. 交互に膝を曲げるダウンドッグ　P169
2. 内転筋ロックバック　P120
3. ワールドグレイテストストレッチ　P140
4. ガーランド・スクワット　P126
5. 立って行うヒップサークル　P148
6. 片膝立ち股関節ロック　P122
7. ハムストリング・ロックバック　P121

初心者

静的ストレッチ：
15〜30秒間保持
動的ストレッチ（D）：
1〜2秒間保持を10〜15回

1. 四つんばいで行うロックバック（D）　P118
2. 壁を使った胸部伸展ストレッチ　P84
3. 立って行う四頭筋ストレッチ　P156
4. 静的ハムストリングストレッチ　P160
5. 立って行う股関節ストレッチ　P136
6. コブラのポーズ　P80
7. 四つんばいで行うヒップサークル（D）　P150

上級者

静的ストレッチ：
15〜30秒間保持
動的ストレッチ（D）：
1〜2秒間保持を10〜15回

1. 片膝立ちで椅子を使って行う四頭筋ストレッチ　P159
2. 内転筋ロックバック（D）　P120
3. 斜めに傾ける股関節ロック（D）　P124
4. ハムストリング・ロックバック（D）　P121
5. 4の字股関節内旋ストレッチ（D）　P132
6. 腓腹筋ステップストレッチ（D）　P164
7. 立って行うヒップサークル（D）　P148

ストレッチルーチン

水泳のためのルーチン

**水泳は体への負担の少ない全身運動で、大小さまざまな筋肉群を使います。
心血管系にもメリットがあると同時に、筋力や持久力、柔軟性を高める効果もあります。**

水泳は、三角筋、胸筋群、広背筋、肩甲骨まわりの筋群、肩回旋腱板（棘上筋、棘下筋、小円筋、肩甲下筋）といった上半身の筋肉に大きく依存します。また、コアと背中の筋肉が姿勢や安定性を保ち、推進力を維持します。

水泳には、肩、股関節をはじめとした関節の可動域の広さが求められます。柔軟性を備えたスイマーは腕や脚の理想的な動きを実現でき、最適なテクニックや効率的な泳ぎを身につけることができます。より長く効率的なストロークの習得や理想的なフォームの維持に、柔軟性が不可欠なのです。しなやかな脊椎、股関節、肩を持つことで、けのび、フリップターン、飛び込みなどを効率的に行えます。柔軟性のエクササイズをトレーニングルーチンに取り入れることで、可動性が広がり、ストローク技術が向上し、水泳に起因するケガのリスクを軽減させることができます。

> " "
> 水泳は心肺系をはじめ
> 全身にはたらきかけると
> 同時に、気分も
> 高揚させてくれる。

動的ウォーミングアップ

動的ストレッチ：
1〜2秒間保持を10〜15回

---

1. フロッグ・ロックバック　P121

2. 壁を使った胸部伸展ストレッチ　P84

3. 腰方形筋ストレッチ　P76

4. ツイスト・コブラ　P81

5. 横に傾ける股関節ロック　P125

6. 4の字股関節内旋ストレッチ　P132

7. ワールドグレイテストストレッチ　P140

初心者

静的ストレッチ：
15〜30秒間保持
動的ストレッチ（D）：
1〜2秒間保持を10〜15回

---

1. フロッグ・ロックバック（D）　P121

2. 内転筋ロックバック（D）　P120

3. 子犬のポーズ　P86

4. クロスボディ・アームストレッチ　P105

5. フロア・エンジェル（D）　P106

6. ドア枠を使った胸筋ストレッチ　P102

7. 手を遠くにつくコブラのポーズ　P82

上級者

静的ストレッチ：
15〜30秒間保持
動的ストレッチ（D）：
1〜2秒間保持を10〜15回

---

1. 人魚のストレッチ（D）　P97

2. 糸通しの内転筋ストレッチ（D）　P96

3. 四つんばいで行うヒップサークル（D）　P150

4. 片膝立ちで椅子を使って行う四頭筋ストレッチ　P159

5. 動的ハムストリング・ローワーズ（D）　P163

6. 腓腹筋ステップストレッチ（D）　P164

7. 壁を使った胸部伸展ストレッチ（D）　P84

筋力トレーニングのためのルーチン

ストレッチはさまざまな方法で筋力トレーニングと組み合わせることができます。
筋力をアップしたい部位の柔軟性を改善するトレーニングルーチンとしても活用できますし、
筋トレのウォーミングアップやクールダウンに取り入れることもできます。

　低強度のストレッチと筋力トレーニングは、それぞれ可動域を広げることができます。可動域が広がると、ストレッチの強度はアップできますが、筋力トレーニングについては、筋力が充分でない場合、筋トレの強度が上げられないといったことが起こり得ます。ストレッチと筋力トレーニングを組み合わせることで、筋力、柔軟性、身体的健康を促進する包括的なエクササイズルーチンを構築しましょう。

筋トレのニーズに応じたストレッチを

　ジムでよく見かけるメニューは、筋力トレーニングの基本とされています。こうしたエクササイズは複数の筋肉群にはたらきかけ、筋力や筋量を増大させるための確かな基盤を作ります。スクワット、デッドリフト、ベンチプレス、ショルダープレス、プルアップ、ローイング、ランジ、トライセップエクステンションは、全身の筋力トレーニングの基礎固めをするポピュラーなエクササイズです。筋力トレーニングを補完するストレッチを選ぶ際は、筋トレで使う筋肉群をターゲットにしたものを選びましょう。たとえば、デッドリフトを行う前には、ベストなパフォーマンスを行えるよう動的ストレッチを選びます。デッドリフトの後は、ハムストリングスと腰に作用するストレッチを行いましょう。

動的ウォーミングアップ

動的ストレッチ：
1〜2秒間保持を10〜15回

1. 動的ハムストリング・ローワーズ　P163
2. 内転筋ロックバック　P120
3. ガーランド・スクワット　P126
4. 糸通しのストレッチ　P94
5. 腰方形筋ストレッチ　P76
6. 腕を交互に伸ばす
   ガーランド・スクワット　P127
7. ワールドグレイテストストレッチ　P140

初心者

静的ストレッチ：
15〜30秒間保持
動的ストレッチ（D）：
1〜2秒間保持を10〜15回

1. 手を頭の後ろに当てる
   糸通しのストレッチ（D）　P96
2. 壁を使った胸部伸展ストレッチ（D）　P84
3. ツイスト・コブラ　P81
4. 横に傾ける子どものポーズ　P79
5. クロスボディ・アームストレッチ　P105
6. フロア・エンジェル（D）　P106
7. 四つんばいで行うヒップサークル（D）
   P150

上級者

静的ストレッチ：
15〜30秒間保持
動的ストレッチ（D）：
1〜2秒間保持を10〜15回

1. 椅子に腕をのせる
   胸部伸展ストレッチ（D）　P86
2. ピジョンストレッチ　P138
3. 糸通しの内転筋ストレッチ（D）　P96
4. 片膝立ちで椅子を使って行う
   四頭筋ストレッチ　P159
5. 立って行うヒップサークル（D）　P148
6. ブレッツェル・ストレッチ　P91
7. 片膝立ち胸部回旋ストレッチ（D）　P88

ストレッチルーチン

アスリート向けのルーチン

下半身の筋力、パワー、敏捷性が特に重要なスポーツがあります。
ランニング、サッカー、バスケットボール、アメリカンフットボール、陸上競技（ハードルなど）、
そしてスキーも、相当な下半身の力が必要です。

ストレッチはそれぞれのニーズに応じ、本書の通りに行ってもよいですし、スポーツの種類やポジション、あるいは選手のタイプに合わせて調整してもかまいません。たとえば、ダンスパフォーマンス前のストレッチでは、さらに広い可動域へのはたらきかけが求められるでしょう。

トレーニングプログラム

ストレッチは、走ったり跳躍したりする際に不可欠な柔軟性を向上させます。ふくらはぎ、ハムストリングス、股関節屈筋群など下半身の筋肉が柔軟であれば、ランニングの歩幅がより大きく効率的になったり、ハードル競技などの跳躍でより大きな動きができるようになったりします。

走ったり跳躍したりする前の筋肉のウォーミングアップには、静的ストレッチより動的ストレッチの方が効率的と言えます。動的ストレッチでは、その後に行う運動の動作をまねて、脚のスイングやウォーキングランジなど制御された動きを入れると効果的です。動的ストレッチは、関節の可動性を高め、筋肉を活性化し、神経と筋肉の協調を促進します。

筋肉の外傷のうち
55% が
スポーツのプレイ中に
発生する。

動的ウォーミングアップ

動的ストレッチ：
1〜2秒間保持を10〜15回

----

1. 糸通しの内転筋ストレッチ　P96

2. 内転筋ロックバック　P120

3. ハムストリング・ロックバック　P121

4. 動的ハムストリング・ローワーズ　P163

5. 横に傾ける股関節ロック　P125

6. ワールドグレイテストストレッチ　P140

7. 腓腹筋ウォールストレッチ　P166

初心者

静的ストレッチ：
15〜30秒間保持
動的ストレッチ（D）：
1〜2秒間保持を10〜15回

----

1. 片膝立ち胸部回旋ストレッチ　P88

2. 静的ハムストリングストレッチ　P160

3. ガーランド・スクワット（D）　P126

4. 4の字ストレッチ　P128

5. クロスボディ殿筋ストレッチ　P130

6. フロッグ・ロックバック（D）　P121

7. 片膝立ち股関節ストレッチ　P134

上級者

静的ストレッチ：
15〜30秒間保持
動的ストレッチ（D）：
1〜2秒間保持を10〜15回

----

1. プレッツェル・ストレッチ　P91

2. ピジョンストレッチ　P138

3. 腓腹筋ステップストレッチ（D）　P164

4. 片膝立ちで椅子を使って行う四頭筋ストレッチ　P159

5. ワールドグレイテストストレッチ（D）　P140

6. 立って行うヒップサークル（D）　P148

7. 立って行う股関節ストレッチ　P136

頭上動作を伴う／ラケットを使う
スポーツのためのルーチン

テニスやバレーボールなど、頭上動作を伴ったりラケットを使ったりするスポーツでは、
肩関節の可動性や柔軟性がとても大切です。腕や手首のストレッチは可動性と柔軟性を向上させ、
ショットやスイングのパワーやコントロールを高めます。

頭上動作を伴う、またはラケットを使うスポーツで一番使う筋肉群は、肩の筋肉（三角筋と肩回旋腱板）、腕の筋肉（上腕二頭筋と上腕三頭筋）、コアの筋肉（腹筋と腰の筋肉）、脚の筋肉（大腿四頭筋とハムストリングス）、そして手首と手の筋肉です。これらの筋肉が、ラケットを振ったり頭上で球を打ったりする動きをコントロールし、力を与え、安定させます。これらの筋肉群を強化し調整することで、この種のスポーツにおけるパフォーマンスを向上させケガを予防することができます。

多面的な動き

多面的な動きとは、複数の運動面（→P14）、すなわち、矢状面（前後）、前額面（左右）、水平面（回転）での動きを指します。頭上動作を伴う、またはラケットを使うスポーツでは、多面的な動きが非常に重要です。こうしたスポーツでの打球動作は、3つの運動面すべてが関与する複雑な動作パターンで構成されます。例えばテニスのサーブでは、腕を前方に伸展させ（矢状面）、胴体を回転させ（水平面）、体重移動を行います（前額面）。多面的な動きをすることで、パワーがあり正確で効率的な打球動作が行えるのです。こうした動きを担う筋肉をターゲットに可動性を鍛えましょう。

ウォーミングアップ

静的ストレッチ：
15～30秒間保持
動的ストレッチ（D）：
1～2秒間保持を10～15回

1. 壁を使った胸部伸展ストレッチ（D） P84
2. 糸通しのストレッチ（D） P94
3. 片膝立ち胸部回旋ストレッチ（D） P88
4. 斜めに傾ける股関節ストレッチ（D） P124
5. 内転筋ロックバック（D） P120
6. 手首の伸展と手首の屈曲 P108
7. 小胸筋ストレッチ P104

初心者

静的ストレッチ：
15～30秒間保持
動的ストレッチ（D）：
1～2秒間保持を10～15回

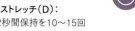

1. 立って行う胸部回旋ストレッチ（D） P90
2. 立って行うハーフムーン（D） P92
3. ドア枠を使った胸筋ストレッチ P102
4. クロスボディ・アームストレッチ P105
5. フロア・エンジェル（D） P106
6. コブラのポーズ P80
7. 壁を使った胸部伸展ストレッチ（D） P84

上級者

静的ストレッチ：
15～30秒間保持
動的ストレッチ（D）：
1～2秒間保持を10～15回

1. ワールドグレイテストストレッチ（D） P140
2. 糸通しの内転筋ストレッチ（D） P96
3. 立って行うヒップサークル（D） P148
4. 横に傾ける子どものポーズ P79
5. プレッツェル・ストレッチ P91
6. 腓腹筋ステップストレッチ（D） P164
7. ツイスト・コブラ P81

格闘技のためのルーチン

ストレッチルーチン

格闘技には、広い可動域と柔軟性が求められます。ストレッチは柔軟性を向上させ、
ハイキックや腰を落とした姿勢や滑らかな動きを可能にし、こうした動きによる傷害のリスクを軽減させます。

腹筋や背筋といったコアの筋肉に作用するストレッチは、格闘技におけるバランスや安定性を向上させる効果があります。構えを安定させ、正確に動き、相手の攻撃に耐えられるようになります。ストレッチには、股関節屈筋群、ハムストリングス、下腿三頭筋の柔軟性を向上させる効果も期待でき、より高いキック、より長いリーチ、より高度なキックテクニックを可能にします。

どの筋肉が使われるのか

格闘技では、高いキック、素早いフットワーク、ダイナミックな下半身の動きが必要です。ハイキックをし、適切なフォームで素早く力強いキックを繰り出し、キックや構えの際にバランスを保つには、脚の柔軟性が必要不可欠です。そのためには、股関節屈筋群、ハムストリングス、大腿四頭筋、下腿三頭筋が柔軟であることが大切です。股関節や骨盤の優れた

可動性は、スムーズな技の切り替え、効果的な組み技やテイクダウン、俊敏な動きを可能にします。格闘技ではしなやかな脊柱は強みとなり、特に投げ技や寝技、攻撃の回避などに力を発揮します。上半身の柔軟性も、組み技や防御の際に役立ちます。

動的ウォーミングアップ

動的ストレッチ：
1～2秒間保持を10～15回

----

1. ガーランド・スクワット　P126

2. 内転筋ロックバック　P120

3. ハムストリング・ロックバック　P121

4. 片膝立ち股関節ロック　P122

5. 横に傾ける股関節ロック　P125

6. 4の字股関節内旋ストレッチ　P132

7. ワールドグレイテストストレッチ　P140

初心者

静的ストレッチ：
15～30秒間保持
動的ストレッチ（D）：
1～2秒間保持を10～15回

----

1. フロッグ・ロックバック（D）　P121

2. 子犬のポーズ　P86

3. コブラのポーズ　P80

4. フロア・エンジェル（D）　P106

5. ドア枠を使った胸筋ストレッチ　P102

6. プレッツェル・ストレッチ　P91

7. 子どものポーズ　P78

上級者

動的ストレッチ：
1～2秒間保持を
10～15回

----

1. 人魚のストレッチ　P97

2. 床を使った手首の伸展と屈曲　P110

3. 糸通しの内転筋ストレッチ　P96

4. 四つんばいで行うヒップサークル　P150

5. 動的ハムストリング・ローワーズ　P163

6. 壁を使った胸部伸展ストレッチ　P84

7. ワールドグレイテストストレッチ　P140

207

用語集

【安定性】 関節の位置や動きを制御する能力で、動的（神経筋）要素と静的（非収縮性）要素に影響される。

【痛み】 現実のまたは潜在的な組織の損傷と関連した、あるいは類似した不快な感覚的、情動的経験。

【内がえし】 足と足関節の内側への動きで、足底を体の正中線のほうに向ける。

【遠位】 構造の起点から離れたものを表す。

【外旋】 体の正中線から離れるように回旋する関節の動き。

【外側】 体の正中線から離れた位置あるいは構造。

【外転】 体肢（手足）を体の正中線から離す動き。

【肩回旋筋腱板】 肩関節を制御し、安定させる筋肉群で、小円筋、棘下筋、肩甲下筋、棘上筋からなる。

【滑膜性関節】 自由に動かせる体内の関節で、関節腔を特徴とし、関節包に覆われている。

【可動域】 関節で起こる動きの程度。

【可動性】 制限も制約も受けず、十分な柔軟性と安定性、運動制御を伴い、関節あるいは運動パターンの範囲内で効率的に動く能力。

【仰臥位（あおむけ）】 顔を上に向けて横たわる体位。

【胸椎】 脊柱のうち上背部と中背部に位置する部分。

【近位】 構造の起点に近いもの。

【筋原線維】 束になった筋フィラメントでできた大型の細胞小器官（細胞内の小さい構造体）。

【筋紡錘】 筋肉内にある特殊な感覚受容体で、筋長の変化および変化の速度を感知する。

【筋膜（ファシア）】 器官、筋肉、神経、その他の身体構造を分けたり、包んだり、支えたりする結合組織の覆い。

【筋力】 筋線維の能動的張力または筋収縮の力。

【屈曲】 2つの身体部位のあいだの角度が狭くなる動き。

【脛骨神経】 坐骨神経の枝の1つで、下腿に位置し、足底に感覚を与え、足の動きと安定性にかかわるいくつかの筋肉を制御する。

【頚椎】 脊柱のうち首に位置する部分。

【肩甲骨まわりの筋群】 肩甲骨の動きと安定を司る筋肉群で、肩甲挙筋、僧帽筋、菱形筋、前鋸筋などがある。

【コア】 体幹（首から上と体肢を除いた、骨盤部を含む胴体）の深部。

【後頭下（部）】 頭の部位で、頭蓋底のすぐ下に位置する。

【興奮性】 運動ニューロンなどの刺激に反応する筋肉の能力。

【後方】 後部または後ろに面した体の構造。「背側」とも。

【後弯】 脊柱の自然な外側への弯曲。上背部（胸部）によく見られる。

【骨盤底筋】 骨盤の底部に広がる筋肉群で、骨盤内器官を支えている。

【ゴルジ腱器官（GTO）】 筋腱接合部にある感覚受容体で、張力を感知し、過度な力を抑制し、筋肉と腱の整合性を維持する。

【坐骨神経】 体内最大の神経で、腰部に起始し、大腿背部を通って脚と足の筋肉および皮膚を支配している。

【サルコペニア】 全身の骨格筋の量と力が徐々に減ることを特徴とする症候群で、高齢者によく見られる。

【矢状面】 体を垂直かつ前額面に対して直角に左右に分ける面。

【尺骨神経】 腕の主要な神経で、前腕内側、手関節、第4指と第5指の感覚機能と運動機能を司る。

【収縮性】 能動的張力を生みだす筋肉の能力。

【柔軟性】 筋肉が持つ能力で、筋肉が伸長することで、1つ以上の関節が可動域内を動けるようにする。

【受動的張力】 筋腱複合体の結合組織要素を引き伸ばすことによって生まれる力。

【神経新生】 脳内で新しいニューロンが形成されるプロセス。

【伸長性】 筋肉と結合組織の伸長する能力。

【伸張性収縮（遠心性収縮・エキセントリック収縮）】 筋肉が収縮しながら筋長が伸びる筋収縮様式。「ネガティブ」収縮とも。

【伸展】 2つの身体部位のあいだの角度を広げる関節の動き。

【水平面】 体を上位と下位に分ける。横断面とも呼ばれる。

【ストレッチ】 関節可動域を広げるために外力あるいは内力によって加えられる動き。

【正中神経】 腕にある主要な神経で、前腕、手関節、手に感覚機能と運動機能を与える。

【前額面(冠状面)】 体を縦に前方と後方に分ける面。

【前方】 前部または前に面した体の構造。「腹側」とも。

【前弯】 脊柱の自然な内側への弯曲。通常は下背部(腰部)または首(頚部)に見られる。

【側頭(部)】 頭の側部で両側にあり、こめかみから耳の一番上、頬骨上部まで広っている。

【外がえし】 足と足関節の外側への動きで、足底を体の正中線と反対のほうに向ける。

【大腿神経】 大腿部にある神経の1つで、大腿四頭筋など、脚の特定の筋肉を制御するとともに大腿部の前側と脚の内側に感覚を与える。

【短縮性収縮(求心性収縮・コンセトリック収縮)】 筋肉が収縮しながら筋長が短くなる筋収縮様式。「ポジティブ」収縮とも。

【弾性】 伸ばされた筋肉が弛緩した状態で元の長さに戻る能力。

【中枢性感作】 神経系の反応が高まり、刺激に対する痛みあるいは過敏性が増すこと。「中枢性疼痛」とも。

【椎骨】 脊柱を構成する個々の骨。

【底屈(足底屈)】 つま先をすねから遠ざけ、足と脚のあいだの角度を広げる足関節の動き。

【橈骨神経】 上肢の主要な神経で、上腕三頭筋、前腕筋群、手の感覚機能と運動機能を司る。

【等尺性収縮(アイソメトリック収縮)】 筋長の変化も関節の動きも伴わない筋収縮様式。

【内旋】 体の正中線に近づくように回旋する関節の動き。

【内側】 体の正中線に近い位置あるいは構造。

【内転】 体肢(手足)などの身体部位を体の正中線に近づける動き。

【ニューロダイナミクス(神経力学)】 筋骨格系と関連した、神経系および神経とその動きの相互作用。

【能動的張力】 活動中の筋肉内の筋原線維の相互作用で生みだされる力。

【背屈(足背屈)】 つま先を脛に向ける足関節の動き。足と脚の関節の角度は狭まる。

【腓骨神経】 下腿にある坐骨神経の枝の1つで、つま先に感覚を与え、足と足首を動かすいくつかの筋肉の動きを制御している。

【腓腹神経】 坐骨神経の枝の1つで、下肢の裏側を通り、足の外側とふくらはぎの一部の感覚を司る。

【フィラメント】 筋肉の収縮を司る太い線維と細い線維。

【伏臥位(うつぶせ)】 顔を下に向けて横たわる体位。

【変形性関節症】 関節によく見られる多面的な疾患で、炎症、痛み、こわばり、関節の変形を特徴とする。

【腰椎】 脊柱のうち下背部に位置する部分。

索引

ア

アウターコア　19
あおむけで行うバタフライストレッチ　147
アキレス腱　57, **154**, 164, 165, 166
アクチンフィラメント　21, 22, 23, 37
アクティブストレッチ　40
足首の背屈ストレッチ　169
足と足関節のルーチン　195
脚のスイング　42, 205
足を上げたまま行う四頭筋ストレッチ　158
アスリート向けのルーチン　205
アデノシン三リン酸分子　23
アデノシン二リン酸　23

イ

椅子に腕をのせる胸部伸展ストレッチ　86–87
椅子を使って行う股関節ストレッチ　137
痛み　33, 47
痛みの種類　33
痛みの性質と理論　32–33
痛みの定義　32
痛みは何をもたらすか　32
一次運動野　34
一般的な傷害の軽減　50
糸通しのストレッチ　94–97
糸通しの内転筋ストレッチ　96
インナーコア　19

ウ

ウォーキングのためのルーチン　200
動きと痛みの緩和　52

内がえし　155, 195
腕を交互に伸ばすガーランド・スクワット　127
運動学習　34
運動系　18
運動前野　34
運動ニューロン　12, 22, 23, 54
運動の種類　14–15
運動のメリット　47
運動面　14
運動野　12, 34

エ

衛星細胞　22
エーラスダンロス症候群（EDS）　39
腋窩神経　176
M線　22, 23

オ

横隔膜　13, 18, 53
オーバーユース障害　51

カ

ガーランド・スクワット　126–27
回外　15
回旋　15
外旋　14, 15, 28
外側広筋　16, **116**, **117**, 157
外側スリング　19
外転　14, 15, 28
回内　15
海馬　35
外腹斜筋　16, 18, **19**, 88, 92, 94, 113
解剖学的正位　14

海綿骨　24, 28
下顎骨　24
過可動性　39
格闘技　207
格闘技のためのルーチン　207
下後鋸筋　17, **66**
片脚で行うハッピーベイビーのポーズ　145
下腿三頭筋　154, 207
肩回旋筋腱板／回旋腱板　76, **101**, 107, 203, 206
肩関節　15, 28, 101
片膝立ち胸部回旋ストレッチ　88–91
片膝立ち股関節ストレッチ　134–137
片膝立ち股関節ロック　122–125
片膝立ちで椅子を使って行う四頭筋ストレッチ　159
滑液　28
滑膜　28
滑膜性関節　28
可動域（ROM）　28, 36, 37, 38, 39, 48, 49
可動性　47
壁を使った胸部伸展ストレッチ　84–87
壁を使って行う足指屈筋ストレッチ　172
カルシウムイオン　22
加齢　46, 54, 55
感覚受容器　12, 44
感覚説　44
感覚ニューロン　37
感覚野　34
寛骨　27
寛骨臼　27, 59
関節　28–29

関節運動の種類　28
関節炎　29
関節軟骨　28, 29
関節のあそび　37
関節の可動域　29, 36–39
関節の可動性　36
関節の構造解剖学　59
関節の柔軟性　36–39
関節の中　28
関節の変化　58–59
関節不安定症　58
関連痛　33

器具　62
拮抗筋　20, 21, 34, 43
臼蓋後捻　59
臼蓋前捻　59
球関節　28
胸郭出口症候群　72
胸筋（群）　**16**, 74, 84, 89, 91, 102, 103, 106, 133, 139, 141, 179, 203
強剛母趾　58, 59
胸骨　24
胸鎖乳突筋　18, 53, **66**, 67, 70, 71, 72, 73, 74, 89, 179, 192
胸鎖乳突筋ストレッチ　70–71
胸椎　**26**, 84, 94, 96, 97, 140, 192, 196, 198
胸椎後弯　26
協働筋　20, 21
棘下筋　107, 203
筋外膜　22
筋系　16–17

筋形質　22
筋原線維　16, 22
筋骨格系　31
筋骨格系の傷害　39, 51
筋収縮　21
筋周膜　22
筋鞘　22
筋小胞体　22
筋スティフネス　38
筋線維　22, 37, 54
筋束　22
筋長と張力の関係　23
筋内膜　22
筋肉が協調してはたらくしくみ　21
筋肉がはたらくしくみ　20–23
筋肉痛　9
筋肉の解剖学　22–23
筋肉の伸長　46
筋肉の「スリング」　18
筋肉の制御　34
筋皮神経　176
筋紡錘　36, 37, 44, 45
筋膜　18, 22, 31
筋力　49
筋力トレーニング／筋トレ　41, 55, 56, 62
筋力トレーニングのためのルーチン　204
筋連鎖　18–19

屈曲　14, 15, 21, 28
首と肩のルーチン　192
グローバル筋　18, 19
クロスブリッジサイクル　23

クロスボディ・アームストレッチ　105
クロスボディ殿筋ストレッチ　130–131

脛骨　25, 154
脛骨神経　30, 176, 177
脛骨神経ナーブグライド　184
形態　59
頸椎　**26**, 67, 69, 72
頸部伸筋群　17, **81**, 192
頸部深層屈筋　67, 69
血圧　46, 47, 49, 53
血管　9, 46, 47
結合組織　45
血流　46, 47
腱　17
限局性関節過可動　39
肩甲下筋　84, 112, 179, 203
肩甲挙筋　17, **66**, 68
肩甲挙筋ストレッチ　68
肩甲骨　**25**, 66, 67, 68, 81, 92, 94, 102, 103, 106, 107, 119, 141, 171, 192, 203
腱傷害　51

コ
コア　18
子犬のポーズ　86–87
交感神経系　30
後傾　27
後脛骨筋　**17**, 77, 155
交互に膝を曲げるダウンドッグ　169
後斜走スリング　19
後頭下筋　192

211

広背筋　17, 18, **66**, **67**, 76, 78, 84, 86, 94, 107, 112, 141
興奮性　16, 20
高齢者　54, 55, 199
高齢者のためのストレッチのガイドライン　56–57
高齢者向けのルーチン　199
股関節　14, 28, 114–151
股関節インピンジメント　59
股関節回旋筋（群）　128, 129, 130, 138
股関節外転筋（群）　92, 95, **117**, 124, 194
股関節屈筋（群）　**16**, 18, 56, 80, 81, 84, 88, 103, 118, 123, 124, 129, 130, 133, 134, 136, 137, 138, 141, 142, 159, 163, 170, 183, 186, 187, 194, 199, 200, 201, 202, 205, 207
股関節伸筋（群）　**17**, 39, 124, 138, 201
股関節と膝関節のルーチン　194
股関節内転筋（群）　**16**, 18, 43, 88, **117**, 120, 124, 125, 127, 129, 133, 138, 142, 145, 146
呼吸エクササイズ　52
呼吸器系　13
呼吸の意識的コントロール　53
呼吸のしくみ　53
呼吸の重要性　53
国際疼痛学会（IASP）　32
心の健康　47, 55
骨格筋　16–17, 22–23, 54–55
骨格系　24–29
骨髄　24
骨折　51
骨盤　24, 27, 194, 200

骨盤腔　27
骨盤底筋（群）　18, 197
骨盤底筋のリラクゼーション　197
骨膜　24
骨密度　49
子どものポーズ　63, 78–79
コブラのポーズ　80–83
固有受容器　12, 13, 58
固有受容感覚　49
固有受容性神経筋促通法（PNF）　42–43
コラーゲン　17, 25, 39, 45
ゴルジ腱器官（GTO）　36, 37, 43, 44
ゴルジ腱反射　36

サ

サイクリング　202
サイクリングのためのルーチン　202
座位行動　47
最大酸素摂取量　49
鎖骨　24
坐骨結節　27
坐骨神経　30, 160, 176, 177
坐骨神経ナーブグライド　182–183
サルコペニア　54
サルコメア　21, 22, 23
三角筋　**17**, 76, 78, 89, 92, 94, **100**, 101, 103, 107, 112, 119, 141, 171, 203, 206

##

視覚系　12
持久力　49
軸回旋　28

自原抑制　42, 43, 44, 45
指骨　24
趾骨　24
視床下部　31
矢状面　14, 26, 206
姿勢と解剖学的構造　26
耳石器　12
膝蓋骨　24, 154
シナプス　35
斜角筋　53, 67, **72**, 73, 179, 192
斜角筋ストレッチ　72–73
尺側手根屈筋　100
尺側手根伸筋　100
尺骨　25
尺骨神経　30, 176, 177
尺骨神経ナーブグライド　181
収縮　20, 21, 22, 23
収縮・弛緩－主働筋収縮（CRAC）法　43
収縮・弛緩（CR）法　42–43
収縮性　16, 20, 36
柔軟性　36–39, 49
手関節　15, 28, 57
手根骨　24
主働筋　20, 21, 34, 43
小円筋　107, 203
傷害からの回復と疼痛緩和のためのストレッチ　50–53
傷害の種類　51
傷害の予防　9
傷害リスク・プロファイル　50
松果体　31
上級者用ルーチン　190–191

小胸筋　16, **18**, 102, 104

小胸筋ストレッチ　104

上後鋸筋　66

症候性関節過可動　39

踵骨　25, 57, 154

上肢帯　56

硝子軟骨　25

上前腸骨棘　27

小殿筋　17, 19, 81, **116**, 117

小脳　31, 34

上腕骨　25, 57

上腕三頭筋　17, 84, 89, 92, **100**, 101, 139, 141, 143, 206

上腕三頭筋腱　100

上腕二頭筋　16, 69, **100**, 101, 123, 133, 135, 141, 181, 206

初心者用ルーチン　190

自律神経系（ANS）　30

侵害受容性疼痛　33

伸筋支帯　100

神経　30–31

神経化学　35

神経可塑性　35, 47

神経可動性　174–87, 197

神経滑走　178

深頚筋　192

神経筋活動　12

神経筋機能　47

神経筋制御　47, 49

神経系　9, 20, 30–35, 177

神経細胞　35

神経障害性疼痛　33

神経新生　35

神経ダイナミクス　31

神経伝達物質　35

心血管系　13, 39

心血管系疾患　46

靱帯　25, 51

靱帯断裂　51

身体的フィットネス　48

身体的フィットネスを維持するための4本の柱　48

伸長性　16, 20, 36

伸張性収縮　20

伸張反射　36

伸展　14, 15, 20, 28

深部縦走スリング　19

随意運動　12

ス

水泳　203

水泳のためのルーチン　203

水平面　14, 206

睡眠　47

頭上動作を伴う／ラケットを使うスポーツのためのルーチン　206

スティフネス　38

ストレス　52, 53

ストレッチと健康の維持　48–49

ストレッチの効果と利点　44–47

ストレッチの種類　40–43

ストレッチの注意事項　58

ストレッチ適応説　44–45

ストレッチすべきではない場合　58–59

ストレッチをすると何が起こるのか　13, 36–37

座って行うクロスボディ殿筋ストレッチ　131

座って行う猫と牛のポーズ　75

座って行うバタフライストレッチ　146–147

座って行うハムストリングストレッチ　162

座って行うパンケーキストレッチ　143

座って行うピジョンストレッチ　139

座って行う腰方形筋ストレッチ　77

座って行う4の字ストレッチ　129

セ

制限母趾　58

正中神経　30, 176, 177

正中神経ナーブグライド　180

静的ストレッチ　9, 41, 43, 55, 191

静的ハムストリングストレッチ　160–163

性別　39

世界保健機関（WHO）　33, 55

脊髄　31, 34

脊柱　14, 25, 26, 66, 67

脊柱伸筋群　17, **66**, 67, 81, 84, 112, 123, 135, 139

脊柱のルーチン　193

赤血球　24

Z膜　22 , 23

線維筋痛症　39

線維性関節　28

前額面　14, 206

前鋸筋　84, 101,119, 171

前傾　27

前脛骨筋　16, 148, **154**, 155, 166, 183, 200

仙骨　25, 27

前斜走スリング　19

全身関節過可動(GJH) 39
全身のルーチン 196–197
仙腸関節 27
前庭系 12

ソ

相反抑制 44, 45
僧帽筋 17, 53, **66**, 67, 89, 103, 107,
　119, 171
足関節 15, 56
足関節底屈筋(群) **17**, 103, 127, 165,
　201
足関節背屈筋(群) **16**, 79, 95, 129
足底腱膜炎 195
組織の粘弾性 45
組織へのストレッチの影響 13
側屈 15
足根骨 24
外がえし 155, 195

タ

体幹筋群 57
大胸筋 16, **100**, 102, 107, 112, 119,
　171
太極拳 55, 56, 57, 63
体性神経系 30
大腿骨 25, 57, 154
大腿四頭筋 **16**, 18, 78, 81, 84, 91,
　103, **117**, 122, 134, 135, 138, 141,
　148, 154, 156, 158, 159, 166, 183,
　187
大腿神経 30, 176, **177**
大腿神経ナーブグライド 186–187
大腿直筋 **16**, **117**, 135, 154, 157

大腿二頭筋 17, **117**, 142, 154
タイチン 45
大殿筋 17, 79, 81, 116, 117
タイトネス 38
大内転筋 16, 17, 18, **116**
大脳皮質 30
大腰筋 16, 18, 19, 56, **116**, 117, 135
脱臼 51
立って行う胸部回旋ストレッチ 90
立って行う股関節ストレッチ 136
立って行う四頭筋ストレッチ 156–159
立って行うハーフムーン 92–93
立って行うヒップサークル 148–151
多面的な動き 206
多裂筋 **18**, 92, 141
短縮性収縮 20, 21
弾性 16, 20, 36
短内転筋 16, **18** ,147
短母指外転筋 100

チ

恥骨筋 16, **18**, 116, 147
恥骨結合 27
遅発性筋肉痛(DOMS) 9
緻密骨 24
中間広筋 **16**, 117, 157
中手骨 24
中枢神経系(CNS) 30, 32, 44
中枢性感作 32
中足骨 24
中殿筋 17, 18, 19, 81, **116**, 117, 200
肘頭 100
虫様筋ストレッチ 112–113
超音波せん断波エラストグラフィ 38

腸骨筋 16, 56, 117
長趾屈筋 154
長趾伸筋 16, **154**
長内転筋 16, 18, 19, 56, **116**, 146
長腓骨筋 154
長母趾伸筋 16,154
長母指屈筋 100
長母趾屈筋 77, **155**, 170
長母趾伸筋 16, **154**
張力 21, 23, 36, 37, 44

ツ

椎骨 26, 31
ツイスト・コブラ 81
痛覚変調性疼痛 33

テ

底屈／足底屈
　15, 28, 154, 155, 195, 200, 201
手首の屈曲ストレッチ 108–111
手首の伸展ストレッチ 108–111
デスクワーカー向けのルーチン 198
デルマトーム 33
手を頭の後ろに当てる糸通しのストレッチ 96
手を使った後頭下部ストレッチ 69
手を遠くにつくコブラのポーズ 82
殿筋(群) **17**, 95, 117, 118, 123, 127,
　128,129, 130, 131, 134, 135, 136,
　141, 148, 166, 194, 200, 201, 202

ト

ドア枠を使った胸筋ストレッチ
　102–105

ドア枠を使った小胸筋ストレッチ　104
頭蓋骨　24
橈骨　25
橈骨神経　176, 177
橈骨神経ナーブグライド　178–179
動作と脳の向上　34–35
等尺性収縮　20
橈側手根屈筋　100
等張性収縮　20
動的ストレッチ　9, 40, 43, 55, 191
動的ハムストリング・ローワーズ　163
頭板状筋　17, **66**, 78
ドーパミン　35
ドロシー・ボス　42
トロポミオシン　22
疼痛管理　52

ナ

ナーブグライド　178 ,197
内旋　14, 15, 28
内側広筋　16, 117, **154** , 157
内転　14, 28
内転筋ロックバック　120
内皮　46
内腹斜筋　16, 18, **19**, 94, 116
斜めに傾ける片膝立ち股関節ロック
　124
軟骨　25, 28, 29, 58
軟骨性関節　28

ニ

肉ばなれ　51, 58
ニュートラルな骨盤　27
ニュートラルな脊柱　26

ニューロン　35
人魚のストレッチ　97
認知機能　46, 47
認知行動療法（CBT）　52

ネ

猫と牛のポーズ　63, 74–75
捻挫　51, 58
粘弾性　45

ノ

脳　31, 176
脳下垂体　31
脳神経　30
能動運動　40
脳の健康　35
脳へのフィードバック　36

ハ

ハーマン・カバット博士　42
肺　13, 53
背屈／足背屈　15, 28, 36, 154, 155,
　195, 200
薄筋　19, 116
ハッピーベイビーのポーズ　144–145
ハムストリングス　**17**, 77, 81, 84, 116,
　117, 121, 123, 133, 135, 141, 142,
　145, 154, 160, 161, 162, 163, 167,
　170, 182, 183, 194, 200, 202, 204,
　205, 206, 207
ハムストリング・ロックバック　121
バランス　12, 39, 49
バリスティックストレッチ　40, 42
パンケーキストレッチ　142–43

半腱様筋　17, 117, 142, **154**, 160
反射　36
板状筋　67
半膜様筋　17, 117, 142, **154**, 160

ヒ

PNFストレッチ　40, 42–43, 45, 199
腓骨筋　77, 155
腓骨　25, 154
尾骨　27
腓骨神経　30
腓骨神経ナーブグライド　185
膝関節　15, 28, 56
膝関節の屈筋群　201
膝関節の伸筋群　201
膝をついて行う足指屈筋ストレッチ
　170–71
膝を曲げる足指屈筋ストレッチ　173
膝を曲げるカーフストレッチ　168
肘関節　14, 28, 56, 57
肘関節屈筋群　16
皮質脊髄路　34
微小血管構造　46
ピジョンストレッチ　138–139
肘をつけたままのコブラのポーズ　83
必要な身体活動　55
腓腹筋　17, 57, 77, 88, 123, 135, 148,
　154, 155, 160, 164, 165, 166, 183,
　194
腓腹筋ウォールストレッチ　166–169
腓腹筋ステップストレッチ　164–165
腓腹神経　176
腓腹神経ナーブグライド　185
ピラティス　57, 63

215

ヒラメ筋　17, **154**, 155, 168, 183

フ

フィットネスの重要性　48

フィラメント　22

腹横筋　16, 18

副交感神経系　30

伏在神経　176

腹斜筋(群)　76, 123, 135, 141

腹直筋　16, 18, 19, 80

ふくらはぎの筋肉(筋群)　**17**, 142, 145, **155**, 164, 168, 200, 201, 202

腹筋(群)　**16**, 53, 74, 80, 103, 107, 112, 123, 135, 139, 148, 157, 187, 206, 207

ブレスワーク　52

プレッツェル・ストレッチ　91

フロア・エンジェル　106–107

フロッグ・ロックバック　121

ヘ

変形性関節症(OA)　29, 36, 52, 59

ホ

縫工筋　16, 116

ホールド・リラックス(HR)法　43

母趾の障害　58

骨の構造　24

ホルモン　31, 39

マ

マイオフィラメント　22

マインドフルネス　52

マインド-マッスル・コネクション　35

マギー・ノット　42

膜系　22

末梢関節過可動　39

末梢神経　30

末梢神経系(PNS)　30, 32

ミ

ミオシンフィラメント　21, 22, 23, 37, 45

ミオシンヘッド　22, 23

ミオフィラメント　22

ミトコンドリア　22, 54

メ

メカノバイオロジー　13

モ

毛細血管　22

ユ

床で行うハーフムーン　93

床を使った手首の屈曲　110–111

床を使った手首の伸展　110–111

ヨ

腰椎　**26**, 27, 76, 82

腰椎前弯　26

腰痛　18, 26, 39, 50, 51, 52

腰方形筋　**18**, 76

腰方形筋ストレッチ　76–77

ヨガ　63

ヨガブロック　62

横に傾ける片膝立ち股関節ロック　125

横に傾ける子どものポーズ　79

横向きに寝て行うヒップサークル　150–51

四つんばいで行うヒップサークル　150–51

四つんばいで行うロックバック　118–121

4の字股関節内旋ストレッチ　132–133

4の字ストレッチ　128–129

ラ

ランニング中の傷害のリスクを軽減する　201

ランニング　201

ランニングのためのルーチン　201

リ

力学説　45

菱形筋　17, **66**, 67, 89, 103, 107

リン酸塩　23

ル

ルーチン　188–207

レ

レジスタンスバンド　62

ロ

ローカル筋　18, 19

ロールマット　62

肋間筋群　19, 53

肋骨　24

ワ

ワールドグレイテストストレッチ
140–141
腕神経叢　30, 176
腕橈骨筋　16, 100, 182

引用文献

8〜9　イントロダクション

Herbert R.D., de Noronha M., Kamper S.J., "Stretching to prevent or reduce muscle soreness after exercise", Cochrane Database Syst Rev. 2011 Jul 6;(7):CD004577. doi: 10.1002/14651858. CD004577.pub3. PMID: 21735398.

Andersen J.C., "Stretching before and after exercise: effect on muscle soreness and injury risk", *J Athl Train*, 2005 Jul–Sep;40(3):218-20. PMID: 16284645; PMCID: PMC1250267.

Afonso J., Clemente F.M., Nakamura F.Y., Morouço P., Sarmento H., Inman R.A., Ramirez-Campillo R., "The Effectiveness of Postexercise Stretching in Short-Term and Delayed Recovery of Strength, Range of Motion and Delayed Onset Muscle Soreness: A Systematic Review and Meta-Analysis of Randomized Controlled Trials", *Front Physiol.*, 2021 May 5;12:67758. doi: 10.3389/fphys.2021.677581. PMID: 34025459; PMCID: PMC8133317.

12〜13　動作の解剖学

Schwartz A. B., "Movement: How the Brain Communicates with the World", *Cell*, 2016 Mar 10;164(6):1122–1135. doi: 10.1016/j. cell.2016.02.038. PMID: 26967280; PMCID: PMC4818644.

Gadhvi M., Waseem M., "Physiology, Sensory System", [2022年5月8日更新]. In: StatPearls[Internet]. Treasure Island (FL): StatPearls Publishing; 2023 Jan-. https://www.ncbi.nlm.nih.gov/books/NBK547656/から入手可能。

Dean J. C., "Proprioceptive feedback and preferred patterns of human movement", *Exerc Sport Sci Rev.*, 2013 Jan, 41(1):36-43. doi: 10.1097/JES.0b013e3182724bb0. PMID: 23038242; PMCID: PMC5997460.

Panidi, I., Bogdanis, G. C., Terzis, G., et al. (2021), "Muscle Architectural and Functional Adaptations Following 12-Weeks of Stretching in Adolescent Female Athletes", *Frontiers in Physiology*, vol. 12, article 701338.

Nakamura, M. et al. (2020), "Effects of Static Stretching Programs Performed at Different Volume-Equated Weekly Frequencies on Passive Properties of Muscle-Tendon Unit", *Journal of Biomechanics*, vol. 103, article 109670.

Freitas S. R, Mendes B., Le Sant G., Andrade R.J., Nordez A., Milanovic Z., "Can chronic stretching change the muscle-tendon mechanical properties? A review", *Scand J Med Sci Sports*, 2018 Mar;28(3):794-806. doi: 10.1111/sms.12957. Epub 2017 Oct 9.

PMID: 28801950.

18〜19　筋連鎖と分類

『骨盤帯：臨床の専門的技能とリサーチの統合』Diane Lee著、石井美和子監訳、今村安秀監修、医歯薬出版、2013年

Bordoni B., Myers T. A .,"Review of the Theoretical Fascial Models: Biotensegrity, Fascintegrity, and Myofascial Chains", *Cureus*, 2020 Feb 24;12(2):e7092. doi: 10.7759/cureus.7092. PMID: 32226693; PMCID: PMC7096016.

Wilke J., Krause F., Vogt L., Banzer W., "What Is Evidence-Based About Myofascial Chains: A Systematic Review", *Arch Phys Med Rehabil*, 2016 Mar;97(3):454-61. doi: 10.1016/j. apmr.2015.07.023. Epub 2015 Aug 14. PMID: 26281953.

Bergmark A., "Stability of the lumbar spine. A study in mechanical engineering", *Acta Orthop Scand Suppl*, 1989;230:1-54. doi: 10.3109/17453678909154177. PMID: 2658468.

20〜21　筋肉がはたらくしくみ

『骨格筋の構造・機能と可塑性：理学療法のための筋機能学』Richard L. Lieber著、望月久監訳、医歯薬出版 2013年

Robbins, Dan, Chapter 7 Muscle Biomechanics in: Innocenti, B. Galbusera, F. (2022) *Human Orthopaedic Biomechanics*, Academic Press. 1st Edition, pp. 121–135.

O'Sullivan, K., McAuliffe, S., DeBurca, N. (2012), "The Effects of Eccentric Training on Lower Limb Flexibility: A Systematic Review", *British Journal of Sports Medicine*, vol. 46, no. 12, pp. 833–834.

『ストレングストレーニング＆コンディショニング：NSCA決定版（第3版）』Thomas R. Baechle、Roger W. Earle編、金久博昭、岡田純一監修、ブックハウス・エイチディ、2010年

Dougas, J., Pearson, S., Ross, A., McGuidan, M. (2017), "Chronic Adaptations to Eccentric Training: A Systematic Review", *Sports Medicine*, vol. 47, no. 917–941.

22〜23　筋肉の解剖学

McMahon, T. A. (1984), *Muscles, Reflexes, and Locomotion*, Princeton University Press, New Jersey.

26〜27　骨格系：脊柱と骨盤

Kim D., Davis D. D., Menger R. P., "Spine Sagittal Balance", [2022

年8月8日更新]. In: StatPearls[Internet]. Treasure Island (FL): StatPearls Publishing; 2023 Jan-. https://www.ncbi.nlm.nih.gov/books/NBK534858/から入手可能。

Herrington L., "Assessment of the degree of pelvic tilt within a normal asymptomatic population", *Man Ther.*, 2011 Dec;16(6):646–8. doi: 10.1016/j.math.2011.04.006. Epub 2011 Jun 11. PMID: 21658988.

Suits W. H., "Clinical Measures of Pelvic Tilt in Physical Therapy", *Int J Sports Phys Ther.*, 2021 Oct 1,16(5):1366-1375. doi: 10.26603/001c.27978. PMID: 34631258; PMCID: PMC8486407.

28～29　関節

Luan L., El-Ansary D., Adams R., Wu S., Han J., "Knee osteoarthritis pain and stretching exercises: a systematic review and meta-analysis", *Physiotherapy*, 2022 Mar;114:16-29. doi: 10.1016/j.physio.2021.10.001. Epub 2021 Oct 11. PMID: 35091326.

30～31　神経系

Ellis R.F., Hing W. A., "Neural mobilization: a systematic review of randomized controlled trials with an analysis of therapeutic efficacy", *J Man Manip Ther.* 2008,16(1):8-22. doi: 10.1179/106698108790818594. PMID: 19119380; PMCID: PMC2565076.

『クリニカルニュ-ロダイナミクス：神経筋骨格障害の新しい評価・治療システム』Michael O. Shacklock著、齋藤昭彦訳、エンタプライズ、2008年

32～33　痛みの性質と理論

Raja, Srinivasa N. A., Carr, Daniel B. B, Cohen, Miltonc, Finnerup, Nanna B. D. E., Flor, Hertaf, Gibson, Stepheng, Keefe, Francis J. H., Mogil, Jeffrey S. I, Ringkamp, Matthias J., Sluka, Kathleen A. K., Song, Xue-Junl, Stevens, Bonniem, Sullivan, Mark D. N.,Tutelman, Perri R. O., Ushida, Takahirop, Vader, Kyleq, "The revised International Association for the Study of Pain definition of pain: concepts, challenges, and compromises", *PAIN*, 161(9):p 1976–1982, September 2020. |DOI: 10.1097/j.pain.0000000000001939.

Smart K.M., Blake C., Staines A., Thacker M., Doody C., "Mechanisms-based classifications of musculoskeletal pain: part 1 of 3: symptoms and signs of central sensitisation in patients with low back (± leg) pain", *Man Ther.*, 2012 Aug;17(4):336–44.

El-Tallawy S. N., Nalamasu R., Salem G. I., LeQuang J. A. K., Pergolizzi JV, Christo P.J., "Management of Musculoskeletal Pain: An Update with Emphasis on Chronic Musculoskeletal Pain", *Pain Ther.*, 2021 Jun;10(1):181-209. dci: 10.1007/s40122-021–00235-2. Epub 2021 Feb 11. PMID: 33575952; PMCID: PMC8119532.

Lima L. V., Abner T. S. S., Sluka K.A., "Does exercise increase or decrease pain? Central mechanisms underlying these two phenomena", J Physiol., 2017 Jul 1;595(13):4141-4150. doi: 10.1113/JP273355. Epub 2017 May 26. PMID: 28369946; PMCID: PMC5491894.

Yam M. F., Loh Y. C., Tan C. S., Khadijah Adam S., Abdul Manan N., Basir R., "General Pathways of Pain Sensation and the Major Neurotransmitters Involved in Pain Regulation", *Int J Mol Sci,.* 2018 Jul 24;19(8):2164. doi: 10.3390/ijms19082164. PMID: 30042373; PMCID: PMC6121522.

Bonezzi C., Fornasari D., Cricelli C., Magni A., Ventriglia G., "Not All Pain is Created Equal: Basic Definitions and Diagnostic Work-Up", Pain Ther., 2020 Dec;9(Suppl 1):1-15. doi: 10.1007/s40122-020-00217-w. Epub 2020 Dec 14. PMID: 33315206; PMCID: PMC7736598.

Moseley, Lorimer (2007), "Reconceptualising pain according to modern pain science", *Physical Therapy Reviews*, 12. 169–178.

34～35　動作と脳の向上

Cotman, C. W., & Berchtold, N. C. (2002), "Exercise: a behavioral intervention to enhance brain health and plasticity", *Trends in Neurosciences,* 25(6), 295–301.

Erickson, K. I., Voss, M. W., Prakash, R. S., Basak, C., Szabo, A., Chaddock, L., Colcombe, S. J. (2011), "Exercise training increases size of hippocampus and improves memory", *Proceedings of the National Academy of Sciences*, 108(7), 3017–3022.

Varma V. R., Chuang Y.F., Harris G.C., Tan E.J., Carlson M.C., "Low-intensity daily walking activity is associated with hippocampal volume in older adults", *Hippocampus*, 2015 May;25(5):605-15. doi: 10.1002/hipo.22397. Epub 2014 Dec 26. PMID: 25483019; PMCID: PMC4425252.

36〜39 可動域と柔軟性

Diong J., Carden P.C., O'Sullivan K., Sherrington C., Reed D.S., "Eccentric exercise improves joint flexibility in adults: A systematic review update and meta-analysis", *Musculoskelet Sci Pract.*, 2022 Aug;60:102556. doi: 10.1016/j.msksp.2022.102556. Epub 2022 Mar 25. PMID: 35390669.

Apostolopoulos N., Metsios G. S., Flouris A. D., Koutedakis Y., Wyon M.A., "The relevance of stretch intensity and position – a systematic review.", *Front Psychol.*, 2015 Aug 18;6:1128. doi: 10.3389/fpsyg.2015.01128. PMID: 26347668; PMCID: PMC4540085.

Reddy, R. S. & Alahmari, K. A. (2016), "Effect of Lower Extremity Stretching Exercises on Balance in Geriatric Populations" *International Journal of Health Sciences*, vol. 10, no. 3, pp. 389–395.

Hasarangi, L. B. S. & Jayawardana, D. G. S K. (2018), "Comparison of Hamstring Flexibility Between Patients with Chronic Lower Back Pain and the Healthy Individuals at the National Hospital of Sri Lanka", *Biomedical Journal of Scientific & Technical Research*, vol. 5, no. 2.

Daylor, Victoria B .F. A.; Gensemer, Cortney PhD; Norris, Russell A. PhD, Bluestein, Linda MD, "Hope for Hypermobility: Part1—An Integrative Approach to Treating Symptomatic Joint Hypermobility", *Topics in Pain Management*, 38(8):p 1–9, March 2023. | DOI: 10.1097/01.TPM.0000924780.91929.b3.

40〜43 ストレッチの種類

Page, P., "Current concepts in muscle stretching for exercise and rehabilitation", *Int J Sports Phys Ther.*,2012 Feb;7(1):109-19. PMID: 22319684; PMCID: PMC3273886.

Woolstenhulme M. T., Griffiths C. M., Woolstenhulme E. M., Parcell A. C., "Ballistic stretching increases flexibility and acute vertical jump height when combined with basketball activity", *J Strength Cond Res*, 2006 Nov;20(4):799–803. doi: 10.1519/R-18835.1. PMID: 17194248.

Mahieu N.N., McNair P., De Muynck M., Stevens V., Blanckaert I., Smits N., Witvrouw E., "Effect of static and ballistic stretching on the muscle-tendon tissue properties", *Med Sci Sports Exerc.*, 2007 Mar;39(3):494–501. doi: 10.1249/01.mss.0000247004.40212.f7. PMID: 17473776.

Iwata M., Yamamoto A., Matsuo S., Hatano G., Miyazaki M.,

Fukaya T., Fujiwara M., Asai Y., Suzuki S., "Dynamic Stretching Has Sustained Effects on Range of Motion and Passive Stiffness of the Hamstring Muscles", *J Sports Sci Med.*, 2019 Feb 11;18(1):13–20. PMID: 30787647; PMCID: PMC6370952.

Behm D. G., Blazevich A. J., Kay A. D., McHugh M., "Acute effects of muscle stretching on physical performance, range of motion, and injury incidence in healthy active individuals: a systematic review", *Appl Physiol Nutr Metab.*, 2016 Jan;41(1):1-11. doi: 10.1139/apnm-2015-0235. Epub2015 Dec 8. PMID: 26642915.

Afonso J., Ramirez-Campillo R., Moscão J., Rocha T., Zacca R., Martins A., Milheiro A.A., Ferreira J., Sarmento H., Clemente F. M., "Stretch Training Versus Stretching for Improving Range of Motion: A Systematic Review and Meta-Analysis", *Healthcare*, volume 9, number 4, article 427.

Alizadeh, S., Daneshjoo, A., Zahiri, A., et al. (2023.) "Resistance Training Induces Improvements in Range of Motion: A Systematic Review and Meta-Analysis", *Sports Medicine*, epub ahead of print.

Hindle K. B., Whitcomb T. J., Briggs W. O., Hong J., "Proprioceptive Neuromuscular Facilitation (PNF): Its Mechanisms and Effects on Range of Motion and Muscular Function", *J Hum Kinet*, 2012 Mar;31:105-13. doi: 10.2478/v10078-012-0011-y. Epub 2012 Apr 3. PMID: 23487249; PMCID: PMC3588663.

44〜47 ストレッチの効果と利点

Hotta K, Muller-Delp J., "Microvascular Adaptations to Muscle Stretch: Findings From Animals and the Elderly", *Front Physiol.*, 2022 Jul 4;13:939459. doi: 10.3389/fphys.2022.939459. PMID: 35860661; PMCID: PMC9289226.

Shariat A., Cleland J.A., Danaee M., Kargarfard M., Sangelaji B., Tamrin S. B. M., "Effects of stretching exercise training and ergonomic modifications on musculoskeletal discomforts of office workers: a randomized controlled trial", *Braz J Phys Ther.*, 2018 Mar–Apr;22(2):144–153. doi: 10.1016/j.bjpt.2017.09.003. Epub 2017 Sep 6. PMID: 28939263; PMCID: PMC5883995.

Vecchio L. M., Meng Y., Xhima K., Lipsman N., Hamani C., Aubert I., "The Neuroprotective Effects of Exercise: Maintaining a Healthy Brain Throughout Aging", *Brain Plast.*, 2018 Dec 12;4(1):17–52. doi: 10.3233/BPL-180069. PMID: 30564545;

PMCID: PMC6296262.

Thomas E., Bellafiore M., Petrigna L., Paoli A., Palma A., Bianco A., "Peripheral Nerve Responses to Muscle Stretching: A Systematic Review", *J Sports Sci Med.*, 2021 Mar 8;20(2):258-267. doi: 10.52082/jssm.2021.258. PMID: 34211318; PMCID: PMC8219270.

Sudo, Mizuki & Ando, Soichi (2019), "Effects of Acute Stretching on Cognitive Function and Mood States of Physically Inactive Young Adults", *Perceptual and Motor Skills,* 127. 10.1177/0031512519888304.

Pa J., Goodson W., Bloch A., King A. C., Yaffe K., Barnes D.E., "Effect of exercise and cognitive activity on self-reported sleep quality in community-dwelling older adults with cognitive complaints: a randomized controlled trial", *J Am GeriatrSoc.*, 2014 Dec;62(12):2319–26. doi: 10.1111/jgs.13158. PMID: 25516028; PMCID: PMC4356237.

Wipfli, B., Landers D., Nagoshi C., Ringenbach, S. (2011), "An examination of serotonin and psychological variables in the relationship between exercise and mental health", *Scandinavian Journal of Medicine & Science in Sports*, 21: 474–481. https://doi.org/10.1111/j.1600-0838.2009.01049.x

Ko J., Deprez D., Shaw K., Alcorn J., Hadjistavropoulos T., Tomczak C., Foulds H., Chilibeck P. D., "Stretching is Superior to Brisk Walking for Reducing Blood Pressure in People With High-Normal Blood Pressure or Stage I Hypertension", *J Phys Act Health*, 2021 Jan 1;18(1):21–28. doi: 10.1123/jpah.2020-0365. Epub 2020 Dec 18. Erratum in: J Phys Act Health. 2021 Apr 1;18(4):469. PMID: 33338988.

Otsuki T., Takanami Y., Aoi W., Kawai Y., Ichikawa, H., Yoshikawa T., Miyachi, M. (2008), "Arterial stiffness acutely decreases after whole-body passive stretching in hypertensive individuals", *European Journal of Applied Physiology*, 104(2), 228–235.

Nakamura M., Ikezoe T., Takeno Y., Ichihashi N., Kozakai, R. (2012), "Acute and prolonged effect of static stretching on the passive stiffness of the human gastrocnemius muscle tendon unit in vivo.", *Journal of Orthopaedic Research*, 30(3), 309–313.

48〜49　ストレッチと健康維持

American College of Sports Medicine. (2018), *ACSM's guidelines for exercise testing and prescription*, Lippincott Williams & Wilkins.

McHugh, M. P., & Cosgrave, C. H. (2010), "To stretch or not to stretch: the role of stretching in injury prevention and performance", *Scandinavian Journal of Medicine & Science in Sports*, 20(2), 169–181.

ACSM (2009), American College of Sports Medicine position stand, "Progression models in resistance training for healthy adults", *Medicine & Science in Sports & Exercise*, 41(3), 687-708.

Nelson R. T., Bandy W. D., "Eccentric Training and Static Stretching Improve Hamstring Flexibility of High School Males", *J Athl Train.*, 2004 Sep;39(3):254–258. PMID: 15496995; PMCID: PMC522148.

50〜53　傷害からの回復と疼痛緩和のためのストレッチ

Bahr R., Krosshaug T., "Understanding injury mechanisms: a key component of preventing injuries in sport", *British Journal of Sports Medicine*, 2005;39:324-329.

McHugh M. P., Cosgrave C. H., "To stretch or not to stretch: the role of stretching in injury prevention and performance", *Scandinavian Journal of Medicine & Science in Sports*, 2010 Apr;20(2):169–81. doi: 10.1111/j.1600-0838.2009.01058.x. Epub 2009 Dec 18. PMID: 20030776.

Witvrouw E, Mahieu N, Danneels L, McNair P., "Stretching and injury prevention: an obscure relationship", *Sports Med.*, 2004;34(7):443–9. doi: 10.2165/00007256-200434070-00003. PMID: 15233597.

Witvrouw E., Mahieu N., Roosen P., McNair P., "The role of stretching in tendon injuries", *British Journal of Sports Medicine*, 2007 Apr;41(4):224–6. doi: 10.1136/ bjsm.2006.034165. Epub 2007 Jan 29. PMID: 17261561; PMCID: PMC2658965.

Geneen, L. J., Moore, R. A., Clarke, C., Martin, D., Colvin, L. A., & Smith, B. H. (2017), "Physical activity and exercise for chronic pain in adults: an overview of Cochrane Reviews", *Journal of Pain Research*, 10, 381–387.

Zeidan, F., Gordon, N. S., Merchant, J., & Goolkasian, P. (2010). "The effects of brief mindfulness meditation training on experimentally induced pain", *The Journal of Pain*, 11(3), 199-209.

Zeidan, F., Grant, J. A., Brown, C. A., McHaffie, J. G., & Coghill, R. C. (2012). "Mindfulness meditation-related pain relief: Evidence for unique brain mechanisms in the regulation of pain", *Neuroscience Letters*, 520(2), 165–173.

（p. 222）
Morone, N. E., Lynch, C. S., Greco, C. M., Tindle, H. A., & Weiner, D. K. (2008). "'I felt like a new person.' The effects of mindfulness meditation on older adults with chronic pain: Qualitative narrative analysis of diary entries", *Journal of Gerontological Nursing*, 34(4), 20–27.

Wiese-Bjornstal, D. M. (2009). "Sport Injury and College Athlete Health across the Lifespan", Journal of Intercollegiate Sport, 2(1), 64–80. https://doi.org/10.1123/jis.2.1.64

Dubois B., Esculier J., "Soft-tissue injuries simply need PEACE and LOVE", *British Journal of Sports Medicine* 2020;54:72–73.

Wang Z. R., Ni G. X., "Is it time to put traditional cold therapy in rehabilitation of soft-tissue injuries out to pasture?", *World J Clin Cases*, 2021 Jun 16;9(17):4116–4122. doi: 10.12998/wjcc. v9. i17.4116. PMID: 34141774; PMCID: PMC8173427.

54～57　ストレッチと、健康に年を重ねる方法

McCormick, R., Vasilaki, A., "Age-related changes in skeletal muscle: changes to life-style as a therapy", Biogerontology, 19, 519–536 (2018). https://doi.org/10.1007/s10522-018-9775-3.

Rider R. A., Daly J., "Effects of flexibility training on enhancing spinal mobility in older women", *J Sports Med Phys Fitness*, Jun 1991;31(2):213–217.

Rodacki A. L., Souza R. M., Ugrinowitsch C., Cristopoliski F., Fowler N. E., "Transient effects of stretching exercises on gait parameters of elderly women", *Man Ther.*, Apr 2009;14(2):167–172

Feland J. B., Myrer J. W., Schulthies S. S., Fellingham G. W., Measom G. W., "The effect of duration of stretching of the hamstring muscle group for increasing range of motion in people aged 65 years or older.", *Phys Ther*, May 2001;81(5):1110–1117

Page P., "Current concepts in muscle stretching for exercise and rehabilitation", Int J Sports Phys Ther., 2012 Feb;7(1):109-19. PMID: 22319684; PMCID: PMC3273886.

58～59　ストレッチをすべきでない場合

股関節の変化：Pun, S., Kumar, D., Lane, N. E., Villar, R. N. (2016), "Hip morphology in the Asian population with and without developmental dysplasia", *The bone & joint journal,* 98-B(2), 202–207.

足首と足の変化：Sailer, J., Margetić, P., Margetić, B. (2019),

"Anatomical variation in the ankle and foot: from incidental finding to inductor of pathology. Part I: ankle and hindfoot", *Skeletal radiology*, 48(10), 1487–1498.

膝関節の変化：Qi, X. Z., & Xu, Z. J. (2020), "Association Between the Morphology of Proximal Tibiofibular Joint and the Presence of Knee OA", *Orthopaedic surgery*, 12(2), 503–510.

190～191　ルーチンを行う前に

Opplert J., Babault N., "Acute Effects of Dynamic Stretching on Muscle Flexibility and Performance: An Analysis of the Current Literature", Sports Med., 2018 Feb;48(2):299–325. doi: 10.1007/s40279-017-0797-9. PMID: 29063454.

Takeuchi K., Nakamura M., Matsuo S., Akizuki K., Mizuno T., "Effects of Speed and Amplitude of Dynamic Stretching on the Flexibility and Strength of the Hamstrings", J Sports Sci Med., 2022 Dec 1;21(4):608-615. doi: 10.52082/jssm.2022.608. PMID: 36523896; PMCID: PMC9741718.

198　デスクワーカー向けのルーチン

Louw S., Makwela S., Manas L., Meyer L., Terblanche D., Brink Y., "Effectiveness of exercise in office workers with neck pain: A systematic review and meta-analysis", S Afr J Physiother, 2017 Nov 28;73(1):392. doi: 10.4102/sajp.v73i1.392. PMID: 30135909; PMCID: PMC6093121.

201　ランニングのためのルーチン

van der Worp M. P., ten Haaf D.S., van Cingel R., de Wijer A., Nijhuis-van der Sanden M.W., StaalJB, "Injuries in runners; a systematic review on risk factors and sex differences", PLoS One, 2015 Feb 23;10(2):e0114937. doi: 10.1371/journal. pone.0114937. PMID: 25706955; PMCID: PMC4338213.

202　サイクリングのためのルーチン

Rooney D., Sarriegui I., Heron N., "'As easy as riding a bike': a systematic review of injuries and illness in road cycling", BMJ Open Sport Exerc Med., 2020 Dec 9;6(1):e000840. doi: 10.1136/bmjsem-2020-000840. PMID: 34422283; PMCID: PMC8323466.

[謝辞]

著者からの謝辞

本書の執筆は私の専門家としてのキャリアの中で最も難しく、やりがいのある経験のひとつであり、多くの人々の手を借りなければ成し遂げられなかったでしょう。

DK社編集チームにはご指導と専門的知識を賜り、心の底から感謝しています。私を信じ、このクリエイティブな旅に誘ってくださったアラステア、裏方としてご尽力いただいたスーザンとエイミー、美しいイラストほか、多くのことを担当してくださったアランにお礼を申し上げます。

私に愛情を注ぎ、サポートしてくれた家族のみんな、どうもありがとう。学ぶのを決してやめてはいけないと教えてくれたおじにも感謝しています。私を誇りに思ってもらえているとよいのですが。応援してくれたすべての友人たちにも感謝しています。一番辛かった日々に私を励ましてくれたルネ、マネージャーとして、友人として私を力づけてくれたジェニー、どうもありがとう。また、理学療法士としての私を育ててくれたすべてのインストラクターや同僚たちに加え、そのあいだ応援しつづけてくれたアジャイル・フィジカル・セラピーのみなさんにも深く感謝しています。

最後になりましたが、時間を割いて本書を詳しく読み、体の動きについて学び、体を動かしたくなった読者のみなさまにも心から感謝しています。本書がみなさまの本棚に置くに値する本であるよう願っています。

出版者からの謝辞

校正をしてくださったアリス・マキーバーと索引を作成してくださったバネッサ・バードにDK社からお礼を申し上げます。

写真提供者

親切にも写真の複製を許可してくださった次の人々に出版者からお礼を申し上げます。

13ページ（右中央）：Don Fawce. **16ページ（左下）**：Professors P.M. Motta, P.M. Andrews, K.R. Porter & J. Vial. **25ページ（左上）**：Biophoto Associates. **35ページ（左）**：Thomas Deerinck, Ncmir

その他のすべての画像 © Dorling Kindersley
詳しい情報は次のサイトを参照：www.dkimages.com

[著者]
リーダ・マレック (Leada Malek)
理学療法士、理学療法博士
認定ストレングス＆コンディショニングスペシャリスト
スポーツ理学療法認定臨床スペシャリスト

NSCAの認定を受けたストレングス＆コンディショニングスペシャリストであり、非常勤の学部インストラクターとして理学療法専攻博士課程の学生を指導してきた。心の健康と体の健康は同じくらい重要なものと信じ、健康と長寿のため、ライフスタイルとしての運動の促進に情熱を傾けてきた。マレック博士の専門技能は『Oxygen（オキシジェン）』誌、『Women's Health（ウィメンズヘルス）』誌、『Shape（シェイプ）』誌、『USニューズ＆ワールド・レポート』でも取り上げられている。また、ソーシャルメディアでも強い存在感を持ち、何千人もの人々に知識を提供している。
プロのスポーツ選手やダンサーをはじめ、あらゆるレベルの運動選手を幅広く指導してきた経験から、人体の複雑さと、治療法としての運動の効果を熟知している。また、複雑な物事をわかりやすい情報にかみくだき、運動の旅を通じて人々に力を与える能力にも長けている。治療や教育活動をしていないときは、愛する人々と過ごしたり、新しいレストランを開拓したり、旅行をしたり、ライブの音楽を聞いたりして楽しんでいる。
詳しくは、インスタグラムで@drmalekptをフォローするか、www.drmalekpt.comをご覧ください。

[監修者]
川上泰雄（かわかみ やすお）
早稲田大学スポーツ科学学術院教授

1988年東京大学教育学部体育学・健康教育学科卒業。1990年同大学院教育学研究科体育学専攻修士課程修了。1991年同博士後期課程中退。東京大学教養学部・東京大学大学院総合文化研究科生命環境科学系助手・助教授、早稲田大学スポーツ科学学術院助教授を経て、2005年より現職。
人間の身体の形態と機能について、生体計測を中心とした研究を進めている。特に、骨格筋・腱組織の運動時のふるまいやトレーニング効果、成長・加齢変化等に関して、動作解析・組織画像解析・生体信号解析の手法を用いたアプローチを行っている。また、スポーツパフォーマンスや身体運動能力の規定因子や向上方法について運動生理学（体力特性）およびバイオメカニクス（技術や道具の特性）の観点から研究している。2017年よりヒューマンパフォーマンス研究所を主宰、スポーツ科学・理工学・医学・産業界の連携を通して人間の身体能力の可能性を拡げるための研究や科学コミュニケーション活動を展開中。

デザイン・DTP　八十島博明・井上大輔（GRID）
翻訳　福知里恵、鴨志田恵、プレシ南日子
翻訳協力　株式会社トランネット https://www.trannet.co.jp/
校閲　聚珍社

Original Title: Science of Stretch
Text copyright © Leada Malek-Salehi 2023
Copyright © 2023 Dorling Kindersley Limited
A Penguin Random House Company

Japanese translation rights arranged with
Dorling Kindersley Limited, London
through Fortuna Co., Ltd. Tokyo.

For sale in Japanese territory only.

Printed and bound in China

www.dk.com

サイエンス・オブ・ストレッチ

2025年2月20日発行　第1版

著者	リーダ・マレック
監修者	川上泰雄［かわかみ やすお］
発行者	若松和紀
発行所	株式会社 西東社

〒113-0034　東京都文京区湯島2-3-13
https://www.seitosha.co.jp/
電話　03-5800-3120（代）
※本書に記載のない内容のご質問や著者等の連絡先につきましては、お答えできかねます。

落丁・乱丁本は、小社「営業」宛にご送付ください。送料小社負担にてお取り替えいたします。
本書の内容の一部あるいは全部を無断で複製（コピー・データファイル化すること）、転載（ウェブサイト・ブログ等の電子メディアも含む）することは、法律で認められた場合を除き、著作者及び出版社の権利を侵害することになります。代行業者等の第三者に依頼して本書を電子データ化することも認められておりません。

ISBN 978-4-7916-3371-5